全国高等职业教育“十二五”规划教材·连锁经营管理专业

特许加盟实务

（第2版）

张凤珍　陈奇琦　主　编
王　雷　刘晋发　副主编

電子工業出版社
Publishing House of Electronics Industry
北京·BEIJING

内 容 简 介

本教材包括选择特许加盟模式、构建特许加盟体系、特许加盟总部与单店运营管理流程、特许加盟体系的推广、特许加盟合同及其法律实务、设计特许加盟手册6个模块共12个项目。

本教材以“商学结合”为导向，以项目任务为载体，将必备的知识点贯穿于完整的特许加盟实际运作过程之中，按照职业活动和项目教学的要求，对特许加盟实务的内容按流程进行合理、恰当的重组，具有较强的实用性和可操作性。

本教材专为高职高专院校连锁经营管理专业的学生和特许加盟的投资者而写，同时也适合各类特许加盟培训机构和连锁企业作为培训教材或进行特许加盟的实践指导。

本教材配有免费的电子课件、配套练习题及参考答案等优质教学资源。

图书在版编目（CIP）数据

特许加盟实务 / 张凤珍，陈奇琦主编. —2版. —北京：电子工业出版社，2014.2

全国高等职业教育“十二五”规划教材·连锁经营管理专业

ISBN 978-7-121-22442-3

Ⅰ. ①特… Ⅱ. ①张… ②陈… Ⅲ. ①特许经营－高等职业教育－教材 Ⅳ. ①F713.3

中国版本图书馆CIP数据核字（2014）第020695号

策划编辑：刘元婷
责任编辑：郝黎明　　特约编辑：安家宁
印　　刷：北京七彩京通数码快印有限公司
装　　订：北京七彩京通数码快印有限公司
出版发行：电子工业出版社
　　　　　北京市海淀区万寿路173信箱　邮编 100036
开　　本：787×1 092　1/16　印张：13　字数：333千字
版　　次：2007年11月第1版
　　　　　2014年2月第2版
印　　次：2022年7月第7次印刷
定　　价：30.00元

凡所购买电子工业出版社图书有缺损问题，请向购买书店调换。若书店售缺，请与本社发行部联系，联系及邮购电话：（010）88254888，88258888。

质量投诉请发邮件至 zlts@phei.com.cn，盗版侵权举报请发邮件至 dbqq@phei.com.cn。
本书咨询联系方式：liuyt@phei.com.cn。

再版说明

高等职业教育是我国职业教育的重要组成部分，在我国现代化建设中具有重要的战略地位。近年来，我国高等职业教育迅速发展，为社会培养了大批高等应用型专门人才，满足了社会和经济发展的需要。

为了适应我国职业教育改革的需要，突出职业教育的特色，满足高等职业院校对实用教材的需求，电子工业出版社特对相关院校相关专业的教学和课程设置进行了广泛的调查研究，于2006年10月组织全国数十所高等职业院校，在上海召开了“全国高等职业教育连锁经营管理专业规划教材研讨会”，确定了专业主干教材和基础课教材十多种。与会代表多是所在学校的领导和业务骨干，其中不乏国家级和省、市级科研或教研项目的负责人和参与者，全国性或地区性专业学会会员及既有丰富教学经验又有丰富实践经验的“双师型”教师。第1版教材出版后，获得了相关院校师生的广泛认可和一致好评。

为了进一步提升教材品质，反映近年来我国高等职业教育改革的成果和经验，电子工业出版社特邀请学校、企业、行业组织的各位专家，于2012年5月在北京召开了“全国高职院校连锁经营管理专业建设及教学改革研讨会”暨“连锁经营管理专业教材修订编写研讨会”，结合各高校使用第1版教材后的反馈意见、连锁企业提出的建议、高等职业教育的改革经验与成果，以及高职学生的接纳习惯，对第1版教材进行了全面修订。修订后的教材具有以下特点。

1．坚持知识、能力、素质协调发展，突出对专业操作能力的培养。教材在内容和课时两方面都力求适应高等职业教育改革的要求，理论知识以够用为度，加强实际操作训练，注重对高职学生职业技术能力和管理素质的培养。

2．坚持产教结合，理实接轨。本次修订在编写队伍上进行了调整，邀请了零售、物流等大型连锁企业的相关人员参与审阅与编写，为教材注入了活力。

3．兼顾学历课程内容与职业资格应试内容，提升高职学生的岗位竞争能力。教材内容结合高等职业学历教育和相关职业资格考试所要求的内容，力求适合实际岗位的变化和新的要求。因此大多数教材既可以作为高等职业学历教育教材，也可以作为成人高校、自学考试及职业资格培训的教学用书和自学用书。

4．关注相关法律、法规的颁布和修订，力求教材内容与时俱进，充分体现相关法律、法规的新规定和新内容。

5．配套教学参考资料，为高职师生的教和学提供方便和帮助。教学参考资料主要包括习题参考答案、电子课件、电子教案等，可为课程教学安排提出指导性意见，减轻教师的备课负担，解决教师在组织实训资料方面遇到的困难；精美、形象的电子教案既有利于学生更好地理解教材内容，又可激发学生的学习兴趣。

我们相信，该套教材的再版对于高等职业教育的改革与发展和高等职业专业人才的培养将起到积极的推动作用。对于教材中的一些不尽如人意之处，我们将不断地进行修订、完善和充实，以便更好地服务于我国的高等职业教育。

电子工业出版社

职业教育分社

2013年5月

序

特许加盟作为一种现代市场经济条件下企业规模发展的组织形式，目前在中国已经成为我国零售企业进一步扩张首选的主流商业模式，今后还将被更多的商业企业、制造企业以及品牌服务业所采纳。这种经营管理新模式既是市场经济发展的必然结果，也是企业发展壮大的必由之路。

特许加盟作为一种现代商业运作模式，不仅包括了成功的商业运营体系和操作规程，也传递了新的商业经营理念。它是致富的引领，是获利的手段，它以诚信为根本，以法制为保证，以互利为前提，以技术为指导，以创业为目标。它是企业克敌制胜的利器和苦寻的发展之道。通过特许加盟可以确保企业实现规模经营，达到成功拓展市场空间、充分占有市场份额、迎接企业更持久发展的目的。

辽宁商贸职业学院作为一所蓬勃发展的高职院校，在辽宁省是最早开设连锁经营管理专业的学校，也是全国较早开设此专业的高职院校之一。自 2005 年第一届连锁专业招生以来，目前已正式招生九届。伴随着学院发展的脚步，连锁经营管理专业在教学计划修订、课程内容设置、实习基地建设、专业教材编写、校园实体超市的开办等诸多方面做了大量的工作，已经成为我院比较成熟和领先的主打专业之一。

《特许加盟实务》这本教材，是在辽宁商贸职业学院张凤珍教授的组织策划下，会同诸多特许加盟企业以及全国从事连锁经营教学和实践工作的各高校教师们共同合作编写而成的，是校企合作的有益尝试。本书兼顾专业教学和业务操作两方面需要进行谋篇布局，突出了特许加盟的实战技能，具有很高的创业指导意义。

《特许加盟实务》这本教材构思新颖，特色鲜明。每个模块除按项目教学方法分任务进行知识体系及具体内容阐述外，还通过模块导引、知识拓展、模块小结、能力自测等环节进行有效的整合，不仅为读者展示了特许加盟的基本理论和模式，介绍了进入一个成功特许加盟体系所需的基本常识，提供了总部和单店运营管理的关键技术，同时还导入了大量的实务借鉴和模拟实训，二者结合，一方面能够为培养学生分析问题、解决问题的能力提供强化训练，另一方面可以给特许人和加盟商提供有价值的参考，同时还可以扮演教育者的角色，作为各类特许加盟研究、咨询机构进行特许加盟实践指导的培训教材。

欣闻《特许加盟实务》一书即将由电子工业出版社修订再版，我为本书编者们的认真态度和创新精神所感动，相信他们的努力能够得到越来越多的业内人士的认可，相信本书的再版可以为我国特许加盟的普及和投资者的创业提供一定的实践指导。为此，特作此序，感谢他们为我国高职高专连锁经营管理专业教材建设所做出的贡献。

辽宁商贸职业学院院长　毛玉本

2013 年 12 月于沈阳

前 言

特许加盟是一种创新、双赢的商业模式，特许的实质是让别人帮你赚钱，而加盟的动力则是共同的利润回报。这种以特许人的知识产权创造价值的新的商业模式在我国发展之迅猛超乎人们的想象，迄今 20 多年取得了令人瞩目的成就，呈现出前所未有的繁荣。为了更好地满足高职高专院校的教学需要和广大投资者的创业需要，由辽宁商贸职业学院携手连锁企业和其他职业院校共同编写的《特许加盟实务》一书经修订再版了。

该再版教材按照“商学结合”的需要和项目教学的方法进行了较大的改动。旨在使再版教材能够立足于特许加盟企业的职业岗位需要，培养学生的实际操作技能；使特许人和受许人能够系统地掌握特许加盟的模式，了解特许加盟总部和单店的运营与管理流程，熟悉特许加盟体系的构建与推广，掌握特许加盟合同的签署及特许加盟手册的制定，给他们以双赢博弈和投资创业的实战指导。可以说建立以“单店为基础、总部为后台、网络为支撑”的运营管理体系结构是特许加盟的精髓，而购买一种被验证过的理念则是特许加盟的真正魅力所在。

近年来，我国的特许加盟企业正经历着深刻的变革，成本居高、效率低下、管理松散、物流滞后等因素成为制约其发展的“瓶颈”，而且诸如系统构建、法律法规、人才培训、行业差异等相关问题也凸显出来，成为特许加盟规模扩张的隐忧。正因为如此，本再版教材站在特许加盟发展的最前沿，将解决特许加盟操作的困境为己任，努力为丰富我国特许加盟体系的研究和应用而尽绵薄之力。相信在此背景下，本书的定位与再版可以较好地满足各方面的需求：一可以给特许人以系统、科学的理论提升；二可以给加盟商以有力的实践指导，共享连锁加盟所带来的资源和利益；三可以给高职高专院校普及特许加盟基础知识和操作实务提供易懂的教科书。

本再版教材的突出特点是以特许加盟体系的设计、构建、运营及推广流程为主线，以特许加盟本质与模式分析为切入点，以特许加盟金、特许权使用费与特许权组合设计为重点，以培育和打造特许加盟企业核心竞争力为落点，对特许加盟的实务及操作进行全面的介绍。本再版教材在编写过程中，一方面，为了给特许人和加盟商提供有价值的参考，本书力求从实务角度，阐明特许加盟运作的技巧，展现特许加盟在我国复制、传递、创造财富的巨大魅力；另一方面，为了培养学生自学能力和分析问题、解决问题的能力，本书强调实践性和可操作性，导入了大量的实务借鉴、模拟训练和能力自测等内容，旨在加强实训能力的培养和操作技能的提高。

为方便教师教学，本书还配有免费的电子课件、配套练习题及参考答案等优质教学资源。请有需要的教师登录华信教育资源网（www.hxedu.com.cn）免费注册后进行下载。

本书是在辽宁商贸职业学院张凤珍教授的策划与组织下，在辽宁商贸职业学院陈奇琦讲师的全力协助下，在众多特许加盟企业界人士的业务指导下，由全国五所院校从事连锁经营教学和实践工作的老师们共同编写而成的。本书是集体智慧的结晶，是校企合作的尝试，是商学研结合的结果。其中，项目 1、项目 2、项目 4 由辽宁商贸职业学院的张凤珍教授编写；项目 3、项目 5、项目 6 由辽宁商贸职业学院连锁经营管理专业的教研室主任陈奇琦老师编写；项目 7 由上海商学院从事连锁经营教学与管理的王炼果副教授编写；项目 8 由沈阳农业大学管理学硕士王雷老师编写；项目 9 由吉林农业大学的管理学硕士张金玉老师编写；项目 10 由唐山职业技术学院的张启杰教授编写；项目 11、项目 12 由沈阳东方日辉汽车美容连锁有限公司副总经理刘晋发先生编写。全书由张凤珍教授统纂成稿，并根据总体思路和写作风格，对各项目进行了较大幅度的修改，最后由陈奇琦老师和刘晋发先生严格把关审定。

在本书的再编过程中，为了形成比较完整的内容结构体系，我们在借鉴其他特许经营研究成果的基础上，融进了自己的理论观点、实战经验、培训体会和教学心得，还参考了很多出版社出版的特许经营方面的教材，查阅了大量相关的国内外文献及资料，包括网上资料，汲取了大量有益的东西，由于很多资料的作者不详，无法一一注明，万望得到大家的谅解，在此表示最诚挚的谢意！

借此书再版付梓之际，特别感谢辽宁商贸职业学院的毛玉本院长对本书的构思及形成提出的宝贵建议，并在百忙之中欣然作序；特别感谢电子工业出版社刘元婷编辑为本书出版给予的关心和付出的努力；特别感谢辽宁商贸职业学院主管教学的副院长温妮妮副院长、商务贸易系姜志遥主任的大力支持；感谢辽宁商贸职业学院的关博、杨涛、王玲等老师为本书再版承担的资料收集工作；感谢辽宁商贸职业学院连锁经营专业的姜亚洁、王越、杨帅、葛丽娜、张树辉、高明山以及刘埌昊等同学承担的校正工作；同时感谢王靖飞和徐志勇先生对第 1 版教材所做出的重要贡献。

由于编写者学术水平有限，加之时间仓促，缺点和疏漏在所难免，恳请广大师生、企业界人士以及读者朋友批评指正。

张凤珍　陈奇琦

2013 年 12 月于沈阳

目　录

模块一
选择特许加盟模式

【学习目标】

通过学习，学生应该能够在“商学结合”的职业情境中：了解特许加盟的含义，认识特许加盟的特征，掌握特许加盟的形式，熟悉特许加盟的结构，最终正确选择适合的特许加盟模式。

【核心能力】

能够根据自身条件和发展需要选择合适的特许加盟模式。

【模块导引】

特许加盟作为一种现代商业运作模式，它不仅传递了新的商业经营理念，还包括了成功的商业运营体系和操作规程。如果你是一名学生，对这一职业活动感兴趣，想学习相关知识，以便毕业后就业或创业；或者你是一名投资者，想加盟一家连锁店，想在最短的时间内以最快的方式赢得更多的利润。那么，就请从选择特许加盟模式开始。在现实生活中，千千万万个特许加盟企业的业务活动也正是从这里出发的。你将面临的第一个职业活动就是选择特许加盟模式。

项目 1　特许加盟基本知识概述

任务 1.1　认知特许加盟的含义及相关术语

根据中国特许经营网统计信息，截至 2013 年 10 月 21 日，全国商业特许加盟备案企业涉及零售、餐饮、酒店管理、中介服务、汽车维修、教育培训等 70 多个行业，覆盖全国 30 多个省、自治区、直辖市，总数已达 2 173 家。

按经营范围分，跨省经营的企业达 1 757 家，占 81%，省内经营企业 416 家，占 19.14%；按行业分，零售业 807 家，占 37.14%，餐饮业 648 家，占 29.82%，其他商业服务 325 家，占 14.96%；按加盟店数量分，加盟店超过 500 家的有 63 家，加盟店 301～500 家的有 50 家，加盟店 201～300 家的有 56 家，加盟店 101～200 家的有 107 家，加盟店 51～100 家的有 198 家，加盟店 31～50 家的有 179 家，加盟店 11～30 家的有 472 家，加盟店小于 10 家的有 1 048 家。

1.1.1　了解特许加盟的基本含义

1. 特许加盟的由来

特许的英文单词是 Franchise，意为特别许可的权利。关于特许的最早记录来源于 11 世纪的英国，国王授予贵族领地，贵族享有领地内的行政管理权和征税权，作为回报，贵族将税收的一部分上缴国王，这部分费用被称作 Royalty，即特许权使用费。可见最早的特许概念本质上属于政府特许，后来被商家借用，一些商家将他们的某些专属权授予其他私人或商家使用并从中获利，就形成了商业特许。一般而言，Franchise 主要指特许权，即解释为特许人（盟主）赋予受许人（加盟商）的一种特权。而 Franchising 则是指特许加盟模式，确切地说，特许加盟是一种商业运作的模式。

2. 特许加盟的一般含义

特许加盟是指由特许人（盟主）将自己所拥有的专利、商标、商号、经营方法、专用技术等以合同的形式有偿转让给受许人（加盟商）使用，受许人按合同规定，在特许人统一的业务模式和培训指导下从事经营活动，并向特许人支付相应的费用，是特许人和受许人之间的一种契约关系或行为。

特许加盟由三个要素组成：一是“盟主”，即特许加盟总部，又称特许人；二是“盟员”，即特许加盟者，又称受许人；三是“盟约”，即维系两者关系的特许加盟合同。特许加盟总部必须拥有一套完整有效的运作技术优势，才能进行专业指导，使加盟店快速运作，使加盟网络日益壮大并从中获取利益。因此，经营技术如何传承，是特许加盟的关键所在。

特许加盟的优势在于：对于特许人而言，所开设的每一家特许加盟店一般都由受许人提供资金，其只以品牌和经营管理经验等投入，不仅能降低特许人的经营费用，还会使无形资产迅速升值；对于受许人而言，由于购买的是已获得成功的运营系统，只需向特许人支付一定加盟费就可以经营一个知名的商号，并能长期得到特许人的业务指导和服务，因而降低了投资风险。

3. 我国关于特许加盟的定义

我国《商业特许经营管理条例》中对特许加盟所下的定义，是指拥有注册商标、企业标志、专利、专有技术等经营资源的企业（特许人），以合同形式将其拥有的经营资源许可其他经营者（受许人）使用，受许人按照合同约定在统一的经营模式下开展经营，并向特许人支付特许经营费用的经营活动。

我国的定义特别强调特许人与受许人之间通过一份特许合同而确立的授权与被授权的商业契约关系。此定义对授权的内容也做出了具体的描述，将商标、商号、标志、专利、专有技术、经营模式等经营资源列入知识产权范畴，并规定受许人可以根据合同规定有偿地使用这些授权。

1.1.2 掌握特许加盟的相关术语

掌握特许加盟的相关术语，可以更深刻地理解特许加盟的内涵与外延以及质的规定性。

1. 特许人

特许人（Franchiser）又称盟主、特许加盟总部、授权者、特许经营企业、特许经营机构，是指提供商标、商号、产品、服务、标记、专利和专有技术、经营模式及其他营业标志者，通常为法人机构。特许人有义务向受许人提供系统的经营管理培训和指导，有义务支持或协助受许人进行营运组织、促销活动或日常事务管理，有权利接受来自受许人以加盟金和特许权使用费的方式支付的费用，是特许权的真正所有者。

2. 受许人

受许人（Franchisee）又称加盟商、加盟者、被特许人，是指获得特许人的商标、商号、产品、服务、标记、专利和专有技术、经营模式或其他营业标志使用权的独立法人或自然人。他们在特许加盟活动中，通常是以付出一定费用的形式来获得授权者的授权业务，并在一定的区域范围内使用特许人的商标、标志、专利和专有技术、经营模式及运营管理系统来生产或销售特许人的产品及服务。加盟商可以分为单店加盟商和区域加盟商。

单店加盟商是指加盟某特许体系并投资经营单店的受许人，是特许加盟体系中最基本的加盟商。

区域加盟商是指加盟某特许体系并获得在某指定地理区域专有权利的受许人（加盟商），他有权自己开设加盟店，或有权在其专有区域内再发展别的加盟商。一般特许人会要求区域加盟商在指定时间、指定区域内开设指定数目的加盟单店。

3. 特许权

特许权（Franchise）又称特许经营权，是指特许人授予受许人的某种权利。相对于特许人，特许权是一种产权；而相对于受许人，特许权是一种使用权。构成特许权的每一项内容称为特许权要素，特许权要素的具体组成与特许经营的模式有关，不同的特许经营模式对应着不同的特许权。一般而言，特许权要素包括特许人（盟主）所拥有的商标、标志、商号、专利、经营诀窍、技术诀窍、运营管理系统、经营模式、商业秘密、其他智慧产品等无形资产以及有形产品、无形服务等的经销权、生产权和分销权等。它是特许人与受许人双方发生特许经营关系的基础，也是特许加盟运作的中心环节。

4. 加盟费

加盟费（Initial Fee）又称加盟金，是指受许人为获得特许权而向特许人支付的一次性费用。它实际上是加盟之初应该支付的一种入门费，或称初始费，因为受许人的正常开业离不开特许人为其提供的一系列支持和帮助，更重要的是它体现了特许者所拥有的品牌、专利、经营技术诀窍、经营模式、商誉等无形资产的价值。一般来说，品牌的价值、知名度和美誉度高，愿意加盟的人就多，加盟费就高，反之则低。

5. 特许权使用费

特许权使用费（Royalty Fee）又称权益金、管理费等，是指受许人在使用特许权过程中按一定的标准或比例向特许人定期支付的费用。它体现的是特许人在受许人企业中所拥有的权益或特许人向受许人提供的持续支持和指导的价值。

6. 加盟

加盟（To Buy a Franchise）是指特许人向受许人授权或者受许人向特许人购买一份特许权的活动，即潜在受许人接受特许人规定的一定条件，以签订特许加盟合同为标志而成为特许加盟体系中加盟商的过程。

7. 加盟店

加盟店（Business Unit）是指在特许加盟体系中不可再分割的基本业务单元，又称单店。单店由于投资人的不同又可分为直营店和加盟店：直营店（Company Owned Unit）由特许人直接投资经营，加盟店（Franchised Unit）由受许人投资经营。加盟店可再分为特许加盟店和合作加盟店两种。

（1）特许加盟店

特许加盟店是指完全由受许人进行场地、设备、装修等的实体投资，日常经营和风险也由受许人进行管理和承担，而特许人一般只是收取受许人的加盟金和特许权使用费的加盟店。此种方式比较适合创业型加盟者，通常意义上的加盟店即指特许加盟店。

（2）合作加盟店

合作加盟店是指受许人与特许人共同进行实体投资的加盟店。投资合作的方式一般是特许人投入设备资本、负责加盟店经营管理以及承担经营的风险；而受许人则投入场地、装修等资本并提取确定的利益。此种方式比较适合投资型加盟者。因为对于加盟者来说既可以降低投资门槛又不用承担经营风险，同时还可以从事其他经营活动。

8. 特许加盟总部

特许加盟总部（Headquarter）简称总部，是指由特许人建立的用于发展、管理和经营特许加盟体系的机构。总部和单店是特许加盟体系中最基本的组织形态，总部、单店、配送中心还共同被称为特许加盟体系的三大基本元素。此外，为了更好地管理某个较大区域，总部还会按照地理范围划分来设立地方性管理分支机构或办事处，又称分部。分部的职责是代理总部在指定的管理辖区内行使管理、特许经营开发等权利。

9. 特许加盟体系

特许加盟体系（Franchise System）是指由特许人和获得特许权的若干受许人企业组成的，在特许人的统一组织、督导及其经营管理模式下从事经营活动、推广产品及服务的体系。从系统论的角度说，特许加盟体系是一个由若干子系统组成的一个复杂的大系统。涉及特许人与每一个受许人、特许人与总部、总部与受许人以及受许人与客户之间等多重关系。单店的数量通常作为考察一个特许加盟体系规模及发展速度的基本指标。

10. 特许加盟手册

特许加盟手册（Operation Manual）是指特许人所撰写的提供给受许人使用的一系列文件。它是指导、监督、考核特许加盟体系并使之顺利进行统一运营管理的规则，是特许人的业务经验、经营知识、管理技能、新的创意的文本体现。特许加盟手册可以分为四个大的类别：招募文件、总部手册、分部或区域加盟商手册和单店手册。

11. 特许加盟合同

特许加盟合同是指特许人和受许人之间签订的用于规定双方权利和义务、确定双方特许经营关系的所有法律契约。它包括特许加盟主体合同（人们通常理解意义上的特许加盟合同）和特许加盟辅助合同。特许加盟主合同规定特许经营双方的主要权利、义务，特许经营权的内容、特许期限、特许地域、特许费用、违约责任、合同解除等所有重要内容。特许加盟辅助合同一般包括商标使用许可协议、软件许可与服务协议、市场推广与广告基金管理办法、保证金协议等。

12. 特许加盟指南

特许加盟指南，又称招募文件、招商指南等。特许人通常会将其印刷成只有数页非常精美的小册子或彩色折叠纸，目的是引起潜在受许人对本特许加盟体系的兴趣；其主要内容是对特许加盟体系的全面性概略介绍，可分为三大部分：正文文字、图案和加盟申请表。

任务 1.2　认知特许加盟的基本特征与原则

1.2.1　了解特许加盟的基本特征

特许加盟与一般的连锁形式一样，具有三大优势：一是具有规模化的经营方式，即具有集中采购、仓储配送、整体促销、集中研发和培训指导等优势；二是具有网络化的组织方式，即具有信息化、联合化、网络化的优势；三是具有规范化的管理方式，即具有简单化、专业化、标准化等优势。特许加盟的基本特征如下。

1. 特许加盟的核心是特许权的转让

特许权一般包括商标、专利、商业秘密、技术秘密、经营诀窍等无形资产，这些无形资产属于知识产权范畴，所以，特许加盟的核心是知识产权的转让。特许加盟的实质是特许人利用自己的品牌、专业技术、经营管理模式等无形资本与特许人的有形资本相结合来扩大经营规模的一种商业模式。对特许人来说，是技术和品牌价值的扩张，经营模式的复制，而不是资本的扩张。在特许加盟体系中，受许人之所以接受特许人已经成熟的特许权的转让，目的就是希望能借助已经成熟的经营模式迅速地取得成功。因此，特许人转让给受许人使用的特许权必须具有独特性，与竞争对手相比要有明显的优势，这是特许加盟企业核心竞争力的体现和保证。

2. 特许加盟的纽带是特许授权合同

加盟商与特许加盟总部之间的关系是以签订特许授权合同为纽带的，这个特许授权合同是特许加盟总部与加盟商之间签订的具有法律效力的协议，它将特许加盟总部与加盟商紧紧地连在一起。通过特许加盟合同，总部允许加盟商使用自己拥有的所有权或专有权，并要求加盟商按照自己的模式去经营，总部对加盟商有监督、指导、培训、帮助和服务的义务。但两者之间是相互独立的法律主体，各自独立承担对外的法律责任，不存在有形资产的关系。因此，特许加盟合同就是维持双方良好关系的基础。

3. 特许加盟的特点是统一经营模式

特许加盟的优势根源之一就在于它的“复制”与“统一”，这是特许加盟的最基本特点。统一经营模式通常包括统一品牌、统一配送、统一广告、统一采购、统一价格、统一设备。一般成功的特许加盟表现为“五连五锁”，即连品牌，连标准，连特色，连创新，连管理；锁定特许权、品牌、技术、经营模式、管理标准。在特许加盟体系中，特许人必须提供必要的培训、支持、指导和协助，监督和控制整个体系的营运标准和形象；受许人必须按照特许人的规范严格执行，自觉维护特许人在合同中所要求的统一性标准。在特许加盟体系中，加盟商对自己的店铺拥有所有权，经营权则高度集中于特许加盟总部。尽管所有权分散，但表面上却要对外形成同一资本经营的形象，使公众把加盟店看作特许加盟总部业务的有机组成部分。这是特许加盟取得成功的基础。

4. 特许加盟的前提是受许人支付费用

在特许加盟体系中，特许加盟总部将自己开发的产品、服务、商标和经营模式等授权给受许人去经营，受许人在取得这些权利时要付出一定代价，即根据特许加盟合同向特许人缴纳费用进行购买，有偿使用是特许加盟的根本。一般情况下，受许人在签订特许合同时，要一次性缴纳一笔加盟金，各特许连锁组织的加盟金的收取视自身情况而定。对于特许加盟总部提供的指导、服务、统一开展的广告宣传，受许人则要按合约规定定期向特许加盟总部缴纳特许权使用费和广告费等，这些费用根据加盟连锁组织开发的先后、加盟店数量的多少、特许加盟总部知名度的高低、特许加盟总部服务内容的不同而有所不同。

5. 特许加盟的关键是利润模式的设计

特许加盟总部的利益与加盟单店的利益是紧紧连在一起的，加盟单店效益好，特许加盟总部才有利可图，加盟单店效益差，特许加盟总部的利润也会受到影响。所以，加盟单店是整个利润的中心，加盟单店的纵向复制速度是赢利的保障，加盟单店的赢利模式设计是利润的源泉。通常，特许加盟的赢利模式是在市场竞争中逐步形成的，表现在赢利能力的复制能力方面，包括投资总额的设计、投资回报率的设计等。只有采用独特的赢利模式，使竞争对手难以模仿，才能征服市场，抢占店铺资源，获得更多的附加利益，总部和加盟店之间才能建立一个互利互惠的关系，最终达到双赢的目的。

1.2.2 掌握特许加盟的基本原则

1. “3S”原则

“3S”是 Simplification（简单化） Standardization（标准化）和 Specialization（专业化）的第一个字母的组合。特许加盟的本质是知识产权的转让，而对于“3S”原则的遵循，正是使这种转让成为双方都能获取最大效益的手段。

（1）简单化

简单化主要是指加盟单店和特许加盟总部的作业管理流程以及各岗位作业活动简单化。在实践中，特许人一般都会对作业流程和岗位工作中的每一细节进行深入的研究，制成手册归纳出来，使作业活动变得简单、易操作。由此，既能保证工作的质量，又容易被员工所理解和掌握。

加盟单店是特许权的载体，如果加盟单店的作业和管理流程过于复杂，就会增加加盟商的学习成本、单店的营建成本以及日常的运营管理成本，也就不利于推广加盟。

（2）标准化

标准化主要是指加盟单店和特许加盟总部的作业标准化、组织形象标准化、商品与服务标准化。首先，作业标准化是加盟单店运营效率的保障，因为实行统一的工作标准，可以消除员工在工作中的沟通与协调障碍，提高工作效率和人力资源使用效率；其次，组织形象标准化是便利消费者识别加盟系统的有效标志，因为组织形象包括视觉、店面、室内、声音、理念、行为规范、工作流程等识别系统，标准化可以给客户提供识别的便利和企业维护统一形象的效应；再次，商品与服务的标准化是增强客户消费信心的手段，因为商品与服务体现在产品生产线、关键技术、品种质量、商品陈列、广告宣传、购物通道、服务量化等方面的一致性上，标准化可以使消费者对特许加盟店充分信任，在购买上有安全感，有利于促销。

为了特许经营模式的快速复制，为了特许加盟体系的统一管理，特许人就要对其业务运作的各个方面，包括流程、步骤、外在形象等进行标准化设计，这也是特许加盟最基本的特色和竞争优势之一。

（3）专业化

专业化主要是指在特许加盟体系中的特许加盟总部、区域受许人、加盟店、配送中心等基本部分的专业分工运作。因为实行严格的专业分工可以提高效率，可以使各个部分各司其职、有机协调、高效合作，这样特许加盟网络就会形成良性的运转。其中特许加盟总部主要负责全局的战略发展、业务研究、战术推广、总体协调，尤其要做好后台的管理、控制和保障工作；加盟单店要以标准化的服务和组织形象与客户直接对接，在前台吸引客户，为客户服务，守住特许加盟体系的前沿阵地；区域受许人则上对总部下对加盟店，主要负责特定区域内特许加盟体系的开发、建设、维护、协调和管理工作；配送中心则是负责整个体系货品的运送，它是特许加盟体系的物流支撑和运转保证。这种纵向深化的分工可以保障庞大的特许加盟体系快速扩张。

2. 统一性原则

特许加盟的统一性原则主要表现为以下六个“统一”。

① 统一品牌。加盟单店日常经营的商品与服务都是特许加盟总部规定的统一品牌，确保消费者无论走到哪里，看到的和接触到的都是统一可靠的形象和商业诚信。

② 统一管理。加盟单店日常管理流程要按照特许加盟总部设计的营运管理规范手册统一进行。

③ 统一广告。加盟单店日常广告促销活动要按照特许加盟总部规划和计划统一进行。

④ 统一配送。加盟单店的货品应由特许加盟总部配送中心或总部指定的供应商统一配送。

⑤ 统一价格。加盟单店的商品采购和进销价格要按特许加盟总部的统一标准执行。

⑥ 统一标准。加盟单店商品和服务标准要遵照总部设计的商品手册和服务手册统一执行。

3. 互惠互利原则

特许加盟必须以特许人和受许人双方都获利为基础，单方有利或双方权利和义务关系的失衡势必导致特许加盟体系的瓦解。所以，利益是双方联系的根源和纽带，双赢是特许加盟的主要出发点和最终的目的。

利用他人资本实现快速扩张是特许加盟的捷径，但却不同于一般的商业经营，它不只是销售产品和服务，重要的是销售特许权，它必须让受许人在获得的特许权利中得到期望的利益。如果特许人收取过高的加盟金和特许权使用费，或在服务支持上达不到承诺的标准，受许人就无法取得预期利润，也就无法“锁住”受许人，更不可能吸引更多的潜在受许人，特许体系也就无法向下延伸。反之，受许人如果一味追求自己的利益，或不按特许人的规定操作，也会影响特许人的服务支持力度，甚至无法“连住”特许人。可见，特许人与受许人的关系是一荣俱荣、一损俱损，只有坚持互惠互利原则，才能避免双输的后果。特许加盟的最大优势正是凭借庞大的销售网络和集中采购与配送，享受大量商品批售的低成本好处。

4. 创新原则

发展特许加盟可以冲破行业、部门、区域、所有制等的限制，在开放的市场条件下寻求更广泛的发展空间。但在整个发展过程中，为了保持经营上的差异性，不管是特许销售某种具体产品，还是提供某种无形服务；不管是销售自创的品牌，还是引进其他成功的品牌，经营上必须具有自己的特色和不断的创新，这是特许加盟竞争力的具体体现和可持续发展的基本原则。一般来讲，特许加盟不强调单店的大规模经营，而强调多店铺的结合，依靠分散式的网络体系发展事业是特许加盟的独特之处。特许企业只有在产品花样上、在扩充服务上、在营业时间上、在地理位置上有与众不同的设计，有清晰的变换与创新，才能在竞争中取胜。

知识拓展

我国的特许加盟之路

第一阶段：中国特许加盟的启蒙期（1987—1993 年）。

第一阶段属于了解连锁经营和特许加盟概念，引入外商独资连锁经营阶段。此阶段的特点是特许市场基本由少数几个外资特许经营盟主独占，本土的企业和大众对连锁经营和特许加盟的具体模式尚不熟悉，只是处于一种观望和学习的阶段，对连锁经营和特许加盟的内涵、相关知识、技术及其经营魅力认识尚且不足。

肯德基于 1987 年进入中国市场，是第一个在中国发展特许业务的外国盟主，1987 年 11 月 12 日，肯德基在北京前门的繁华地带设立了其在中国的第一家餐厅，这是中国的第一家特许经营店；随后，肯德基又于 1989 年在上海延安路开设了分店。麦当劳则于 1990 年在深圳开设了其在中国的第一家分店，1992 年 4 月又在北京王府井开设了当时世界上面积最大的麦当劳餐厅。伴随风靡世界的肯德基、麦当劳在中国相继落户，不仅给中国带来了“快餐”新概念，也带来了“连锁经营”的新理念。尽管当时它们主要以合资或独资的方式开展业务，还没有出售特许经营权，但特许加盟的概念已开始被国内企业界人士所知晓，属于特许加盟的开端。

第二阶段：中国特许加盟的尝试期（1993—1995 年）。

第二阶段属于受到外来模式启迪而进行特许业务的初试阶段。此阶段的特点是外国知名品牌在中国由独资开店向出售特许权过渡，规模不断扩张发展，本土知名品牌开始效仿，进行连锁经营和特许加盟的尝试，由于对特许经营模式尚未进行规范研究，所以，无论是形式还是内在都与国外的特许模式有一定的差距。

由于外资连锁和加盟企业的成功进驻与不断扩张，使特许加盟的魅力初步得到显现，中国本土一些有远见的企业开始勇敢地尝试用这种崭新的经营方式来实现自己的扩张梦。1993 年，李宁公司在北京开了几家李宁专卖店，代理商主要以体委系统为主，之后在全国迅速建立起自己的加盟连锁专卖体系，它是中国首家实行品牌特许尝试的本土企业，成为新兴企业借助特许模式迅速做大的典范，不仅迅速打开了市场，而且一跃成为中国最有影响的体育用品公司。同年，全聚德这个老字号企业成立了全聚德集团，开始探索用特许经营方式发展分店，成为老字号企业借助特许经营方式恢复活力的代表。随后华联、联华、东来顺、马兰拉面、荣昌洗染等企业也都快速地发展了特许加盟店。这说明在国际著名特许企业的带动下，中国本土的企业开始加入特许中来，但仍属于特许加盟的萌芽时期。

第三阶段：中国特许加盟的跃进期（1995—2000 年）。

第三阶段属于特许加盟受到追捧后快速升温，市场不够规范导致良莠不齐阶段。此阶段的特点是本土企业以急切的心态和行动发展连锁经营和特许加盟，雄心勃勃地想做中国的麦当劳，梦想一夜之间暴富。由于人们在意识层面上对连锁经营和特许加盟理解的偏差，加之一些媒体和网络的大肆宣传，使得特许加盟市场骤然升温，特许加盟成了 20 世纪末复制财富的代名词和捷径。一些企业和个人积极进行特许咨询，并开始承接特许加盟项目，这对于特许加盟的散播、普及和推广有着积极的作用，但某些夸大或歪曲的做法也在一定程度上引发了特许加盟欺诈，甚至出现了打着特许加盟的幌子进行圈钱的不法活动。

据统计，1995—2000 年，我国连锁企业的销售额、企业数、店铺数以及占社会商品零售额的比重都增加了 8 倍以上，其中，社会商品零售额的 5%是由特许加盟店创造的。1996 年 6 月，肯德基在北京安贞桥开设了其在中国的第 100 家餐厅，到 2000 年已经开设了 400 家。之后国内外知名品牌大多以专卖店特许或超市特许等形式有步骤地拓展自己的特许业务。中国香港地区的华润集团特许连锁超市、“7-11”便利店、佑威服装专卖店、四川万家超市、上海华联超市、全聚德烤鸭店、马兰拉面等一大批特许企业扩张迅速，在国内拥有了多家连锁店，有的甚至还将触角延伸到了国外。截至 2000 年年底，我国特许企业已达 410 家，其中餐饮就有 100 多家，店铺 11 000 多个，涉及超级市场、便利店、中式正餐等 30 多个行业。特许加盟的超常规发展引起了政府的高度重视，1995 年政府陆续出台了包括《商业特许经营管理办法》（试行）、《连锁店经营管理规范意见》等与特许加盟有关的一系列政策和规定，表明了政府对特许加盟促进、约束的态度和管理力度。正是因为特许加盟超乎想象的发展速度，使得对于特许加盟理论的研究远远赶不上特许加盟实践的脚步，特许加盟界出现了一定程度的混乱，所以，此时期应属于狂热成长期。

第四阶段：中国特许加盟的调整期（2000—2004 年）。

第四阶段属于特许加盟盲目发展后的理性回归，是狂热后的冷静思考，是沉寂后的整合发展阶段。此阶段的特点是中国特许市场度过了前一阶段的狂热高潮而逐渐趋于冷静，学者们开始大量引进国外的优秀特许加盟商务图书并对特许经营理论进行实质性研究，教育部门开始为培养特许人才争相开设连锁专业课程，政府部门真正开始着手制定专门的特许经营法律法规，众多投资者开始认真研究、仔细鉴别并慎重选择适合自己的特许经营模式或项目。经过大浪淘沙后剩下的一批真正有实力的中国本土特许经营盟主开始崛起，在他们的带动下，本土企业实施特许加盟工程的数量不断增加，质量逐步提高。但总体来看，特许加盟体系仍以外资为主。

标志之一是外资企业在华连锁加盟提速。2000 年 8 月 1 日，肯德基第一家“不用从零开始经营”的中国地区特许加盟店在常州溧阳市正式授权移交，拉开了国际特许经营巨头在华大力开展特许加盟的序幕。以往肯德基每年都以开 100 多家店的速度扩张它在华的领地，但大部分都属直营店。截至 2003 年 1 月，肯德基已在中国设有 32 家肯德基有限公司，管理并经营着全国近 200 多个城市中的 850 多家特许加盟连锁餐厅。其 800 多家肯德基餐厅中有 40 多家为特许加盟方式，分别属于 10 多个加盟商，加盟店数占总店数的比率为 5%左右。麦当劳在中国的餐厅总数也已经超过了 600 家。

标志之二是我国连锁企业发展势头强劲。2001 年 6 月，我国共有特许经营企业 600 多家，涉及 40 多个行业门类，其中 50%左右是 2000 年后才开始发展加盟店的，发展速度明显快于其他商业经营模式。2002 年，国内特许加盟体系超过 1 000 家，比上年增长 40%，涉及的行业超过 50 个。2003 年，我国已有 1 900 个特许经营体系，特许加盟店近 8.2 万个，覆盖 50 多个行业。截至 2004 年年底，我国特许加盟体系已经突破 2 000 家，加盟店 12 万个。在外资特许加盟带动下，本土企业的特许加盟也在我国扎扎实实开展起来，成为最有前景的新型商业流通方式，所以，应该属于理性发展的时期。

第五阶段：中国特许加盟的发展期（2005 年以后）。

第五阶段属于我国全面取消对特许加盟的限制、向全球开放的阶段，特许加盟在我国重又掀起一轮新的热潮，开始平稳过渡进入稳定发展时期。此阶段的特点是我国兑现加入世界贸易组织时的承诺，在入世三年后向全球全面放开特许经营的所有限制，在 2004 年 12 月 11 日彻底取消外资零售企业进入本土的限制后，国外特许经营盟主普遍看中了这个极具潜力的特许加盟市场，大有志在必得之意。一方面，为引进国际先进商业经营管理经验创造了条件，为促进我国零售业发展增加了动力；另一方面，也对中国本土企业的特许加盟发展提出了巨大的挑战。

2006 年，外资特许经营盟主进入中国的力度和规模迅速加大，中国本土企业走向国际化的步伐也在加快；特许行业领域不断拓展并逐步走向规范，出现了民营、私营和外资企业同台竞技的场面；伴随 2008 年奥运会的临近，政府特许开始成为特许加盟领域的热门。据中国加盟连锁项目中心统计，全国大大小小的各类特许加盟体系已有近万家，涉及餐饮、便利店、服饰、美容、教育、计算机、通信等 15 个行业 75 个领域，遍布全国城乡的特许加盟店近百万家，特许加盟的年增长率达到 40%以上。

2007 年 1 月 31 日国务院正式通过《商业特许经营管理条例》，我国特许加盟的第一部法律法规终于诞生，这意味着特许加盟整个业态将要洗牌。新政下的“游戏规则”，一方面会加速推进我国特许行业与国际的对接，另一方面会促进特许产业链各个组成部分的沟通，使政府监管部门、行业协会、科研院所、咨询机构、专业招商媒体、知名展会、投融资机构、特许盟主、加盟商等协调一致。标志着政府加大了对特许事业的支持力度，中国成了特许发展最快、市场空间最大、最受国内外投资者关注的市场。

2011 年度的特许百强调查和 CYE 特许投资景气调查显示，截至 2011 年年底，我国特许加盟店总数为 100 万家以上，覆盖的行业业态超过 70 个，特许企业直接创造的就业岗位超过 1 000 万个。特许领域涉及洗衣、餐饮、彩扩、书店、服装、美容、药店、汽车养护和维修等 15 个行业 60 多个领域。其中，便利店、汽车养护、家装、房屋中介、教育培训、美容健身、餐饮、洗衣、服装、图书音像销售十个行业成为投资热门。我国特许加盟在经历了最初的盲目、狂热，以及后来的冷静与反思，如今正向成熟期平稳过渡，并呈现出多元化发展态势。

项目 2 特许加盟的结构及模式选择

任务 2.1 熟悉特许加盟的结构

2.1.1 了解特许加盟基本关系要素

特许加盟基本关系要素包括特许人（盟主）、受许人（加盟商）、配送中心、被认可的完整的商业模式、商业模式的验证、专有技术的传授与培训、对受许人的持续支持、对特许加盟链的监控等，它们之间的互动就构成了一个完整的特许加盟经营关系体系。

其中特许人与受许人之间是一种契约关系，特许加盟总部与单店是特许加盟体系中的两个基本组织形态；特许人、受许人与客户在特许加盟整个经营体系中是三个相互独立的民事主体；特许加盟总部、加盟店、配送中心三部分的分工运作是特许加盟体系的主要支柱；被认可的完整的商业模式是构建特许加盟关系的中心环节，是实现特许人与受许人赢利目标的载体；样板店是每个加盟商复制总部经营模式的样板，是一项特许加盟的经营方案能否确保成功的验证；企业商标、产品品牌、专有技术等知识产权交易是维系特许加盟总部和加盟商的纽带，专有技术的传授与培训可以使加盟商得以完全准确地复制特许人的经营模式，掌握赢利的技术方法，加强对业务流程的管理；对加盟商的持续支持，是特许加盟的特色和魅力所在；特许加盟总部对加盟店实施严格的监控是确保整个特许加盟系统健康发展的保证，也是特许商和加盟商之间沟通的途径，尤其对经营网络的控制具有重要的意义，可以验证加盟商是否已真正掌握特许加盟总部的经营方针，可以避免出现影响品牌声誉的情况。

在特许加盟体系构成中，特许人、受许人、消费者、特许加盟总部、单店加盟商五大要素之间的关系密切，其基本关系结构如图 1.1 所示。

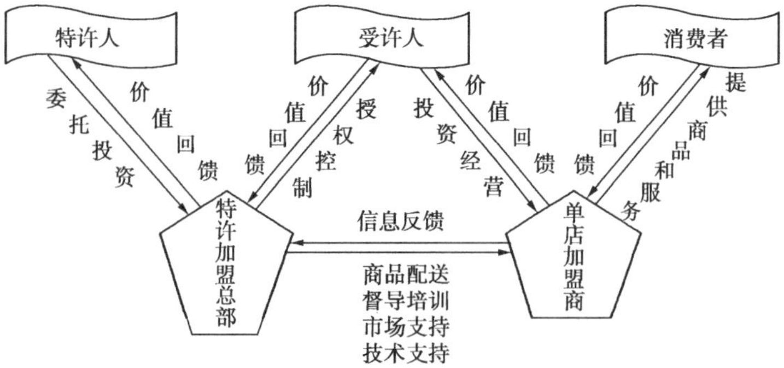

图 1.1 特许加盟基本关系结构图

2.1.2 熟悉特许加盟运营管理体系

一个成功的特许品牌就是一条完整的产业链条，从投资商到特许人到代理商再到受许人，构成了一个特许加盟运营管理体系的网络化结构。这一结构可以简单地概括为单店为基础、总部为后台、网络为支撑，如图 1.2 所示。

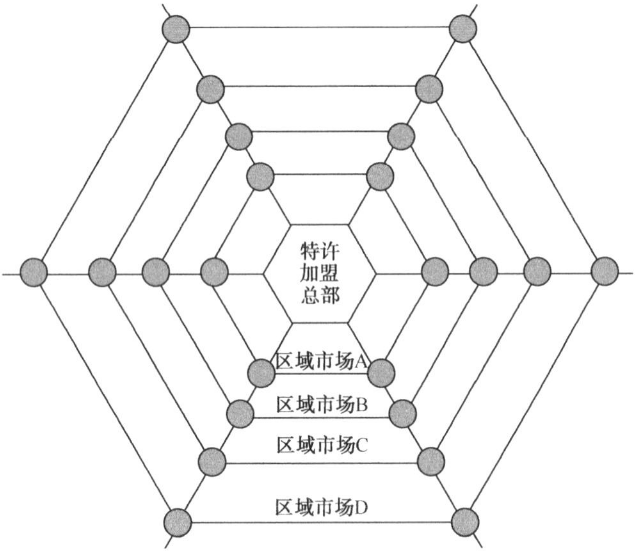

图 1.2 特许加盟运营管理网络结构图

1. 单店为基础

每一家单店都是利润的中心，都是特许权的载体，单店的数量是衡量特许加盟体系规模的基本指标。当加盟单店形成一定数量、一定规模时，就形成了加盟商运营网络。在庞大的系统中，每一家单店都能形成良好的现金流，加盟商可以用较短的时间回收全部投资并在终端零售市场赚取可观的营业利润，所以，通常把单店的营业利润称为特许加盟系统利润的第一源泉。

2. 总部为后台

每一家单店都与总部形成一个直接的前后台关系。单店是前台，直接服务于客户和区域市场；特许经营总部是后台，负责提供单店所需的各种资源和运营管理的所有支持，包括经营计划、市场策划、广告宣传、产品开发、人员培训甚至融资方面的支持。特许加盟总部除了赚取加盟商的加盟金和管理费之外，还可以通过一边特许加盟一边开设直营店的混合经营方式从终端零售市场赚取可观的营业利润。当加盟单店向纵深发展到一定数量之时，特许人就可以在这个营销渠道上附加其他经营项目，以赚取营业网络利润，通常把营销网络利润看作特许加盟系统利润的第二源泉。

3. 网络为支撑

特许加盟总部相当于强大的中央服务器，每个加盟单店则相当于一个终端，特许加盟总部负责提供加盟单店大量的经营管理知识和市场信息，加盟单店则提供每日的经营数据和客户数据。由于加盟单店的统一形象和统一服务标准使得彼此之间在赢得客户方面相互呼应、相得益彰。在加盟单店之间不仅不是竞争关系，而且可以在特许加盟总部的统一协调下实现加盟单店之间在采购、广告等方面的联手合作而获得规模经济效益。不仅如此，加盟单店之间还可以在特许加盟总部的统一协调下实现库存商品的调配以及向客户提供各种异地服务等。这种服务是一般的商业经营模式无法获得的。所以，大批的供应商、配送商、服务商都纷纷被吸引，给特许加盟运营体系带来了稳定的销量和利润，通常把从特许加盟网络中赚取的服务利润看作特许加盟系统利润的第三源泉。

同时，特许人还可以从特许加盟投资商角色中赚取投资利润，通常把通过资本市场运作手段取得的利润看作特许加盟系统利润的第四源泉。

知识拓展

电子商务网站助力特许加盟

当金融危机后的经济滞胀给特许加盟企业带来巨大挑战之时，B2B 电子商务网站却发挥了独特的优势，为陷入困局的特许加盟连锁企业提供了一种处理复杂经济问题的工具，使得这些企业高效地应对了经济发展中出现的新变化，满足了消费者的新需求。

大多数情况下，加盟商日常经营中收到来自于总部的支持和帮助相对来说并不算多，这就给个体经营店这类的加盟商制造了更大的挑战：一方面，加盟商需要处理经营餐馆和便利店所遇到的常规问题；另一方面，要面对由于缺少总部的支持而带来的其他方面的一系列问题。这两方面的因素结合在一起，往往就造成了这样一种现状：许多加盟店被迫关闭。为了避免这种结局的出现，加盟商就需要采取新的战略和使用新的工具。这时，电子商务网站就可以帮助到加盟商了。

对于加盟商来说，经常浏览电子商务网站是最有效的方法之一，这些网站将所有的卖家和买家置于一个公平的交易平台，这对加盟商而言意味着更低的成本和更多的采购设备的机会。在降低成本方面，电子商务网站提供了一个独一无二的平台：用户可以比较这些商家的价格。对于加盟商来说，电子商务网站可以帮助他们找到质优价廉的设备，随着时间的推移，由于使用这些工具可以极大地降低在大额项目上的开支，由此节省的资金将使得这类加盟商在经营中更具灵活性。

电子商务网站为加盟商提供丰富的选择机会，这里有大量的新的或二手设备的交流和采购信息，为加盟商提供了更多的选择供应商的机会。此举将有助于餐馆和便利店这种类型的小企业的加盟商及时地调整经营策略，以满足消费者不断变化的新需求。很明显，在经济停滞、消费需求下滑的困境下，电子商务网站适时地提供了便捷的价格比较系统、丰富的选择机会，大大增强了小企业应对各种经济问题的灵活性。

2.1.3 掌握特许加盟授权体系

特许加盟的授权体系由一个特许人和若干个受许人组成。在实践中，特许人通常根据地区不同和发展阶段不同而采用不同的授权体系结构，或综合各种授权体系结构加以变形或混合使用。根据特许人向受许人授权区域的大小以及性质的不同，特许加盟授权体系可以划分为以下几种类型。

1. 特许加盟单店授权体系结构

特许加盟单店授权体系结构（Single Unit Franchising）是指受许人被授权在一个非独占的区域内开设并运营最多 3 个单店。在单店授权体系结构中受许人被称为单店加盟商，如图 1.3 所示。

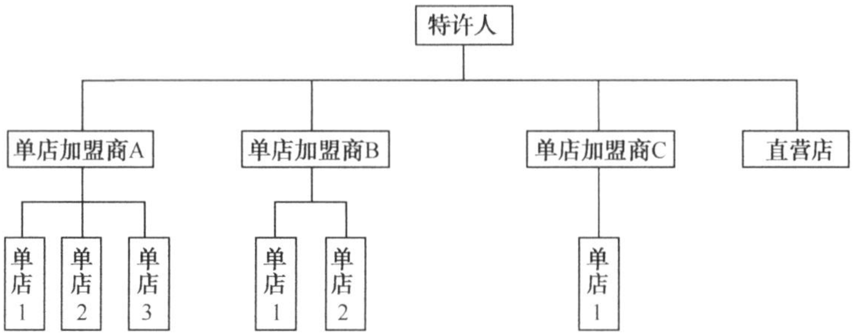

图 1.3 单店授权体系结构图

2. 特许加盟区域授权体系结构

特许加盟区域授权体系结构（Area Franchising）是指受许人被授权在一个独占的市场区域内开设并运营 4 个以上的单店，通常受许人要向特许人承诺在一年内至少开设并运营 *N* 家单店，而且每开设一家单店都要与特许人签订单店加盟合同，在区域授权体系结构中受许人被称为区域加盟商，如图 1.4 所示。

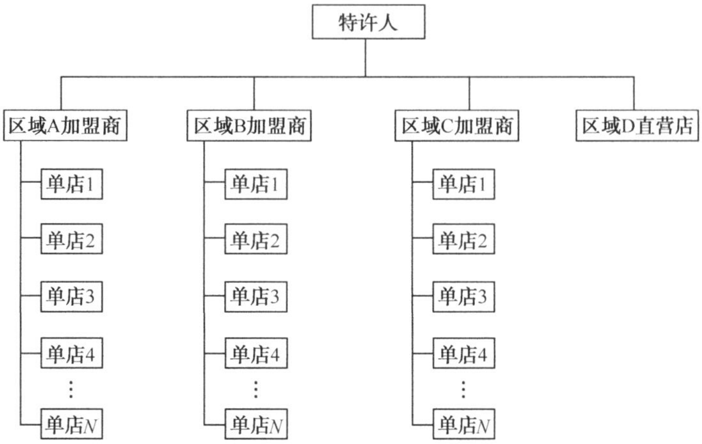

图 1.4 区域授权体系结构图

3. 特许加盟代理授权体系结构

特许加盟代理授权体系结构（Master Franchising）是指受许人（区域主加盟商）被授权在一个较大的独占市场范围内（通常是一个国家或地区），不仅可以开设并运营单店而且有权向第三方即次级受许人（区域次级加盟商）再授权开设和运营单店。在代理授权体系结构中受许人是特许人在该区域内的全权代表，是特许人设立的区域总部，它在该授权区域内扮演着特许人的角色。二级受许人称为区域次级加盟商，扮演单店加盟商或区域加盟商的角色。多数情况下，区域主加盟商直接与次级加盟商签署特许经营合同，特许人与次级加盟商不发生直接的契约关系。次级加盟商向区域主加盟商支付加盟费和特许权使用费，区域主加盟商将其中的一部分上缴给特许人。特许加盟代理授权体系，又称区域主授权体系或复合式特许授权体系，一般用于跨国特许的授权，如图 1.5 所示。

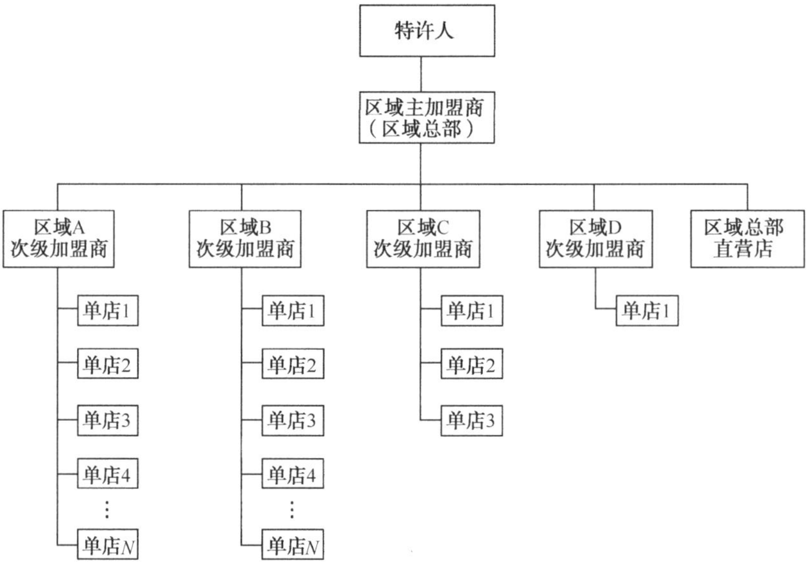

图 1.5　代理授权体系结构图

任务 2.2　设计并选择特许加盟模式

2.2.1　设计特许加盟模式

特许加盟模式的设计是指特许人对受许人进行特许加盟授权的内容和方式的设计，是特许人和受许人合作双方权利和义务关系的总和。

1. 特许加盟模式设计的原则

（1）合作双赢原则

在特许加盟这种独特的商业合作机制中，特许加盟将特许人和受许人的利益紧密地结合在一起，双方属于一荣俱荣、一损俱损、唇齿相依的合作关系。因此，在设计特许加盟模式时，需要审慎平衡特许人和受许人的权利义务关系以及商业利益，过于倾斜于任何一方，都可能不利于特许人和受许人双方的长期合作。

（2）相互吸引原则

特许加盟的本质是利用受许人的资源和能力进行市场的扩张。要使受许人愿意进行投入资金和资源，就必须使特许加盟模式对受许人来说具有吸引力。一般来说，特许加盟模式的吸引力来源于几个方面。一是要有特色，有特色就具有市场竞争力；二是要赢利，受许人之所以购买某个特许加盟权，为的是商业上的赢利目的，所以特许加盟模式必须使受许人相信获得授权后能够产生赢利；三是有支持，受许人的成功需要有特许人的支持，否则他完全没有必要来加盟，所以模式设计上需要体现对受许人相应的支持。

（3）可控制性原则

特许加盟模式设计是对特许加盟体系进行控制的源头。不同的特许加盟模式，意味着特许人和受许人之间不同的权利义务关系的组合，意味着特许人对受许人不同的控制和把握程度。例如，在一个特许经营体系发展初期，特许人自身的实力还不够强大，相对而言，采用单店授权比区域授权更加容易控制。即便同样是单店授权，有的还可能采取熟店转让或托管特许的方式，以进一步控制特许加盟可能发生的风险。另外，在不同的特许加盟体系中，通过特许加盟模式的设计对原材料、客户资源、技术资源等关键经营要素进行限定或控制，也能够起到控制作用。

2. 特许加盟模式设计的内容

特许加盟模式包括的业务内容极为广泛，依据不同的标准，可将特许加盟模式分成多种类型，了解这些类型及其划分方法，对加盟商选择特许加盟模式有着十分重要的意义。一般来说，特许加盟模式设计的核心应包括经营权、授权模式、特许费用三大方面的设计内容。特许加盟模式中的经营权设计是特许人向受许人出售“产品”，只不过这些“产品”是以无形资产的形式存在。而授权模式可以看作产品组合销售的方式，即特许人通过合同形式授予受许人使用的各项权益的组合。特许费用设计则可以看作产品销售的价格设计，因为受许人需要向特许人支付相应的加盟费，以获得这些权益的使用权。

一个合适的特许加盟模式，如同一个适销对路的商品，能够很快地获得市场的认同和青睐，从而使特许经营网点得到迅速的发展和扩张。可见，特许加盟模式是特许人和受许人合作双方基本权利和义务的设计，是双方长期合作的基础。从长远的可持续发展的角度来看，特许加盟模式也是特许人对特许加盟体系的关键控制点。

2.2.2 选择特许加盟模式

从最为常见的商业特许模式角度来看，有如下可供选择的特许加盟模式。

1. 按特许权组合要素内容进行模式选择

按特许权组合要素内容的不同，可以把特许加盟分为生产模式型、商品—商标模式型、经营模式型和专利模式型四种类型，如图 1.6 所示。

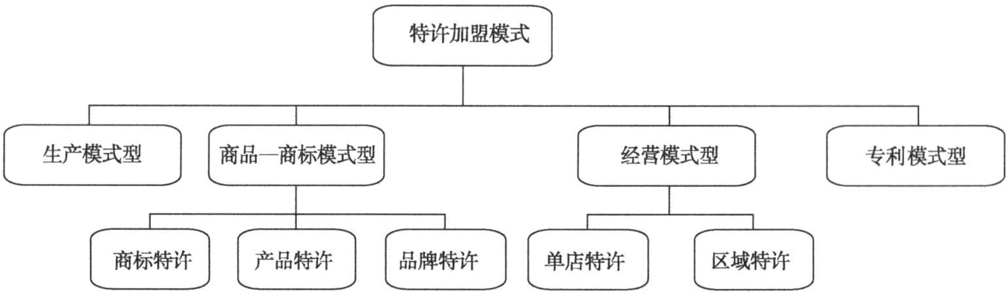

图 1.6　按特许权组合要素内容进行模式选择

（1）生产模式型特许加盟模式

生产模式型特许加盟模式（Production Franchising）是指由受许人（加盟商）自己投资建厂或通过定牌生产的方式，使用特许人的专利、技术、设计标准等加工或制造取得特许权的产品，然后向批发商或零售商出售，受许人不与最终用户（消费者）直接联系。

在生产模式型特许加盟体系中，特许人一般都是产品专利或强势品牌的拥有者，往往会涉及商标、标志、专利/专有技术、特种工艺、技术标准、经营诀窍等知识产权的使用许可。因此，特许人为了维护本企业的商标及商号的信誉，有权要求受许人按规定的技术和方法从事生产加工，有权过问受许人对产品的广告宣传及推销方法，有权对受许人的生产组织、工艺流程以及产品的分销价格提出统一的要求。只有这样才能更好地保证产品的质量，规范行业和市场秩序，保护好品牌。

受许人可以拥有产品的分销权，但却不能与最终用户（消费者）直接进行交易，受许人的获利主要依赖单件产品的生产利润和分销利润。比如，可口可乐公司的灌装厂、耐克运动装的生产厂等就是使用这种特许方式。

（2）商品—商标模式型特许加盟模式

商品—商标模式型特许加盟（Product and Trade Mark Franchising）是指受许人（加盟商）使用特许人（盟主）的商标、品牌、标志和销售方法等来批发或零售特许人的产品。作为受许人仍保持其原有企业的商号，单一地或在销售其他商品的同时销售特许人生产并取得商标所有权的产品。这种类型又可细分为商标特许、产品特许和品牌特许。

① 商标特许。商标特许是指特许人将注册商标作为特许权授权给受许人使用，特许人一般只对商标的使用方法有具体要求和限制，而对受许人所从事的经营活动并不进行严格规定。受许人必须与特许人签订商标使用许可合同，并将许可合同副本报送商标局备案后方可使用，受许人有义务维护特许人的商标、标志等不受侵犯。如米老鼠、机器猫、流氓兔、史努比、凯蒂猫、皮卡丘等商标的授权使用，通常是这种特许模式。

② 产品特许。产品特许是指特许人将自己生产的产品授权给受许人批发或零售。特许人一般都是产品的制造商，特许人一般只对产品的销售方式、销售价格、销售区域及售后服务有要求，对受许人的经营管理一般没有严格和统一的要求，也不限制受许人销售其他产品。受许人一般是作为特许人的分销商负责向客户提供售前和售后的服务。维系特许人与受许人之间关系的重要纽带是产品和产品价格，受许人或是一个批发商，或是一个零售商，受许人的获利主要依赖单件产品的进销价差。服装、化妆品等经常使用这种特许模式。

③ 品牌特许。品牌特许是指特许人将其品牌、产品和运作模式授权给特许加盟体系中的受许人使用。实质是大制造商为名牌化产品寻找销路，授权受许人进行商业开发的权利。

品牌比商标具有更多的内涵和价值。品牌的特许就意味着传输一个带有文化内涵、清晰定位、品质等级等诸多内容的资产。受许人接受品牌特许比简单接受一个商标进行经营更有优势和竞争力。在进行品牌特许时，特许人对受许人的要求更高，不仅要求受许人有生产达标产品的能力，而且要求受许人在整个营销过程中都要符合品牌所代表的水准。一个好的品牌特许就是"有潜力的品牌＋复制方式＋乘数效果"，能够实现低成本和超常规的品牌发展。生产特许和商品—商标特许被称为"第一代特许加盟"。

（3）经营模式型特许加盟模式

经营模式型特许加盟（Business Format Franchising）是指受许人完全按照特许人设计好的单店经营模式进行连锁经营。在经营模式型特许加盟体系中，特许人具有很强的控制力，它不仅要求加盟店经营总部规定的产品和服务，维护特许人的商标或标志等不受侵犯，而且从店标、店名、装修到陈设都必须和总部的标准保持一致。特许人对加盟店的商标、经营标准、运营管理、产品服务的质量标准、市场营销、经营方针等都按总部的规定实行统一管理。就特许实质来说，特许人是将自己所拥有的品牌、商标、产品、服务、单店管理系统、经营诀窍等内容开发组合成独特的具有竞争力的特许权，然后再以特许加盟合同的形式授权给受许人使用；就特许范围来说，加盟店购买的不仅仅是商品的销售权，还有整个模式的经营权，因此被称为"第二代特许加盟"。

这种经营模式特许范围广泛，知识和技术含量较高，是目前特许加盟的主要模式。在零售业、快餐业、服务业中采用最多，麦当劳、肯德基、"7-11"便利店等都属于这种模式。

经营模式型特许加盟按照特许权的授权范围，可分为单店特许加盟模式和区域特许加盟模式两种类型。

① 单店特许加盟模式。单店特许加盟模式是指特许人（盟主）将自己成功的单店经营模式许可给某一个受许人（单店加盟商）来经营。受许人只在单店内享有特许人许可的所有权利，在单店外则不享有这种权利。为了保护受许人的利益，避免受许人之间的恶性竞争，特许人会将单店加盟商设置数量及其间隔限制在一定的地理范围内。

单店加盟的最大优点是受许人拥有小区域开设单店的独家经营权，由特许人和受许人直接签订特许加盟合同并由受许人直接参与店铺的运营管理，此种模式对受许人的资金量要求不高、易于招募，总部控制力较强。但其缺点是特许人只是赋予受许人在一个地点开设一家加盟店的权利，适用范围小，业务性质只是在原有网点基础上的加盟，受许人的经济实力普遍较小，受许人无权出售特许权，只负责一个单店的业务，积极性受限。特许人对受许人的招募及管理成本较高，发展较慢。

② 区域特许加盟模式。区域特许加盟模式又称多店特许模式，是指由特许人赋予受许人在规定区域、规定时间开设规定数量的加盟网点的独家特许经营权利。受许人可将特许经营的权利再授予其他申请加盟者，也可由受许人自己在该地区投资、开设、拥有特许加盟网点，从事经营活动。区域特许经营模式又分为区域直接特许加盟模式和区域复合特许加盟模式两类。

区域直接特许加盟模式是指特许人将自己成功的经营模式授权给一个受许人（区域加

盟商）来经营，区域加盟商在规定的经营区域内经营。按合同规定，区域加盟商必须在规定的时间内开设若干家加盟店，以使该区域内店铺的数量达到一定的规模。由于是直接特许，因此区域加盟商不得再将特许权转让给其他人，只能开设直营加盟店。

而区域复合特许加盟模式则是指特许人将自己成功的经营模式授权给一个受许人（区域主加盟商）来经营，区域主加盟商在规定的经营区域内经营。按合同规定，区域主加盟商也必须在规定的时间内开设若干家加盟店，以使该区域内店铺的数量达到一定的规模。但由于是主特许，因此区域主加盟商既可以开设直营加盟店，也可以再授权给其他人开设单店经营。

区域特许加盟的优点是区域加盟商有指定地区的独家经营权，区域主加盟商还可以再次出售特许权，因此他们积极拓展市场，愿意进行广告投入，发展速度快。但其缺点是区域加盟商要经营区域业务，同时还必须经营好自己的直营店，控制能力较弱。所以要求他们有很丰富的工作经验，而且一旦他们出了问题，就会对整个体系影响较大。

（4）专利模式型特许加盟模式

专利模式型特许加盟（Patent Franchising）是指专利或商业秘密的特许人或有权使用者通过收取一定费用的模式，允许受许人在一定限制条件下经营该专利或商业秘密并从中获得利益。

2. 按特许权授予方式进行模式选择

按特许权授予方式的不同，特许加盟可以分为常规特许加盟、委托特许加盟、发展特许加盟、复合特许加盟和分配特许加盟五种模式，如图 1.7 所示。

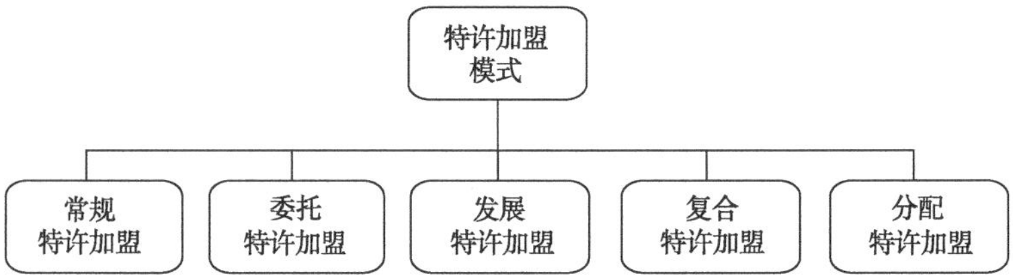

图 1.7　按特许权授予方式进行模式选择

（1）常规特许加盟

常规特许加盟又称一般特许加盟，是指特许人（总部）向受许人（加盟店）授予产品、商标、店名、经营模式等特许权，由该受许人支付一定费用作为代价后，使用这些特许权进行经营的模式。

（2）委托特许加盟

委托特许加盟是指特许人把自己的产品、商标、店名等特许权出售给一个代理人，由该受许人负责某区域的特许权授予行为。一般情况下，特许人委托代理人代表自己向所负责区域内的加盟申请者授予特许权（或代为招募受许人），同时还要为受许人提供指导、培训、咨询、监督和支持。该代理人既是总部特许权的使用者，又是该地区的特许权授予者。因其自己不直接经营，而是采取转嫁他人的方式进行开发和经营，所以，该代理人实际上充当的是委托人（特许人）和受许人的中间人。

特许加盟总部采取这种方式的理由是，集中向一个代理人出售特许权比面向众多加盟者出售特许权更简单、更容易操作。美国特许企业向海外扩张，进行跨国连锁时往往采取这种方式，尤其在快餐店、便利店、饭店、汽车、旅馆等行业发展迅速。

（3）发展特许加盟

发展特许加盟是指受许人向特许人购买特许经营权的同时，也购买了在一个区域内再建若干分支店的特许权。受许人一旦拥有了这个权利，就可以在该区域内，根据本部发展的需要随时再建分部，而不必向特许人重新申请。

（4）复合特许加盟

复合特许加盟是指特许人将一定区域内的特许经营权授予受许人，让其在该区域形成独占并自主经营，也可以将特许权再次授权下一个受许人。这里的受许人既是受许人身份，同时又是这个区域内的特许人身份。受许人（中间人）一般根据区域内的常住人口数量确定应向特许人支付相应的加盟金。如果他将特许权再次转让给其他的受许人，那么该受许人（中间人）从下一个受许人手中收取的加盟金和特许权使用费必须按一定比例上交给特许人。

（5）分配特许加盟

分配特许加盟是指特许人不仅授予受许人特许经营权，还授予受许人建立批发仓库或物流配送中心，向其他加盟店供应或分配货物的权利。

3. 按特许权授予范围进行模式选择

按授予特许权的范围特许加盟可分为单体特许加盟、区域开发特许加盟、代理特许加盟和二级特许加盟四种模式，如图 1.8 所示。

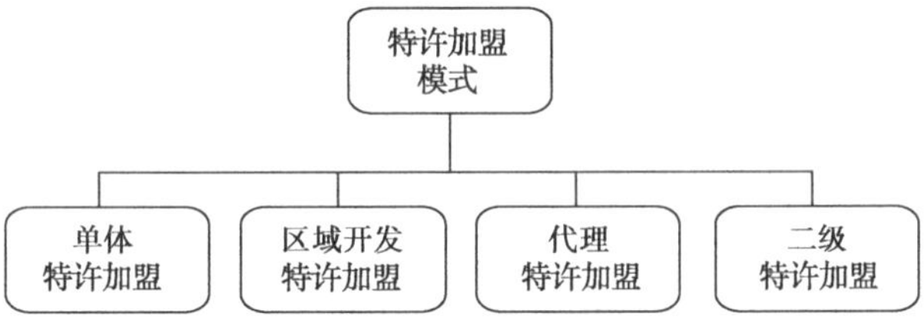

图 1.8　按特许权授予范围进行模式选择

（1）单体特许加盟

单体特许加盟（Unit by Unit Franchising）又称单店特许加盟，是指特许人赋予受许人在某个地点开设一家加盟店的权利。特许人和受许人直接签订特许加盟合同，由受许人亲自管理单店的运营。

这种特许方式的绝大部分是在原有网点基础上的加盟，最大优点是没有区域独占，特许人可以直接控制受许人，不会对特许人构成威胁。其不足之处是特许人支持管理受许人的投入和管理成本较大，受特许区域和经济实力的局限，网点发展速度较慢，不利于有实力的受许人加盟。

（2）区域开发特许加盟

区域开发特许加盟（Area Development Franchising）又称多店特许加盟，是指特许人赋予受许人在规定区域、规定时间内开设规定数量的加盟店的权利。特许人与区域加盟商首先签订区域加盟合同，赋予区域加盟商在规定区域、时间内的开发权，要求区域加盟商为获得区域开发权缴纳一笔费用。当开发达到特许人的要求时，特许人与区域加盟商再就每个单店签订特许经营单店合同。

这种特许方式主要强调受许人要在规定时间、指定区域内投资、建立、拥有和经营规定数量的加盟店，不能再将特许权转让给第三方。其最大优点是有助于开发商发挥积极性和投资潜力，快速地在一定的区域内发展特许网络，尽快实现特许扩张的规模效益。不足之处则是在开发合同规定的时间和区域内，特许人无法发展新的受许人，而且对区域加盟商的控制力较弱。

（3）代理特许加盟

代理特许加盟（Master Franchising）又称主体特许加盟，是指特许代理人与特许人签订代理合同，并以特许人的名义招募、指导、培训、监督和支持受许人，然后受许人再分别和特许人签订特许经营合同。这种特许方式实际是特许代理商作为特许人的一个服务机构，代表特许人招募受许人，并为受许人提供指导、培训、咨询、监督和支持。

就合同关系而言，是特许人分别与特许代理商签订代理合同，与受许人签订特许合同，代理商不构成特许合同的主体。其最大优点是对特许权的销售有较强的控制力，能够对受许人实施有效控制而不会过分依赖特许代理人。这种方式可以减少特许人开发特许网络的费用支出，且扩张速度较快。因为在跨国特许中常采用此种方式，所以，不足之处是特许人要对特许代理人的行为负责任，要承担被受许人起诉的风险，甚至要承担汇率变动和战争风险。

（4）二级特许加盟

二级特许加盟（Sub Franchising）又称次级特许加盟，是指特许人赋予受许人在指定区域销售特许权的权利，即特许人与二级特许人签订授权合同，以特许人的身份在指定区域销售特许权，然后再以特许人的身份与受许人签订特许经营合同。它与代理特许的不同点是，二级特许人除与特许人签订授权合同外，还与受许人签订特许合同。这样，二级特许人就扮演着特许人的角色，构成了特许合同的主体。对特许人有相当的影响力，因此要获得二级特许权就要支付数目可观的特许费。

这种特许方式的主要特点是特许人不用对每一个受许人进行管理，而是由二级特许人根据当地市场情况改进特许体系，不仅可以减少相应的经济负担，而且扩张速度较快。不足之处是过分依赖二级特许人，把管理权和特许费的支配权都交给了二级特许人，不仅特许合同的执行没有保证，而且特许收入也会因分流而减少。国际特许常采用此种方式。

2.2.3 选择创新模式应注意的问题

从 2005 年以后，作为发展最快和渗透性最强的商业经营模式，特许加盟不仅在传统的行业打造了肯德基、麦当劳、星巴克等一个又一个“商业帝国”，而且“特许加盟”正逐渐向我国的各行各业渗透，尤其是在电子商务领域，出现了一个新现象并且渐渐发展成长为新的热点，那就是崛起了一系列采取特许加盟模式经营的互联网企业，使得网上购物成为人们的购买新时尚。虽然单纯的网上零售商还较少涉足实体连锁的开发，但实体连锁零售商进军互联网已成流行趋势。我们看到起步比较早、运作比较成熟的企业都在向电子商务探索，有些企业已经摸索出适合自己企业发展的新模式。

值得注意的是，特许加盟模式一旦搬到了浮躁的互联网行业，存在的问题就会很多，无论是特许人还是受许人，抑或是门户网站都必须谨慎操作，切勿急功近利，应该注意以下问题。

1. 开创可持续发展的创新型特许加盟模式

特许加盟模式的创新要坚持可持续发展的原则，只有以企业可持续发展为目标，才能持久保持特许加盟企业的核心竞争力。任何一个企业在创新特许加盟之初，都要将眼光放远，不可因一味追求短期经济效益而盲目扩张企业规模。尤其在新的电子商务环境下，一些特许加盟企业为了寻找新的商机，他们找到门户网站，利用门户网站的品牌进行特许加盟模式的创新，这种网站＋特许加盟的新方式确有发展创新之处，但若条件不成熟，也会短视，无法可持续发展。比如，有些加盟商对互联网不是特别懂，他们看到知名网站发展迅猛，赚钱机制强，于是就盲目地轻信，交了不少费用加盟进来。其实有些时候并不是这些门户网站在运营，而是一些公司买断了门户网站的某个新频道，借用门户品牌圈钱而已。

2. 建立利益共享、风险共担的全新加盟模式

特许加盟从品牌授权使用、原料配送、产品配套、运营支持输出、营销指导输出、系统培训输出等各个方面需要付出一定的成本代价，这就要求特许加盟总部与加盟企业在选择网站＋特许加盟新模式时，以共赢共好为基础，完善各个层面的管理规范制度以及配套支持体系和运营管理体系，保障合作利益的共赢局面，并通过高度职业化的专业团队进行系统执行，由此保证特许人和受许人双方的利益。通过利益共享、风险共担的全新加盟模式，将特许人的加盟费与受许人的实际经营业绩直接挂钩。以品牌价值和管理能力直接关联的弹性收费方式，使双方利益紧密地结合在一起。对于加盟商来说，这将在很大程度上降低他们的风险。通过这种弹性收费，使加盟费能真正客观地体现一个品牌的价值。对于投资者来说，这种全新的加盟方式也将在很大程度上降低他们的风险。

3. 搞好样板市场，防止利用网站圈钱行为的发生

随着电子商务的发展，这种网站＋特许加盟的新模式存在的问题也较多。如果样板市场尚未做起来就盲目搞加盟，通常他们自身的产品都很差，靠业务很难赚到钱，然后就开始大搞概念，展开强大的媒体攻势，制造良好的招商环境，用特许加盟形式来圈钱。建议一些网络公司和门户网站，一定要珍惜自己的品牌，不应让不良运营商利用你的品牌搞特许加盟圈钱，因为出了问题后也会导致你的品牌贬值。而加盟商则更要谨慎，一般做网站技术门槛和成本都很低，不要盲目和急切地轻信夸张广告和知名网络品牌，应先把基础打好之后再考虑加盟，产品没有做好，样板市场没有做好，就搞网络特许加盟模式，虽然短

期可以有效益，但想长远发展就会困难重重。所以，在选择加盟项目时，应先请专业人士分析想加盟公司所销售的产品和服务，然后查看项目运营公司自己的样板市场，如果没有样板市场，最好不要加盟。

知识拓展

四大挑战考验特许加盟业

在第 14 届中国特许加盟大会上，中国连锁经营协会会长郭戈平在主题为“创新求变，稳健发展”的报告中指出，目前，中国特许加盟行业存在增长疲软、成本上升、投资回报延长和体系风险加大四大挑战，正考验着我国特许加盟行业的发展力和竞争力。但从全球特许经营发展态势上看，我国特许加盟可拓展的空间还很大，关键需要全行业推出积极有效的措施。

如何应对挑战？郭戈平在报告中给出如下答案：从改进产品和服务、引进先进技术和设备、改善管理和加大促销力度等方面入手，实现成本控制、业绩和品牌美誉度的提升。目前，我国特许加盟发展有 3 个可圈可点之处。一是以便利店、专卖店为主的特许经营发展势头迅猛；二是以迪信通、宏图三胞、快乐柠檬和麦当劳、“7-11”等为代表的更多特许品牌，开放了加盟体系，吸引了更多投资者的目光；三是行业并购活跃，集中度提高，尤以连锁酒店表现最为活跃。

郭戈平说，受全球经济环境的影响，上述良好态势仍难掩饰国内特许加盟所面临的发展困境，包括全行业销售增长普遍放缓、企业供应链管理薄弱、总部对加盟商管理失控的弱势放大、安全事件和投诉纠纷不断增多等，使连锁加盟体系的风险加大。这些困境给国内特许加盟行业提出了一个严峻的生存问题，即如何求新、求变，实现可持续发展。

在此次特许加盟大会上，与会的一些知名企业负责人，围绕“重构思维，回归根本——加盟连锁在滞胀中求新求变寻求突破与发展”这一话题，分享了企业谋求创新的成功经验。

锦江之星旅馆有限公司首席执行官俞萌说，从事连锁酒店经营 15 年的锦江之星，2011 年创新经营模式，不再满足于直营和加盟两条腿走路，而是尝试着走出国门，不仅将特许权卖到了菲律宾，而且还与法国连锁酒店实施品牌联合。如何提高连锁经营的效率？锦江之星也进行了有益的尝试，即做强专业、做好文化和品牌，实现成本降低和管理的最优化，从而让顾客受益。

北京荣昌科技服务有限公司总经理张荣耀说，荣昌针对公司以卖设备为主的快速加盟发展模式显现出的服务弱、管理效率不高等致命伤，积极谋求变革，在业内率先推出了由总部投资建立密集的收衣网点，有效调配资源，将衣物调剂给处于不同发展阶段的加盟店，帮助其改善业务，或对新开店提供重点扶持的新型经营模式，大大改变了服务业连锁加盟普遍存在的总部与加盟店之间缺乏有形资源纽带的不利局面，增进了双方的依存度，在实现双赢的同时，也很好地实现了顾客期盼的洗衣服务质量要好、时间要快的愿望。目前，荣昌凭借标准化、信息化经营，使公司年均增长达到了 60%。

对此，郭戈平总结道，尽管国内特许加盟有许多挑战需要应对，有许多困难需要克服，但企业只要在“变”上下工夫，就一定有好的发展前景。因为在未来一段时间内，特许加盟在国内市场仍将保有持续的增长机会和活力。

实务借鉴

肯德基在中国的“不从零开始”

肯德基在中国的连锁经营餐厅有95%是直营店，只有5%是加盟店，他们开始特许加盟的尝试开始于1993年，经过一段时间的沉默之后，自2000年起，肯德基在中国采取了“不从零开始”战略，这是肯德基品牌策略成功的代表性策略，独具中国特色。

所谓“不从零开始”是指：肯德基将一家成熟的、正在赢利的餐厅转手给受许人。受许人不需进行自己选址、开店、招募与培训员工等大量繁重的前期准备工作。这是现阶段肯德基在中国市场开展特许经营的一个最佳方式，因为将一家正在赢利的肯德基餐厅交给受许人，受许人的经营风险就会大大降低，仅靠维持便可成功。

肯德基对于受许人的审核要求十分严格，受许人除必须拥有100万美元或800万元人民币作为加盟及店面装修、设备引进等费用外，还必须具有经营餐饮业、服务业和旅游业等方面的背景和实际经验。肯德基餐厅的营业面积为350～400m^2，这800万元人民币是根据一些综合指数制订的购买一家肯德基餐厅的参考价格标准，实际转让费用将视目标餐厅的销售及利润状况而定。加盟商支付这笔费用后，即可接手一家正在营运的肯德基餐厅，包括餐厅内所有装饰装潢、设备设施及经过培训的餐厅工作人员，且包括未来在营运过程中产生的现金流量和利润，但不包括房产租赁费用。

肯德基不允许使用自有店面开新店，只转让已经正在运营的肯德基餐厅。从开始申请到转店时间在6个月左右；加盟经营协议的首次期限至少为10年，未来的受许人必须自愿地从事肯德基加盟经营10年以上，最好是20年。培训是加入肯德基时必需的内容，成功的候选人在经营餐厅前将被要求参加一个内容广泛的为期12周的培训项目，12周的餐厅培训使受许人能有效掌握经营一家成功餐厅需要了解的值班管理、领导餐厅等课程，还包括如汉堡工作站、薯条工作站等各个工作站的学习。受许人接手餐厅后，还要安排为期5～6个月的餐厅管理实习。可以看出，在特许加盟严格规定的背后，是肯德基总部和加盟店共同的利益关系。

肯德基每转让一个店面，将获得特许经营初始费37 600美元，并且一次性转让费800万元人民币，每年还有占销售额6%的特许经营权使用费和占销售额5%的广告分摊费用，通过转让所得资金还可以继续开店，对于肯德基来说是一条无风险高速扩张之路。对于受许人来说，加盟肯德基，通过培训，可以掌握先进的企业管理理念，自己亲自管理肯德基，往往比聘请一个职业经理人要更用心，转让后的店，所得收益也会比以前更多，同时还会给肯德基省去不菲的管理费用。受许人站在肯德基的肩上，通过自己的辛勤经营，也能为自己带来可观的收益。这种崭新的特许经营方式被肯德基称为“中国特色”。

试分析：

（1）肯德基在中国采取的特许加盟形式是什么？它与一般特许加盟相比有何特色？

（2）肯德基的“不从零开始”策略主要优势何在？你认为有无弊端？表现在哪些方面？

模块小结

本模块主要使学生和众多潜在加盟商了解特许加盟的含义，认识特许加盟的特征，掌握特许加盟的形式，熟悉特许加盟的结构，最终成功选择适合的特许加盟模式。模块中共有 2 个项目。通过第一个项目，学生和读者可以了解特许加盟的含义和相关术语；认识特许加盟的特征和原则。第二个项目能够帮助学生和读者选择特许加盟模式，熟悉特许加盟运营管理体系，了解特许加盟授权体系和加盟流程，为自己未来的加盟事业做好准备。

通过本模块的学习可以使学生和广大读者对特许加盟的基本知识有个概括的了解，对特许加盟模式的选择有个基本的了解。在了解基本原则和把握发展脉络的基础上，可以使初学者和投资者对特许加盟活动有一定的科学的判断，可以为潜在加盟商审慎投资提供理性的分析。特别是对缺乏资本和从业经验进行自我创业的投资者，为他们在特许世界里得以使用特许人的商标、技术和产品/服务质量标准，借助已经成功的经验，赢得创业和赚钱的机会提供有价值的参考。

能力自测

1. 什么是特许权？特许权使用费和加盟金有何区别？
2. 特许加盟与直营连锁、自由连锁及商业代理的区别何在？
3. 按特许权组合要素不同特许加盟可以分为哪些类型？
4. 按特许权授予范围的不同，特许加盟可分为哪些类型？
5. 特许加盟有哪些基本特征？其核心特征是什么？
6. 简述特许加盟 3S 原则的基本内容。
7. 特许加盟的统一性原则主要表现为哪几个统一？
8. 综合评价我国特许加盟的现状及表现。
9. 加盟商在选择特许加盟企业时要进行哪些研究和考察？
10. 对“只要有钱就可以加盟，只要加盟就一定赚钱”这种说法，你同意吗？

模拟实训

找一家特许加盟企业进行调研并写出 3000 字以上的调查报告。要求：

（1）了解他们的授权范围（如商标标志的使用、授权地区业务运营、采购配送体系共享、运营手册统一使用等）。

（2）了解他们的单店投资加盟方案、加盟条件和经营项目（包括加盟金、保证金、品牌使用费、加盟期限、品牌产品等）。

（3）了解加盟方从总部获得的支持（包括品牌、广告、信息、管理、培训、采购、物流等）。

（4）了解他们的加盟投资流程（从预约面谈、签署加盟契约、商圈调研与选址、店铺装修到正式开业）。

模块二

构建特许加盟体系

【学习目标】

通过学习，学生可以在构建特许加盟体系的职业情境中：了解特许人应具备的条件，熟悉特许加盟总部组织、培训、供应链及信息系统等体系的设计要素，掌握特许权、权益金及加盟金的设计方法，掌握特许加盟总部及单店的运营管理流程，掌握特许加盟总部及单店的损益分析方法，掌握样板店建立与设计的实操技术。

【核心能力】

根据所选择的特许加盟模式，进行加盟金、权益金和特许权使用费的计算，提高特许权组合的设计能力。

【模块导引】

怎样将一个已经存在的概念用特许加盟的方式把它建立起来并扩张发展下去？在这个过程当中，应该做什么，怎样做，从而让众多的中小企业在一个大型的企业体系之下生存发展、分担风险、共享利益？这是有志从事特许加盟活动和发展特许加盟的人们最为关心的问题。所以，当选择了一定的特许加盟模式后，面临的第二个职业活动就是构建特许加盟体系。特许加盟体系的构建关系到特许加盟事业的成败，关系到特许人和受许人的切身利益，它是市场扩张和品牌扩张的系统化解决方案，更是特许加盟组织的战略性规划和选择。

项目 3　构建特许加盟总部

任务 3.1　制定特许加盟总部建设规划

特许加盟前期准备阶段的主要任务是具备条件的特许人完整地制定特许加盟总部的建设规划，否则特许加盟体系建设无从谈起。毫无疑问，构建特许加盟体系是企业的重大业务变更和经营转型，是卖出一整套投资的计划。这就需要特许人谨慎从事，根据特许人自身的条件和市场环境，分析行业竞争优势，进行特许项目的可行性研究，制定特许加盟发展的总体规划。只有这样才能形成对特许加盟体系发展态势应有的控制能力，才能实现连锁加盟的规模经济效应。

3.1.1　了解特许人应具备的条件

特许企业一般有两种来源：一种是由其创始人从开始创业就沿着特许加盟的经营模式逐渐走过来的；另一种是从其他业态的企业转型过来的。不管是哪一种来源，如果要申请创建一家特许企业，从战略上说首先要搞清楚这个企业或公司做特许人合不合适。一般而言，这样的企业或公司最好是已经有了直营店网络的基础，再来搞特许加盟就比较理想。虽然这不是绝对的，但有直营店做基础，对整体战略的感觉会比较清楚一些，建立的样板店成功率也比较高，特许加盟体系扩张和发展就比较顺利。根据有关法律法规及国际惯例规定，特许人必须具备以下基本条件。

① 具有独立的法人资格；具有完整、科学的投资计划和利润模式设计。

② 具有注册商标、商号、产品、专利和独特的可传授的经营管理技术或诀窍，能够承担对商号、商标进行保护的责任。至少有两家经营一年以上的直营店或由其子公司、控股公司建立的直营店，并有一年以上良好的经营业绩。

③ 具有一定的经营资源，保证长期提供特许合同规定的物品供应；产品、服务或经营模式具有良好的获利能力或潜力；具有高效、可靠的物流配送和信息管理系统。

④ 具备向受许人提供长期经营指导和服务的能力，保证为受许人提供开业前的教育与培训；具有为受许人提供广告策划和促销服务的能力；具有对整个特许加盟系统的运作进行管理和控制的能力。

⑤ 具有被消费者认可的企业形象，保证向受许人提供代表特许体系的营业象征和经营手册，使特许加盟体系在统一的企业形象中运作。

3.1.2　进行市场调研与可行性分析

一个企业如果想通过特许模式来打造自己的网络帝国，在扩张业务之前，首先要进行的就是市场调研和可行性分析，通过调研和分析形成的可行性研究报告常被作为特许人筹集项目资金、争取项目支持、撰写商业计划书的重要依据。

1．市场调研

市场调研主要是通过调查，收集并整理所有有关行业环境的数据和信息，包括国家有关行业政策、本行业新技术的最新发展、本行业带头人的最新动向等宏观行业信息，还包括行业特性、市场状况、竞争对手、客户与供应商等微观行业信息。

（1）了解相关的产业政策

目前，我国国家宏观战略包括开发西部、振兴东北、关注农村、发展第三产业、解决就业、扩大普及教育、扶持民族品牌、应对国际贸易、发展物流、简政放权等问题，这些都需要仔细分析和认真研究，才能从中发现机会。这是未来特许加盟体系建立发展的宏观环境和基础。

（2）掌握行业的发展概况

具体包括行业的历史、现有规模、基本特征、主要顾客群、市场容量、发展潜力、发展趋势、行业竞争、行业资源等。这些行业发展的背景对特许加盟体系的建立有重要的影响，可以直接影响投资的决策。

（3）分析企业内外部环境

就企业内部而言，主要是分析企业的优势与劣势，即与竞争对手相比较而言的自身实力的大小。可以通过企业运营的供应、生产和销售三大环节进行分析，也可通过企业的人力、财务、技术、信息等资源状况进行分析，了解自身的优劣势；就企业外部环境而言，主要是分析存在的机会与威胁，即外部环境变化可能对企业的影响。环境分析可以包括政治、法律、经济、社会、文化、技术和自然等因素，这些可能会形成特许加盟体系发展的瓶颈，必须深入调查分析才能得出正确的诊断。

（4）分析强劲的竞争对手

着重对供应商、潜在进入者、替代品生产者、企业直接竞争者进行理性分析，从中可以了解到采取特许加盟模式后给企业带来的竞争优势是什么。从供应商角度看，应了解供应商的供应方式、讨价还价的能力、品牌知名程度、供应商之间的联系及转移成本的高低等；从行业进入者角度看，应了解其进入市场的资金需求、规模大小、分销渠道如何、成本优势、差异化程度等；从购买者角度看，应了解购买者的购买方式、讨价还价的能力、替代品的生产与供应及价格高低等；从直接竞争者角度看，应了解行业内竞争者的均衡程度、市场增长速度、行业壁垒情况、行业内成本与收益水平等。最危险的环境是存在进入壁垒、替代品威胁、供应商和购买者对市场的控制程度以及行业内激烈竞争的状况。

（5）认真研究消费者市场

首先，要了解影响消费者购买行为的主要因素，包括文化与社会阶层、家庭与社会地位、职业与经济状况、年龄与生活方式等；其次，要了解消费者购买行为的主要类型和购买决策过程的不同表现；再次，要了解消费者的收入和支出模式的变化情况，掌握收入与支出对社会购买力和市场规模大小的重要影响。此外，还要了解参与购买的相关人员的基本信息，如使用者、影响者、采购者、决策者等，他们对采购决策过程有较大的发言权，直接影响购买行为的最终实现。

2. 可行性分析

可行性分析主要是通过市场调研，对特许加盟扩张的必要性、充分性、可行性、影响力等进行系统的分析和研究，形成可行性报告，再通过理性分析和数据论证，判断是否可以利用特许加盟模式打开市场。值得注意的是，特许加盟是一种成功模式的复制，与其他经营方式不同，它只能锦上添花，而无法雪中送炭。所以，那些经营出现问题或只取得了初步成功就急于扩张的企业，一定要慎重选择特许方式。

（1）进行经济效益和社会效益分析

从经济效益角度，主要包括以下方面。

① 实施特许加盟后企业获得的利润是否可以增加，会以什么样速度增加。

② 实施特许加盟后企业能否加强市场的竞争力，市场占有份额会得到多大的提高。

③ 实施特许加盟后企业能否提升品牌价值，企业规模能够扩大多少。

④ 实施特许加盟后企业能否保证可持续发展，能否为当地经济增加税收或提高就业做出贡献。

从社会效益角度，主要包括以下方面。

① 特许加盟体系对国家政治和社会稳定的影响，包括增加就业机会，改善地区经济结构，提高地区经济发展水平，改善人民生活质量等。

② 特许加盟体系与当地科技、文化、基础设施发展水平的相互适应性。

③ 特许加盟体系与当地居民的宗教、民族习惯的相互适应性。

④ 特许加盟体系对合理利用自然资源、保护环境和生态平衡的影响。

（2）进行特许加盟基本条件分析

① 是否具有成功的赢利模式。这是加盟商投资的重要考察依据。

② 是否具备可知识化的特许权。只有将准备作为特许权内容的成功元素和经验进行知识化提炼、总结和固化，才能转化为易于传播的形式，转移给受许人。

③ 成功模式是否能被复制。特许人应有一套普遍适用的运行模式。无论加盟店开在哪里，都是样板店的翻版，无论是店面设计、店堂陈列、产品特色，还是经营管理、企业理念都与特许加盟总部的样板店完全相同。

④ 是否具有完整的运营体系。一个成功的特许加盟体系要具有完备的产品开发、促销推广、物流配送、培训督导、信息反馈、客户管理以及企业的 CIS 系统等环节配合与支撑，在运营体系架构初具规模后才谈得上扩张和更大规模的发展。

⑤ 是否具有准确的市场定位（包括品牌定位、企业定位、产品定位、消费者定位等），这是吸引受许人的重要方面。

⑥ 是否具有足够的前期资本。以满足聘请特许顾问费、招募费、广告宣传费、样板店试验费、体系设计及基本建设费等实质性支出需要。

⑦ 是否具有广阔的发展前景和最熟悉的业务领域。只有这样特许人才能利用自己的知识和经验开创和拓展业务，也只有这样才会有受许人前来购买，才不会因生意不能长期赢利而导致受许人的退出。

⑧ 是否具有持续的创新能力。特许加盟虽然是复制成功的，但并非刻板地完全复制，

而是需要不断地创新，不断地打造企业的核心竞争力，创新是企业与体系长久生存的源泉。

（3）进行特许加盟体系的可行性分析

特许加盟体系的建设是一项系统工程，企业除了建立系统支持、研究开发、督导培训、信息控制、财务管理、市场营销、物流配送等技术体系外，应着重进行经济可行性分析，这是特许加盟体系建立最为关键的一个方面。

① 融资可行性分析，包括资金来源渠道分析、项目筹资方案确立、投资使用计划确定、借款偿还计划制订等内容。

② 投资与收益预测分析。企业在预测时，对投资费用的估计以及项目带来的利益计算必须做到详细、科学、准确、真实。一般企业采取特许加盟模式的财务预测应包括四部分：特许加盟总部未来3～5年的财务预测，受许人单店3～5年的财务预测，多店受许人3～5年的财务预测，区域分部或分销商、次级特许人等3～5年的财务预测。只有这四个方面的预测结果都满意了，特许加盟体系的运营才能畅通，这也是吸引潜在受许人加盟的关键。

（4）进行特许加盟体系的风险分析

实施特许加盟项目的风险体现在三个时间段内，即特许加盟体系规划设计阶段、招募营建阶段、建成后的维护和升级阶段。具体的风险类别包括以下几种。

① 行业风险。由于特许行业壁垒不高，业内竞争激烈，会对特许加盟体系的成功扩张带来一定风险，导致受许人招募不理想。

② 市场风险。由于竞争环境和政策法规的经常变化，特许加盟体系的市场推广工作有很大的风险性，瞬息万变的市场无法保证受许人招募和加盟店运营的百分百成功。

③ 经营风险。特许加盟体系的经营需要盟主企业采用全新和可持续发展的特许经营的理论和技术，能否掌握并科学运用这些知识，是经营成败的一个重要风险因素。

④ 政策和法律风险。特许加盟体系内的企业在迅速发展过程中可能会碰到投资、商标、税收、行业或地区管制、融资等风险，这是造成特许体系难以成功的主要根源。所以，潜在的特许人必须充分分析各种风险出现的频率和危害大小，并针对每种风险提前设计好应对策略。

3. 撰写可行性分析报告

在市场调研和可行性分析完成之后，应该形成可行性报告。通常一个完整的特许加盟项目的可行性报告大致由以下几部分组成。

（1）封面

它包括可行性研究的名称、研究单位、主要研究人员、编制报告日期等。

（2）前言

前言是对可行性研究中的主要部分或核心思想进行高度概括总结、说明在研究过程中的主要发现、解释项目可行程度以及对策建议等。

（3）目录

目录是可行性报告的逻辑架构，目录层次最多可到三级，一级、二级、三级之间在文字大小、粗细、样式等方面应有差别。

（4）企业基本情况介绍

它包括企业名称、性质、地址、组织结构、人员情况、主要股东、注册资本、法人代表、高层管理人员、企业发展历史、企业业务现状、市场占有率、目标市场、企业产品与服务等。

（5）特许项目背景及发展概况

① 特许项目背景：包括国家或行业发展规划、项目发起人及发起缘由。

② 项目发展概况：包括市场调查情况、已试验的成果、项目建议书的编制和审批情况。

（6）企业综合环境分析

① 内部环境分析，即企业的优劣势分析。

② 外部环境分析，即机会和威胁分析。

③ 市场分析，包括行业概况、竞争者分析、消费者分析。

（7）特许加盟项目的实施计划

该部分内容包括企业实施特许经营模式的充分性、必要性和计划构想（指特许内容、经营结构、费用安排、运营战略、发展进度计划等）。

（8）特许项目实施可能性分析

特许项目实施可能性分析主要分析该项目是否适用于利用特许模式进行推广和发展，包括技术可行性（建设可行性、运作与维护可行性）、经济可行性（融资可行性、投资预测与收益估计）和社会可行性（社会效益、社会影响）。

（9）项目风险分析与提示

此部分内容包括行业风险、市场风险、经营风险、政策法律风险、风险预测、防范与应对策略等。

（10）可行性研究报告附件

这部分是对主体部分的补充，主要是可行性研究所需要提供的参考资料。具体包括：项目建议书、项目立项批文、市场调研分析报告、贷款意向书、环境影响报告、需单独进行可行性研究的单项或配套工程的可行性研究报告、引进技术项目的考察报告、利用外资的各类协议文件、其他主要对比方案说明等。要求所列附件应注明名称、日期、编号。

3.1.3 制定特许加盟总部工作规划

在可行性研究报告撰写完成之后，就应进入总体规划和决策阶段。这一阶段的工作通常按照下列程序展开。

1. 成立项目评估与决策组织

（1）选择项目决策团队成员

一般内部人员包括企业高层，即董事长、总经理、营销副总、财务副总、生产技术副总等；还包括各职能部门负责人，即财务、人力资源、信息、市场、供应、公关等部门的相关人员；此外还有股东及参加前期项目策划的人员等。

一般外部人员包括特许加盟顾问、相关行业专家、律师、银行顾问等。因为外部专家和顾问有一定的实践经验，做过成功的案例，可以把经验和教训传递给企业，借用这些外部的力量可以提高成功率。

（2）进行项目的论证与评估

在项目决策小组人员充分酝酿的基础上，应当重点进行项目的论证与评估，举行一次甚至多次由决策小组的全部人员参加的正式的论证评估会议。会议开始时应当先安排可行性研究报告的撰写人员对报告的内容进行简单的陈述，然后按照可行性研究报告议题的先后顺序对报告的内容逐一加以论证和评估，对可行性研究报告提供的信息进行进一步核实，对报告提出的计划和方案展开非正式的磋商和交流，然后得出相应的结论性意见。最后，将正式论证评估会议上与会者的意见和建议汇总，作为撰写总体规划和实施计划的主要依据。

2. 制定总体发展战略规划

在组建特许项目工作小组及可行性论证之后，接下来就要制定一份完善的、切实可行的特许加盟总体战略规划，作为特许加盟项目组自身的工作指导。

（1）制定特许加盟总体战略规划的步骤

① 确定特许加盟体系建设的总体工作目标。

② 对特许项目工作进行细目分解，直至达到最细的工作包为止。

③ 充分界定活动时间和方式，每个工作包都要有具体活动的时间、人力、过程等细节安排。

④ 形成计划模型，包括支线、结点、流等基本要素。将各项活动的先后顺序、逻辑关系以及完成各项活动所需的时间、费用和资源等作为计划模型的参数。

⑤ 进行时间和资源的估算，包括每项活动的时间长短、资金与人力等资源的类别和数量。

⑥ 对特许项目工程的进度计划及每项活动的成本进行预算，并根据预算排出特许项目工程的进度日程安排表，并以此作为考核的标准。

（2）制定特许加盟总体战略规划的内容

① 前言，即特许人组织简介、特许加盟可行性研究结论。

② 战略发展方向和特许加盟体系发展目标，包括特许加盟战略理念的导入与战略目标的确定，一般将战略目标细分为时间、成本、体系建设等具体的可操作的阶段性发展目标。

③ 特许加盟体系运营管理模式的选择，包括单店基本运营管理模式、总部基本运营管理模式、特许加盟授权体系结构等的设计。

④ 特许加盟体系发展策略，包括总体发展策略、品牌拓展策略、区域市场拓展策略、产品和服务营销组合策略、加盟商发展策略、竞争策略及产业资源整合策略等。

⑤ 特许加盟体系构建项目实施计划，包括项目团队的组成及培训计划、项目工作进度表、计划实施过程中的工序及任务、实施计划及完成各项活动的具体方法、实施计划中各项活动的逻辑顺序及实施时间安排、实施期间的人财物及信息等的需求。

⑥ 实施特许加盟项目的财务预算。

⑦ 附录，包括市场调查报告、特许加盟可行性研究报告、项目团队组织结构及主要人员简历、项目团队培训日程安排等内容。

任务 3.2　进行特许加盟总部系统设计

特许加盟总部设计是特许加盟体系构建的第二步，它是特许加盟体系的中枢和绩效优劣的关键。特许加盟总部在特许加盟体系中处于金字塔的顶端，特许体系链能够延伸多长，特许加盟成功概率多大，很大程度上取决于特许加盟总部的设计能力和控制能力。

3.2.1 设计特许加盟总部的组织架构

由于特许加盟理念的推广和体系的构建是精细、复杂且专业化要求极高的执行过程，所以，特许人作为特许加盟体系的创建者，在创业初期承担的风险较大，在整个特许体系的创建、维护和扩张中投入较多。为此，在扩展自己的品牌时，要重点选择好特许加盟总部的组织架构模式，这样才能保持加盟体系的健康发展。

特许加盟总部组织架构的基本模式主要有以下三种。

1. 初级组织架构模式

在企业发展的初创时期，公司规模较小，特许加盟体系也仅限于小范围的推广，管理难度小，组织层次也少，一般适合于采用职能式组织结构这种初级模式，即特许加盟总部在总经理的领导下，直接向各加盟店履行本部门的职能，甚至直接插手具体事务，如图 2.1 所示。

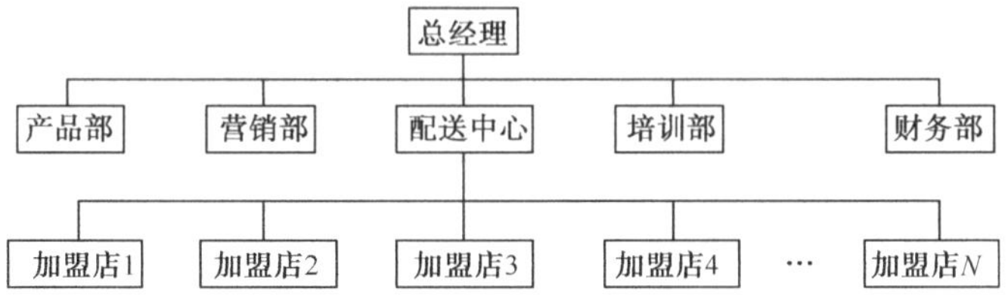

图 2.1 特许加盟体系组织架构初级模式

2. 标准组织架构模式

在企业规模不断扩大，加盟店数量不断增多，特许加盟总部的工作量和工作难度增加后，对管理效率的要求会越来越高，从而对各职能部门间的协作和沟通要求也越来越高。因此，原先的职能式组织结构已经不能适用，必须对组织结构进行调整、改造或嫁接，既要保留原来职能式结构的优点，又要吸收其他形式的精华，最后形成一种具有推广价值的组织结构模式。这种标准的组织结构模式，把特许加盟总部置于企业管理场的中心，该中心直接接受总裁的指令，整合各个职能部门的资源。它横向沟通各个职能部门，纵向沟通各个加盟店与直营店总部，可避免因协调困难而造成的互相推诿现象，实现特许加盟体系的高效运作，如图 2.2 所示。

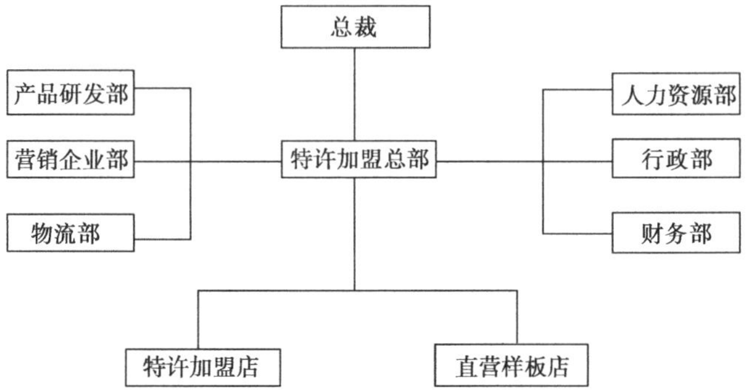

图 2.2 特许加盟体系组织架构标准模式

3. 高级组织架构模式

当特许体系的加盟店发展到相当数量时，标准的组织结构那种总部一统天下的模式已经不适用了，代之而起的是在标准模式中插入区域结构模式，延接区域管理中心，形成特许加盟体系组织架构的高级模式，如图 2.3 所示。

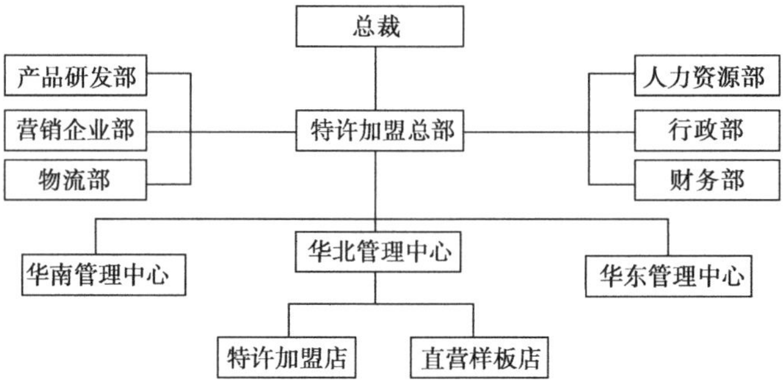

图 2.3　特许加盟体系组织架构高级模式

3.2.2　进行特许加盟总部的制度建设

特许加盟总部是统领众多加盟店的大本营，总部的制度建设如何会直接影响特许加盟体系业务的开展。特许加盟总部为了行使它的系统开发、采购配送、研发推广、教育培训、促销融资、信息收集和财务分析的职能，就必须有完善而健全的职责规范和制度建设。

1. 特许加盟总部职能部门的职责界定

特许加盟体系需要一系列的支持系统，包括经营模式、品牌形象、人员培训、运营指导、市场营销、物流配送、信息技术等。只有各个部门密切配合，界定职责，才能使特许体系建立和完善。

① 业务发展部门主要负责网点开发、选址、论证、谈判、签约、租金确定与投资预算、卖场及仓库等的配置、工程进度的控制与验收、设备的采购与维修等职责。

② 人力资源部门主要负责人员招聘与调配、培训与分配等职责。

③ 商品开发与采购部门主要负责商品结构制定与调整、商品分类与编码、商品定价与毛利制定、供应商开发、商品采购谈判、店面设计与布置、促销计划制订与执行、采购订单与配送订单发出、采购人员的选定等职责。

④ 配送中心主要负责收货、配货、补货、验收、配送、库存管理、损益统计等职责。

⑤ 企业管理部门主要负责制定各种规章制度、制定门店营业手册、制定各个岗位职责和员工考核与实施细则、组织各类促销和业绩竞赛活动、对门店进行经营指导、消费者投诉处理等职责。

⑥ 财务部门主要负责制订资金运用计划、编制和分析财务报表和年度决算表、审核进出货凭证、统计每日营业额、盘点各门店商品、审报纳税、与供货商对账支付、发票管理等职责。

⑦ 信息部门主要负责管理与维护企业信息系统，管理商品采购、进货、接货、订货及

配送等商品管理系统，POS 系统，会计与人事管理系统，经营信息管理系统，外部信息管理等职责。

⑧ 营销部门主要负责营销计划的拟订与执行、总部及各区促销计划的拟订与执行、广告方案设计与广告媒体选择、公关与营业推广的策划与执行、企业形象设计与推广等职责。

⑨ 市场部门主要负责市场调研与市场细分、推介产品与企业形象、客户关系与管理、商圈调查与投资预算等职责。

⑩ 企划部门主要负责店面装潢设计、公司宣传册设计、POP 广告制作、海报及特价牌制作等职责。

2. 特许加盟总部内部控制程序

（1）会议管理控制程序

此程序的主要职责是确定会议议题、会议时间、会议地点和参会人员等会议要素。

（2）文件管理控制程序

文件包括制度、规定、通知、公告、决定、决议、意见、函件、答复等形式的书面材料。制度建设包括文件的签发、批准、审核、制定与修订、发行与保存、分发与销毁、查核与调阅等内容。

（3）工作纪律控制程序

制度建设包括团队关系、礼仪准则、电话及计算机的使用、安全准则、保密制度、环境卫生管理等内容。

（4）车辆管理控制程序

制度建设包括申请公务车程序及资格、车辆损坏（修理）赔偿、车辆保养与检查、车辆载重限制、违规处理等内容。

（5）办公用品申购领用控制程序

制度建设包括对所有办公用品的申报、购买、领用和报销的全过程的控制。

（6）印章管理控制程序

印章管理包括对印鉴、职章、部门章、职衔签字章等的管理，涉及印章的监印与盖用等具体制度建设和使用规定。

3. 特许加盟总部主要岗位职责制度建设

（1）总经理职责制度建设

公司总经理的直接上级是公司董事长，直辖人员有副总经理、总监、总经理助理、部门经理。其主要职责是负责公司的经营管理工作，对公司经营中遇到的重大问题进行决策；制定公司的远景规划；在企业文化、组织创新、人才开发、业务拓展、对外投资等关键领域实施战略管理；组织、审批公司重大经营管理项目；维护企业良好运作环境，拓展新的业务领域，为公司发展进行开创性的探索与尝试。其制度建设应围绕上述职责进行，对总经理的权限、责任、上级与下级等内容进行明确规定。

（2）规划总监职责制度建设

企业规划总监的直接上级是总经理，直接下级是企业规划部全体员工。其制度建设应围绕以下几个方面进行。

① 根据市场发展并结合本公司发展规划，制定品牌经营策略。

② 负责公司品牌文化的策划与推广。

③ 对平面设计及各类广告的创意和制作，对直营店或加盟店店面装修及展台设计等。

（3）营销总监职责制度建设

营销总监的直接上级是公司总经理，直接下级是营销部全体员工。其制度建设应从营销调研、营销计划、营销实施、营销控制等几个方面进行，为公司整体营销工作提供决策参考。

（4）技术总监职责制度建设

技术总监的直接上级是公司总经理，直接下级是产品开发部全体员工。其主要职责是结合公司的品牌经营策略制订开发计划；定期组织开发新产品及生产监控；利用本部门力量并组织协同生产、营销部门，收集、分析、整合客户反馈信息，以改进和开发新产品，为董事会制定公司中长期发展规划提供决策依据。

（5）人力资源总监职责制度建设

人力资源总监的直接上级是公司总经理，直接下级是人力资源部主管、行政部主管。其主要职责是负责公司企业文化建设、人力资源管理和行政管理工作。其制度建设应从编写、执行公司人力资源规划，组织各项活动，制定、监督和执行公司行政规章制度，招聘与培训、绩效考核、激励与薪酬、劳动合同与人事关系等方面进行。

（6）财务总监职责制度建设

财务总监的直接上级是公司总经理，直接下级是特许加盟总部及各个区域分公司全体财会人员。其制度建设主要从以下几个方面进行。

① 根据公司管理要求与运营特点，设计会计框架和运作模式。

② 进行成本费用控制、核算、分析和考核，建立健全的财会制度并根据财会资料对经济活动进行分析。

③ 支持财会人员依法依制行使职权，协助高层管理者对经营、发展和投资等进行财务分析和决策。

④ 编制财务收支计划、信贷计划、会计报表，与税务、银行等部门密切联系。

⑤ 对公司经营过程进行参与、监控和督导。

此外，还要建立健全行政主管、行政助理、会计与出纳人员、营销区域主管、市场主管、服务中心主管、产品开发部经理、物流部主管、配送中心主管、前台文员等职责制度。

3.2.3 设计特许加盟总部的培训系统

培训能力是企业开展特许加盟的基本资格和要求，特许加盟总部的培训系统建设更是开展特许加盟的必备条件。

从地位上讲，特许加盟总部培训系统是特许加盟体系的孵化器。如果说标准化是单店复制的前提，那么培训系统就是单店复制的过程和工具。

从作用上看，特许加盟总部培训系统是企业品牌推广的有效途径。特许加盟的核心是品牌经营和文化管理，优秀的特许加盟企业都试图通过培训系统将企业文化和企业品牌渗透到每一个经营环节，传达到每个员工。通过渗透和传递，对内可以形成强大的企业文化凝聚力，对外则会形成强大的品牌影响力。

1. 特许加盟总部培训体系的组织结构

特许企业要想获取高质量、高素质的人力资源有两个途径：一是从外部招聘；二是对内部员工进行培训。就内部培训而言，一个成熟的特许加盟企业，它的标准化程度越高，要求培训的质量就越高。通常，培训体系的组织结构设计主要以提升企业“造血”机能，从而提升营业团队的专业化程度为最高目标。特许加盟总部在设计培训体系时，通常由上而下分为三个层次，即总部设培训中心，地区设培训部，而门店设培训专员（见图 2.4）。这样可以保证上下贯通，进行全方位的滚动培训，不留死角。可见，建立完整的培训体系，对总部及门店各级员工进行有效的选拔、任用、教育、开发是特许加盟企业持续进步的关键所在。

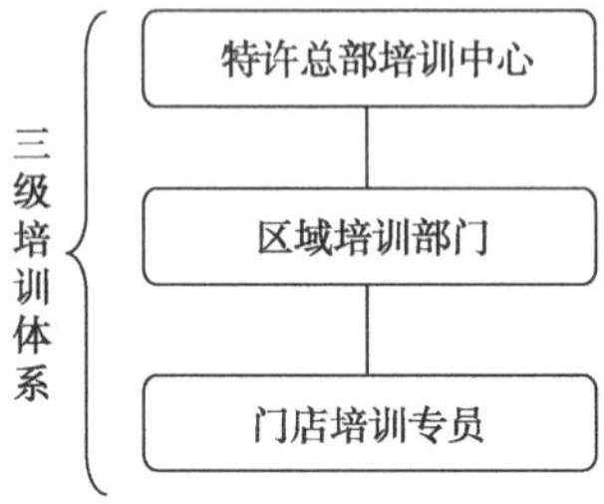

图 2.4　特许加盟总部培训体系组织结构图

2. 特许加盟总部的主要培训形式

（1）按横向层次选择培训形式

从横向层次来说，特许加盟企业的培训形式可以有派出去学习、请进来指导和自己做培训三种。所谓派出去学习就是将人员派出去参加各种长期或短期的研修或者培训；所谓请进来指导就是将具有某一方面专业研究或专业经验的学者、专家请到企业来，为企业传经授道；所谓自己做培训就是特许企业建立内部培训师制度，形成内部的培训体系，如图 2.5 所示。

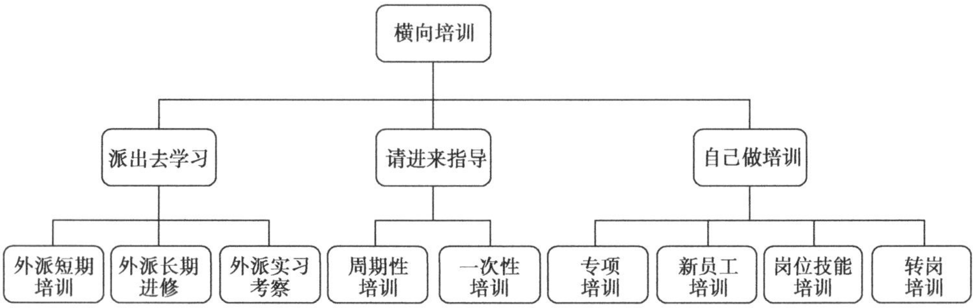

图 2.5　特许加盟企业的横向培训模式

对特许加盟企业来说，相比较而言，通过自己做培训来解决培训问题是所有企业的首选，特别是对加盟店的培训，涉及各个运营操作的细节，通过派出去或请进来难以达到培训的目的，而内部培训师了解企业的实际情况，培训会更有针对性，会更加务实。有些大型的特许加盟企业，在总部或地区总部单独设立培训中心或企业大学，负责具体的培训实施工作。例如，麦当劳就在全球设立了七所汉堡大学，各个汉堡大学下面还设有地区学习发展中心，负责本地区麦当劳餐厅连锁系统的培训工作。所以，在企业内部建立培训体系可以有效地整合特许加盟企业的资源，挖掘员工的潜能，发挥各级主管的主观能动性，及时发现问题和解决问题，打造学习型组织，而且也有利于企业经营诀窍等商业秘密的保护。

当然，对一些中小型的特许加盟企业来说，自身的专业能力和经验以及培训力量有限，完全靠自己做培训的方式，很难得到提高。所以，有必要先采用派出去学习和请进来指导等方式，先了解企业外部的先进理念、技术和经验，待时机成熟后再采用自己做培训的方式效果会更好。即使是较成熟的特许加盟企业的内部培训师，也需要经常到外面“充电”，否则闭门造车，经验、能力、效果往往会大打折扣，反而会影响自身能力和素质的提升。

（2）按纵向层次选择培训形式

从纵向层次来说，特许加盟企业的培训形式可以有职前培训、在职培训和一岗多能培训三种，如图 2.6 所示。

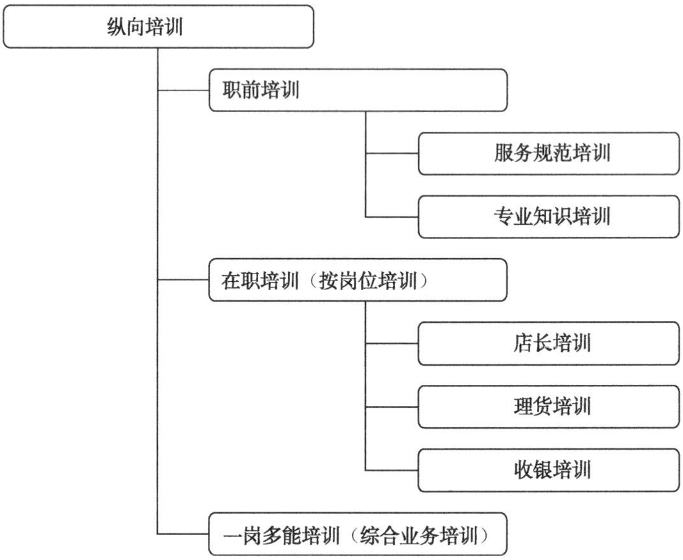

图 2.6　特许加盟企业的纵向培训模式

① 职前培训。职前培训是指新员工进店后的基本培训，偏重于观念教育和对专业知识的理解，目的是让新员工明确特许加盟门店的规章制度、职业道德规范及相应的专业知识。首先，服务规范是把服务仪表、服务态度、服务纪律、服务秩序等作为培训的基本内容，让员工树立“顾客至上”、员工代表企业的思想；其次，专业知识培训是帮助员工理解各自工作岗位包括售前、售中、售后的有关专业知识。

② 在职培训。在职培训是指员工在职前培训的基础上进行的在岗培训，偏重于岗位操作等实务性培训，主要涉及按店长、理货员、收银员等门店工作职位、工作时段、工作内容、发展规划进行的培训。在职培训是职前培训的延续与发展，由于受企业内外环境和工

作重点变化的影响，有时要对在岗员工进行转岗或晋升，通过在职培训，可以提高员工工作的积极性，有利于员工工作绩效的进一步提高。店长培训主要包括店长的工作职责、作业流程、对员工的现场指导、员工问题的论断与处理、商品管理、如何开好会议、顾客投诉处理、管理报表分析、信息资源管理等；理货员培训主要包括理货员的工作职责，作业流程，领货，标价机、收银机或 POS 机的使用，商品的阵列技巧，补货要领，清洁管理等；收银员培训主要包括收银员的工作职责、收银操作、顾客对答技巧、简易包装技巧等。

③ 一岗多能培训。一岗多能培训是指除对员工进行各自岗位所必需知识和基本技能培训外，还对员工进行本岗位其他技能的培训，因为许多情况下需要发挥“多能”。事实上，特许门店尤其是便利店，某些工作需要全体员工都能操作，如商品的盘点、商品损耗的处理、收银操作等。因此，需要对全体员工进行一岗多能的培训。

3. 对特许加盟店的培训设计

由于特许加盟的本质就是不断地发展新店，特许加盟系统的主要收入来源是加盟店经营的收益。因此，特许经营体系中培训的重点对象应该是加盟商、加盟店店长、加盟店操作一线员工以及总部运营督导管理人员。培训的主要内容应该包括经营意识和经营理念、岗位知识与操作技能、管理制度和服务规范。

（1）加盟店培训三阶段

第一阶段：潜在加盟商培训

总部为潜在加盟商提供培训的主要目的是让潜在加盟商了解特许加盟体系和特许经营品牌，便于特许人对潜在加盟商进行资格评估。培训的内容可包括公司的企业文化与经营理念，对加盟店单店经营的描述，有关提供的产品与服务的实际操作经验等。

第二阶段：加盟商开业前培训

该项培训主要是指在加盟店开业前，特许加盟总部向加盟店管理人员和一线员工提供的包括经营管理、专业技能、制度规范等方面的培训，使加盟店能够迅速开展工作，保障加盟店运营管理工作的顺利进行。

第三阶段：加盟商经营中培训

首先，初期开业现场培训，主要在加盟店开业期间为其提供协助。培训的内容可以包括指导管理人员、岗位技能培训、管理制度与服务规范的宣传和贯彻、解决技术问题等；其次，经营期间持续进行培训，主要是根据市场、业务、技术的发展变化，或者针对加盟店经营过程中产生的问题开展的培训。

（2）加盟店的培训计划设计

由于培训涉及多个岗位、多项内容，因此，对加盟店的培训课程体系一般采取矩阵形式，即结合培训岗位和培训内容两个维度进行。

① 培训课程体系规划示例一（强调培训对象和培训课程的对应关系，见表 2.1）。

② 培训课程体系规划示例二（麦当劳汉堡大学课程体系强调各类职员的后续发展，见表 2.2）。

表 2.1　某餐饮特许加盟企业培训矩阵

项目＼人员	加盟店	店长	厨房主管	前厅主管	后厨人员	服务员	采购员
企业文化	√	√	√	√	√	√	√
基础知识	√	√	√	√			
餐厅运营	√	√	√	√			
厨房管理	√	√	√		√		√
菜品管理	√	√	√		√		√
前厅管理	√	√		√		√	
服务规范	√	√	√	√	√	√	√
员工礼仪	√	√	√	√	√	√	√

表 2.2　麦当劳汉堡大学培训课程体系设计

对象	岗位职责	培训课程	时间	培训内容
店长受训生	储备店长	B.O.C 基本餐厅运营课程	5 天	学习如何加强与小时工交流、如何进行小时工培训、如何指挥餐厅运营等
第二店长代理	协助店长分管小时工作业分配及餐厅生产管理	B.M.C 基本餐厅运营课程	5 天	学习如何进行作业分配、餐厅运营指挥等全面经营管理技能
		I.O.C 中级餐厅运营课程	5 天	学习与巩固人才培养、经费控制、销售促销等方面的餐厅经营管理知识和技能
第一店长代理	协助店长进行餐厅全面工作	A.O.C 高级餐厅运营课程	7 天	更高层次地学习餐厅经营管理知识，学习市场、人事、财务管理，以及机械设备构造与原理、心理学等知识技能
店长	餐厅高级负责人	S.M.C 店长管理课程	4 天	通过讨论会等形式学习最高级的餐厅经营管理知识和技能，加强独立经营统率及与下属沟通能力
运营督导员		O.C.C 运营督导课程	5 天	学习作为公司管理人员如何协助和辅导店长进行餐厅管理等相关知识和技能，进而提高领导能力
运营督导经理		O.M.C 运营管理课程	4 天	对整个公司组织系统和经营方面进行充分理解，学习如何积极发挥自己的能力来为公司的经营出谋划策

③ 培训课程体系规划示例三（常规岗位培训强调课程培训的细节和流程，见表 2.3）。

作为常规性的岗位培训，最重要的是做好课程设计，以便在合理的培训时间内达到最佳的培训效果。例如，麦当劳对餐厅的小时工培训，就有非常详细的流程和培训内容，使新加入的小时工很快就能适应岗位工作的要求，也满足了麦当劳对小时工的大量需求。

表 2.3 麦当劳餐厅初级小时工的训练规划

阶 段	程 序	时间（分钟）	内 容
入职训练（50～60 分钟）	观看录像	30	观看录像并由训练员进行介绍公司概况和各项规定的说明
	卫生及礼仪	10	对洗手方式及礼仪进行检查
	店铺参观	20	进行店铺内的引导，对各个区域进行说明
基础训练（120～190 分钟）	作业岗位说明	20～40	由训练员对各个岗位名称、设备和机械的使用方法进行说明和指导
	岗位管理检查说明	10～20	进行提示，依照 SOC 进行逐步操作
	实行和观察	10～20	小时工在训练员的观察下操作并参照训练员的做法再次实施
	疑难问题解答	20～30	训练员边回答小时工的问题边进行示范操作；小时工反复进行操作实习
	SOC 检查	10～20	训练员边回答小时工问题边进行示范操作；将检查结果计入表格并做出正误的判断
营业清闲期间的训练（50～90 分钟）	检查	10～20	由训练员进行正误评判，小时工进行自我练习，在营业清闲期间由训练员进行检查
	训练员跟随	10～20	进行错误项目跟随，由训练员示范规范操作
	小时工自我检查	20～30	小时工对错误项目改善并进行自我汇报
	错误项目检查	5～10	训练员再度进行检查
	最终检查	5～10	检查后，向训练经理汇报，接受经理检查

4. 培训师的师资队伍建设

培训师资是培训系统的核心要素，因为良好的培训效果，需要通过优秀的培训师来实现。培训师资的队伍建设，主要在于把握培训师的选择、培训以及考评等关键环节。

（1）培训师队伍建设

培训师可以外请，也可以内定。外请可以将某一领域的权威专家、学者或具有丰富的实践经验且表达能力良好的专业人士请进来，借鉴他们的研究成果或成功经验，通过持续性的培训，拓展特许加盟企业的视野。内定即来源于特许加盟企业内部的培训师，他们对企业非常了解，具有丰富的一线工作经验，培训起来往往比较有针对性。特许企业内部可以设专职培训师和兼职培训师，专职培训师除了培训授课以外，还肩负培训课程的开发、培训教材撰写等相关工作。而兼职培训师则是在特许企业其他岗位任职，同时兼职培训。专职和兼职主要涉及的是人力资源成本问题，中小型特许加盟企业常起用兼职培训师，而大中型特许加盟企业则多配有专职培训师。

（2）培训师业务培训

一个优秀的培训师，不仅需要具备特许加盟方面的专业知识，还要有培训项目设计、开发及培训课程设计等专业技能，可为企业量身制订培训计划，因材施教提升员工的知识和技能。因此，就需要加强对培训师的培训，具体包括：如何建立培训师的专业形象；如何进行培训课程的开发和设计；如何采用有效的培训方法以增强培训效果；如何对培训现场进行掌控；如何提高培训的沟通能力、表达能力、激励能力等。目前，有不少专业机构能够提供培训师的专业培训，特许加盟企业可以派培训师参加培训，以提升培训师的培训技能。

（3）培训师评估考核

建立培训师的评估考核制度，有利于培训师的发展，也有利于培训效果的不断提升。培训师的评估一般包括：培训师的职业态度、专业形象、培训技能、实际效果；培训教材的逻辑性、适应性；培训方式、时间、设施等。在具体的评估方式上，可以通过培训师自评、学院评价、专家评价等多角度测评，建立起对培训师能力和业绩考核的基础，促进培训师的能力和培训效果的提升。

3.2.4 设计特许加盟总部的信息系统

1. 特许加盟总部的供应链设计

作为特许加盟成功的前提条件，供应链管理已经处于企业生存和发展的战略地位。正如美国著名经济学家克里斯多夫所说："市场上只有供应链而没有企业，真正的竞争力不是企业与企业之间的竞争，而是供应链与供应链之间的竞争。"

（1）供应链及供应链管理特点

① 供应链与供应链管理。供应链是由供应商、制造商、分销商、零售商、客户和服务商组成的网络结构，链中各环节是一个彼此不可分割、环环相扣的有机整体，所有的商业运作都位于这个网络之中。供应链管理则是通过运用现代企业管理技术、信息技术和集成技术，达到对整个供应链上的信息流、物流、资金流、业务流和价值流的有效规划和控制，从而将客户、供应商、制造商、仓库、配送中心、零售商等合作伙伴连成一个完整的网络结构，形成一个极具竞争力的战略联盟。它以提高竞争力、市场占有率、客户满意度和获取最大利润为目标，以协同商务、协同竞争为商业运作模式。

② 供应链管理的"6R"。供应链管理的实质是深入到供应链的各个增值环节，做到"6R"，并使总成本最小。"6R"即将顾客所需的正确产品（Right Product）能够在正确的时间（Right Time），按照正确的数量（Right Quantity）、正确的质量（Right Quality）和正确的状态（Right Status）送到正确的地点（Right Place）。

③ 供应链管理的特点。供应链管理的特点表现在与传统的物流管理的区别上。它们在存货管理方式、成本、信息流、风险、计划及组织关系等方面都有着显著的不同，供应链管理更强调整个供应链的协同和整体竞争能力。在存货管理上，供应链管理更倾向于在供应链成员中进行协调，以使存货投资与成本最小，而传统物流管理则是根据供应链成员的主动权把存货向前推或向后延；在成本管理中，供应链管理是利用产品最终成本来优化供应链，而传统物流管理的成本控制则仅限于公司内部达到成本最小；在信息流管理上，供应链管理强调成员共享，而传统物流管理则仅在公司内部享有；在风险承担上，供应链管理强调供应链成员共同分担，而传统物流管理则仅在公司内部承担；在组织关系上，供应

链管理是各成员基于对最终成本的控制而达成合作，而传统物流管理则仅是基于公司内降低成本。

（2）特许加盟总部供应链管理的内容

特许加盟体系最显著的特点就是大多数商品都由总部集中供货，这样，特许人就可以发挥规模采购的优势，不至于因为某个加盟店质量问题影响到整个特许加盟体系的信誉，同时也可以对加盟商的日常经营活动进行有效的控制，这对双方都有利。因此如何对特许加盟体系中的供应链进行管理，已经成为特许加盟体系管理的一个很重要的内容。

① 供应链的运作模式。一般供应链的运作模式主要有三种：一种是“推动式”运作模式，即以制造商为核心，通常制造商以从零售商那里收到的订单来预测顾客需求，生产的产品再从分销商逐步推进到用户。其特点是整个供应链上的库存较高，不能及时地对用户需求变动做出反应，服务水平低，但能发挥规模经济的作用。另一种是“拉动式”运作模式，是以最终客户需求为驱动力，迅速交换数据，针对特定订单作出回应，相比推动式，其系统存货大幅减少，运作成本下降。第三种是推拉混合模式，前期阶段基于长期预测采用推式策略，其他阶段基于实际的客户需求采用拉式策略。

因为特许加盟体系主要以零售、餐饮、服务等行业为主，关注服务水平，对用户需求做出迅速反应非常重要，所以供应链管理大部分都应该采取“拉动式”的运作模式。同时借助于完善的信息管理系统，保证客户需求信息在供应链中及时、准确并且顺畅地流动。

② 供应链中的战略合作伙伴。特许加盟企业如何有效地管理供应商并与其建立战略合作伙伴关系是特许加盟体系供应链管理的重点。特许人与供应商的战略合作伙伴关系指的是他们在一定条件下共享信息、共担风险、共同获利的协议关系。这种关系应该着眼于以下几个方面：让供应商了解特许人的业务程序和生产能力，使得供应商能够清楚地知道特许人所需产品或原材料的期限、质量和数量；向供应商提供自己的经营计划、经营策略及其相应的措施使供应商明确双方的责任，以达到双赢的目的。由此可见，特许人和供应商之间的战略合作伙伴关系强调的是双方的合作和信任。将供应商变成生产基地和原料来源地，不仅会降低成本，更重要的是让供应商参与到特许加盟体系价值链的形成过程中，对特许加盟体系的经营效益有着举足轻重的影响。

③ 供应链中的物流配送方式。特许加盟体系物流配送一般采用四种类型的配送方式，即供货商直接配送、特许加盟体系自己拥有的配送中心、社会化的配送中心和共同配送中心。

这四种类型的配送中心对于特许加盟体系的物流配送各有利弊。因供货商直接配送的局限性较大，所以很少使用。特许加盟体系自有的配送中心的优势在于客户需求信息传递的环节较少，特许人能够对其进行管理；其劣势在于投资大，不一定能迅速满足特许体系发展的需要，特许人在物流方面可能缺乏竞争优势，造成成本和效率的浪费。社会化配送中心的优势在于获得专家服务所带来的高效率和成本节约，能根据特许加盟发展的需要随时增加配送中心；其劣势在于客户需求传递的环节增加，容易造成信息失真，难以控制成本和效率。共同配送中心是指特许加盟企业与配送经营企业之间提供便利的协作型配送模式，有利于企业有限资源的合理互用，降低配送成本，提高服务水平。共同配送往往是企业间的长期合作，彼此靠合同约束，共同承担风险。

在决定采取哪种类型的配送中心时，第一，特许人必须综合考虑多方面的因素，包括特许人的资金规模、管理能力、物流配送方面是否具有竞争优势，寻找合适的物流配送服务供应商的难度和成本，向服务供应商传递信息的难度和成本，以及特许加盟体系发展的需求等因素。特许人在决定使用社会化的配送中心时，由于社会化的配送中心实质上是物流配送服务供应商，所以特许人对社会化配送中心的管理实际上是供应商管理的一部分。第二，由于特许人对不同的商品可能采取不同的配送策略，所以他可能同时使用其中的两种、三种或者四种类型的配送中心。第三，由于物流配送包括对商品采购、挑选、存储、整理、拆零、再包装检测和贴标签以及拼配商品等诸多环节，所以针对不同的环节，特许人也可以决定使用不同类型的配送中心提供专业服务。

④ 供应链中的信息服务。供应链中的信息服务，主要是对决定商品采购量时所需信息的管理。商品采购一般分为首批采购和日常采购。首批采购是指对新上市的产品进行的第一批采购，日常采购是指除了首批采购外的其他采购行为。对于畅销产品的首批采购，确定合适的采购量是至关重要的，应实行谨慎的采购原则。日常采购量的确定需要有大量的信息支持，特许人可以根据从各个分店反馈的客户信息以及各个分店订购的数量确定日常采购量。很多特许加盟体系总部都使用有效的订单管理系统，它能够监控存货，跟踪顾客的偏好。通过卫星，公司把命令传送到各个分销中心和制造商。具体商品的销售额能够在每天的任意一小时和每周的任意一天计算出来，这使得商店的存货很少，并且能够保持产品的新鲜。商品流通型的特许加盟体系通常要对绝大部分商品选择中央采购制度，各个分店把销售信息、库存信息等及时、准确、分类地向总部传送，总部对商品的购、销、存、退、调等信息进行连续分析，使采购商品的品种、结构和数量符合各个分店的购销需要。

2. 特许加盟总部信息系统的设计

特许加盟企业门店众多，品类繁多。大多数特许加盟企业，都需要建立现代化的配送中心，承担各加盟店所需商品的采购、加工、分装、配送、仓储调运等工作。现代的配送中心已成为一个融仓储、运输、配送等多项功能为一体的大系统。一个先进的配送系统能够将市场上畅销的商品以最低的价格购入，以最快的速度配送出去。要实现这样的高效管理，就离不开信息系统。一套完备的信息管理系统，对特许加盟企业来说是企业经营胜败的关键。

（1）特许加盟总部信息系统构成

在特许加盟企业的管理中，大多引入了计算机综合管理系统（MIS、POS、CRM、ERP等）、通信网络技术、条形码、电子数据交换系统（EDI）、电子订货系统（EOS）等。特许加盟体系的信息系统一般由总部系统、配送中心系统、门店系统三部分组成。

① 总部管理系统一般由基础数据及系统管理、商品进货管理、商品配送管理、商品批发管理、商品价格管理、商品账目管理、会员管理、财务管理、连锁店管理、人事管理、统计分析、总经理查询等子系统构成。

② 配送中心管理系统一般由库存管理、配送中心通信管理、配送中心系统管理等子系统构成。

③ 门店管理系统一般由零售点终端（POS）以及门店销售管理、门店进货管理、门店事务管理、门店系统管理、门店通信管理等子系统构成。

（2）特许加盟总部系统数据库组成

通常特许加盟总部的系统数据库由以下部分组成。

① 基础数据库。基础数据库是管理商业经营的基础数据，它是整个商业应用系统正常运转的基础。

② 商品流转数据库。商品流转数据库是商品流转信息的记录，通过它可对商品的进、销、存、调进行管理，是财务管理与计划统计的基础，是信息量最大、变化最频繁、最活跃的数据。

③ 财务数据库。财务数据库的创建是基于商品进、销、存、调上的财务类数据。

④ 人事数据库。人事数据库的内容包括宏观与微观两个方面。宏观上包括整个企业的组织机构、部门设置、定员、现员、人才需求及劳动工资等的状况。微观上包括员工档案的管理。

⑤ 统计数据库。统计数据库是建立在基础数据库、商品流转数据库、财务数据库和人事数据库之上的，包括了通常内容的商品购、销、存、调等统计分析数据。

3.2.5 设计特许加盟总部的督导体系

1. 特许加盟总部督导体系内容

当一家特许加盟企业的经营管理走上正轨之后，所面临的最重要的工作，一是发展加盟店；二是特许加盟督导体系的建立，只有这样才能保证整个特许加盟体系的顺利运作和健康发展。特许加盟督导体系主要包括对商品管理的督导、对经营理念及店面形象的督导、对品类销售的督导、对顾客服务的督导、对岗位人员的督导，以及对运营状况如日常的人事、设备、器械、数据、店铺、卫生、现金等的督导与管理等内容。

在一个完善的特许加盟体系中，一旦完成了受许人的选择，便应着手开始对受许人提供支持和指导。相对于初期培训、开业期间现场指导而言，后续培训和督导更为重要。它可以使受许人迅速并全面地掌握和运用特许人的成功经营管理技能，有效地管理加盟单店。

2. 总部督导组织机构的设立

督导组织可以有两种组建方式，一是归客户服务部门管理，二是单独设立。一般在客服部下设督导主管，由督导主管来管理不同区域的督导人员。区域督导员既可以是特许加盟体系所聘任的专职人员，也可以是从特许企业的客户中邀请来的顾客，甚至可以是特许企业从社会上公开邀请来的兼职义务员，如图 2.7 所示。

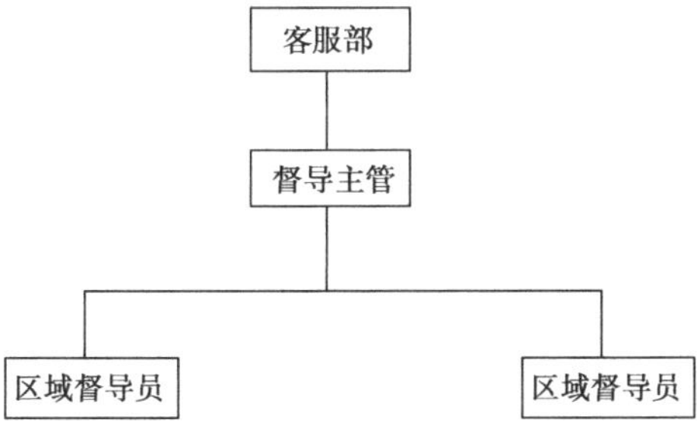

图 2.7 督导工作组织结构图

3. 总部督导人员的队伍建设

督导人员是特许加盟总部与各单店的桥梁，其基本任务是贯彻特许加盟总部的政策和规范制度，指导和监督各加盟单店的业务运作。一般对总部督导人员的职业素质要求如下。

① 应具备的基本素质：要求有强烈的责任感和良好的沟通能力。扮演好“桥梁”的角色，与各个单店建立良好的关系并获得信任。应了解督导员工作职责及行为模式、规章制度、发展规划、政策法规、特许加盟理论及企业诊断基本技能。

② 应具备的管理才能：应具备领导能力、咨询辅导能力、组织与沟通能力、分析决策能力、团队精神与人际关系能力、计划与控制能力及公共关系能力。同时要求具有基层工作经验，从清洁、服务、理货、收银到财务管理、业绩分析、人员调配等都必须全面了解，这样才能深入了解门店的运作环节，做好督导工作。

③ 应具备的专业知识：应掌握商圈调查与商情分析、店铺销售与促销策略、损益分析与行动计划、谈判技巧、POS 情报运用与品类管理、单店辅导实务与技巧、财务分析、物流配送、人力资源、广告宣传、市场推广等知识。督导人员面对的是来自各方面的问题，小至简单的门店业务操作，大至整个店的经营分析，因而仅仅具备门店管理经验还不够，还必须有丰富的专业知识，如计算机知识、商品知识、计量分析知识等。

任务 3.3　进行特许权组合的设计

一般来说，具备了特许权、加盟店、区域分部、特许加盟总部和整个体系设计五个方面的内容就具备了特许加盟体系的雏形。其中，特许权及其组合的设计是特许加盟体系构建的重要基础，它一般应该包括特许权授权模式和特许费用两大部分内容。不同类型的特许加盟应该对应不同的特许权，企业应该根据自己选择的特许加盟模式设计对应的特许权。

3.3.1　了解特许权的组成要素

特许权从内容上说包括基础性特许权和限制性特许权两部分。其中，基础性特许权主要指的是品牌识别（如商标权、商号权和品牌形象系统）、产品服务、技术操作、运营管理、基础设备设施等使用权力；限制性特许权主要指的是进入与成熟时间、受许人数量、区域特许权、商品服务等约束性权力。

特许权从构成要素上可以分为以下四个部分。

1. 特许权的有形物质部分

因为每一个特许体系都要求各个加盟店和直营店在店面、产品、原料、设备、工具方面做到一致，所以就需要企业根据已有的和未来的发展计划，提炼出本体系所需要的统一的特许权，然后采用说明书配以图案和照片等方法，对其物理属性、化学属性和社会属性等进行详细的描述，以使受许人能够准确理解和把握，更为双方签订特许加盟合同和制作特许加盟手册打下良好的基础。

2. 特许权的无形技术部分

这部分主要包括专利、专有技术、经营诀窍等内容，它是复制给受许人（加盟商）的特许权主体，是关键性的技术描述，应该准确全面。特许权的技术按其属性可分为硬技术（工程类技术）和软技术（管理类技术）；按其存在形态可分为隐性技术（不能用语言、文字、声音、图像等方式交流和传授，但保密性好）和显性技术（可以用语言、文字、声音和图像等交流和传授，但保密性差）；按其是否属于专利可分为专利技术（可细分为发明专利、实用新型技术、外观设计技术等）和非专利技术；按其对企业的重要作用可分为关键技术（核心技术）、重要技术（辅助技术）、一般技术（普通技术）等；按其价值链环节不同可分为研发技术、工艺设计技术、生产技术、销售技术、售后服务技术等。企业在对特许权的技术部分进行设计时，应根据分类情况进行，以免混乱和遗漏。

3. 特许权的企业文化部分

企业文化是企业在长期的经营管理活动中培育形成并由全体成员共同遵循的理念、价值标准和行为规范。广义上的企业文化应等于理念文化加物质文化，具体包括企业使命、企业宗旨、企业格言、企业精神、企业价值观、企业管理风格、企业经营理念、企业经营目标等。无论是在特许权设计阶段，还是在特许权授予阶段，或者是在特许体系营建、管理和维护阶段，企业文化始终起决定性作用。特许人应当根据本企业经营范围、经营特点、服务对象、发展愿景，并结合个人的世界观、事业观和价值观等因素，来制定能有效促进企业进步的独具特色的企业文化，并通过企业识别系统的导入逐步将企业文化外化为企业形象。

4. 特许权的主要约束部分

特许权的主要约束部分即特许权使用的时间、数量、区域方面的限制。所谓时间就是受许人可以使用特许权组合的年限，也是一份特许合同的有效期限。我国因为特许人的成熟程度较低，实力较弱，所以 3～5 年的规划比较符合实际，今后随着特许体系的巩固和发展，可以适当加长，以增强投资者的信心，节约管理成本和交易成本；所谓数量就是根据体系扩张需要，单店可以是一个或多个，当特许加盟体系发展到一定规模后，可以选择区域主加盟的授权方式，但区域加盟商目前还是应限制其可能开设的单店数目，以减少管理风险；所谓区域就是受许人使用特许权组合区域的范围，它属于特许权组合的动态设计，与特许人的管理和控制能力有关。一般而言，每个开设的单店都具有独立的商圈，即保证每个单店核心商圈之间的最近范围是彼此相切，以保证本区域内无其他单店的竞争，从而保证特许人和受许人的利益。

3.3.2 设计商标与商号

商标与商号属于特许品牌识别系统，商标与商号设计是特许权组合设计的基石。

1. 商标设计

商标（Trade Mark）是工商企业用来标明其商品或服务与他人制造/销售的商品或服务区别开来的可视性标志，包括文字、图案、字母、数字、三维标志和颜色以及这些要素的组合。经商标局核准注册的商标为注册商标，商标注册人享有商标专用权，受法律保护，是知识产权的重要组成部分。商标设计应考虑它的合法性和独创性。

2. 商号设计

商号（Trade Name）又称企业（厂商、组织）标志，主要是指从事生产或经营活动的法人在进行登记注册时用以表示其产品、服务、业务或建立自己信誉所采用的名称、短语或文字，是工厂、商店、公司、集团等企业的特定标志和名称，是企业信誉的象征，是特许人推销其特许业务的强有力的杠杆。在特许加盟体系中，特许人通常会将自己某一个商品的商标，或某项服务的商标变更登记为商号。因此，特许人往往在设计和选择商标时，同时也完成了商号的设计。

3. 总部 CIS 设计

总部 CIS 设计，即企业识别系统（Corporate Identity System，CIS）设计或企业形象设计，即一个企业或团体为了达到某种目的并有别于其他企业或团体而设计的包括理念、行为和外观性在内的一整套体系。具体应包括理念识别、行为识别、视觉识别、声音识别、室内识别和工作流程识别六大部分。

（1）理念识别

理念识别（Mind Identity，MI）指在经营过程中经营理念和经营战略的统一。具体包括企业经营策略、管理体制、分配原则、人事制度、人才观念、发展目标、企业人际关系准则、员工道德规范、企业对外行为准则及相关政策等基本要素，集中通过企业信念、经营口号、企业标语、守则和座右铭等来表现，它是企业群体价值观的核心要素，是企业识别系统的灵魂。

（2）行为识别

行为识别（Behavior Identity，BI）指在企业理念的统率下，企业组织与员工在实际经营过程中所有的执行行为的规范化、协调化、统一化。具体包括规范化经营理念的执行、各级职能部门规范化接受和完成对管理制度的实施、企业收受来自社会对企业的信息反馈与信息整理、促使企业更良性发展以及有益企业的各类公益公关活动等企业行为和企业制度，它是企业形象策划的动态识别系统，是理念识别的载体。

（3）视觉识别

视觉识别（Vision Identity，VI）指纯属视觉信息传递的各种形式的统一，是企业由于独特的名称、标志、标准字、标准色等视觉要素而区别于其他企业的识别系统。具体包括企业名称、品牌标志、品牌标准字和标准色、企业专用印刷字体、象征性造型与图案、宣传标语等基本要素，还包括企业产品、设备、招牌、标志、制服、包装、广告、建筑、环境、传播展示与陈列规划等应用媒体。视觉识别系统是整个企业形象识别系统中最形象、最直观、最具冲击力的部分，它必须借助物质载体才能传递出来。

（4）声音识别

声音识别（Audio Identity，AI）指企业的歌曲、口号、规定用语、标志性声音、背景音乐等的设计，尤其店内员工使用标准化的用语，可对门店形象起到关键的作用，只要声音识别与店面特色合理搭配就可相得益彰。

（5）室内识别

室内识别（Store Identity，SI）指店铺设计与识别。涉及空间设计和管理两方面内容：空间设计包括招牌系统、平面系统、天花板系统、墙面系统、地面系统、配电与照明系统、展示系统、POP 系统等；管理部分包括工程预算、材料说明、施工程序、协作管理、估价与验收等项目。它是视觉识别（VI）的延伸和最具活力的部分。

（6）工作流程识别

工作流程识别（Business Process Identity，BPI）指企业或店铺所有必要工作的步骤。总部统一开发的工作流程，可以实现标准化、简单化和细节化的操作，是企业快速复制的关键和成功的保证。

以上六大企业识别系统中，最核心的部分就是前三大子系统的设计与构建，其中 MI 是其最高决策层，是 CIS 战略的策略面，相当于企业的心；BI 是其动态识别形式，是 CIS 的执行面，相当于企业的手；VI 则是 CIS 的静态识别符号，是 CIS 的展开面，相当于企业的脸。

3.3.3 设计加盟金和特许权使用费

加盟金和特许权使用费的设计是特许权组合设计的精髓，加盟金体现的是特许人所拥有的品牌、专利、经营技术诀窍、经营模式、商誉等无形资产的价值，而特许权使用费体现的是特许人在受许人的经营活动中所拥有的权益。

1. 加盟金的设计

如果将特许权组合视为特许人的产品，那么加盟金（Franchise Fee）的本质就是特许权组合的价格，加盟金的设计就是制定特许权组合的价格，一般为加盟店投资的 5%～10%。

（1）影响加盟金设计的因素

加盟金设计合理与否主要取决于品牌价值、单店赢利能力、开发成本、区域范围、加盟期限等。概括为三大因素。

① 特许权组合的开发成本及市场价值。具体应包括商标设计的成本及市场价值、专利开发的成本及市场价值、单店经营模式开发的成本、单店经营管理体系的开发成本、单店企业识别系统开发的成本、特许加盟总部运营管理系统构建的成本、特许加盟体系拓展的成本。

② 区域权益的价值。首先取决于授权区域的大小，一般授权区域越大，则收费越高。其次取决于是否为区域独占许可，独占许可的收费一般高于非独占许可的收费。

③ 时间权益的价值。即特许权组合使用的年限越长收费应该越高。

（2）加盟金的收取方式

加盟金的收取方式通常可以分为三种。

① 在签订特许加盟合同时一次收齐。

② 将加盟金的总额除以特许加盟合同的年限，计算出年平均加盟金的数额后，按年收取。

③ 不收加盟金。某些特许人，特别是那些品牌知名度很低的特许人在特许加盟体系发展的初期采用免加盟费或只收取少量特许权使用费的方式来吸引投资人加盟。

2. 特许权使用费的设计

特许权使用费（On Going Royalty Fee）为后续特许加盟权益金，它的本质是一种管理费，是特许人不间断地提供支持和服务后，按标准或比例向受许人定期收取的费用，类似于租用或购买公寓每月要缴纳物业管理费。影响特许权使用费设计的主要因素如下。

① 特许人给予受许人开业后的各项培训和指导的费用。

② 特许加盟总部日常运营的成本。

③ 给受许人带来的收益大小。

特许权使用费的收取方式主要有三种。

① 从受许人的加盟店每月的营业收入中提取一定的比例。这种收取方式比较合理，但操作上比较困难。

② 根据每个加盟店的规模不同，按月或按季收取一个固定数额。此种方式比较简单，但不够合理，也欠精确。

③ 不收特许权使用费。不收取特许权使用费并不等于不从其他途径获得这部分收益，它可以计入统一配送的货品价格之中，也可从某些专用设备的租赁费用中获得。

知识拓展

麦当劳汉堡大学

麦当劳汉堡大学于1961年由麦当劳的前高级董事长弗雷德·特纳创立，现位于美国伊利诺伊州芝加哥橡溪镇（Oak Brook）。位于美国的麦当劳汉堡大学弗雷德·特纳学习中心是一家拥有12 000 m^2的培训机构，由30位来自世界各地的全职教授传授专业培训课程。麦当劳汉堡大学是麦当劳全球性的训练发展中心，针对全球麦当劳系统内人员提供一系列营运及管理课程。全世界目前共有7所麦当劳汉堡大学，包括美国芝加哥汉堡大学、德国慕尼黑汉堡大学、英国伦敦汉堡大学、巴西圣保罗汉堡大学、澳大利亚悉尼汉堡大学、日本东京汉堡大学以及刚刚成立的中国汉堡大学。自汉堡大学成立49年来，全球范围内共有超过125 000名毕业学员。

麦当劳是世界零售食品服务业的领先者，在全球超过100个国家和地区拥有近32 000家餐厅。麦当劳于1990年在深圳开设了中国大陆第一家餐厅，到目前为止开店总数超过1 100家，拥有员工60 000多名。在中国经营20年来，麦当劳始终坚持发展和培养本土人才。麦当劳中国公司99%的雇员来自中国大陆。

2010年1月起，麦当劳香港汉堡大学正式更名为麦当劳中国汉堡大学，这是麦当劳全球的第七所汉堡大学。新的汉堡大学将继承和持续发扬培养管理和领导人才的传统。其明确的使命是致力于成为服务培训和领导力发展领域最佳的企业大学。

项目 4 构建特许加盟运营管理体系

任务 4.1 构建总部运营管理体系

运营管理体系的整体设计，是特许加盟体系构建的关键步骤，是特许加盟的核心阶段。在特许加盟中心，特别是特许权组合设计后，就要按照设计模式进行实际运营管理体系的构建，包括总部和单店运营管理流程的整体设计与建设；特许加盟网络体系和物流配送体系的建设以及组织、制度、人员、财务、营销及企业文化等的建设。

4.1.1 总部运营管理体系基本模式

特许加盟总部运营管理体系的构建模式一般是以运营管理流程为核心，连接输入和输出系统，并由此连接前端的特许人和后端的单店，形成一个完整的系统，以达到最终的经营目标。通常按特许人＋供应商、输入系统、运营管理流程、输出系统、单店的先后顺序进行体系构建，并在此基础上设计出特许加盟总部的经营目标，如图 2.8 所示。

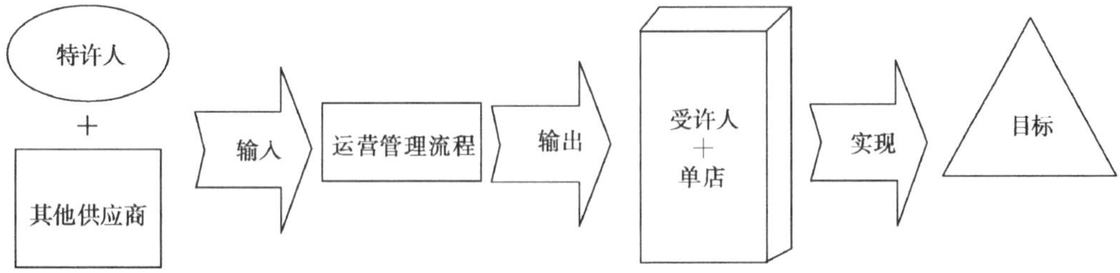

图 2.8 特许加盟总部运营管理系统模式

4.1.2 总部运营管理体系构建方略

特许加盟总部运营管理体系的构建应以单店和最终客户为中心，以运营管理流程为主体，并充分考虑行业内各种竞争力量的影响进行构建。

1. 特许加盟总部供应系统的构建

特许加盟总部供应系统的设计就是确定特许加盟总部和特许人的关系，有的除两者外还涉及其他供应商。如果有其他供应商参与其中，就要确定由哪些供应商提供货品，确定是否将货品通过第三方物流进行配送，确定是否将货品统一送到特许加盟总部进行价格制定、质量检验并确定服务标准等。另外，在建设特许加盟总部供应系统及网络体系过程中，还应该与整个体系正常运营所需要的一些外部合作伙伴加强联络。例如，运输物流公司、设备制造商、工具供应商、广告商、信息部门等，以便通过长期、稳定、互利的合作方式进行战略联盟式的合作。

2. 特许加盟总部输入系统的构建

特许加盟总部输入系统就是特许人和其他供应商提供非特许加盟总部的全部有形与无形的

资源，包括资金、产品、企业文化理念、特许权组合要素等。通过特许加盟总部输入系统的设计可以确定特许加盟总部大部分的运营管理成本。特许加盟总部输入系统的构建应考虑以下五个方面的内容，即确定具体的资源要素、确定提供资源要素的方式、确定资源要素的支付价格及支付方式、确定特许人向特许加盟总部提供商标及专利等的授权书、确定特许人向特许加盟总部提供标准、规范和企业文化理念的具体方式。一般来说，这些应该是免费的，如图 2.9 所示。

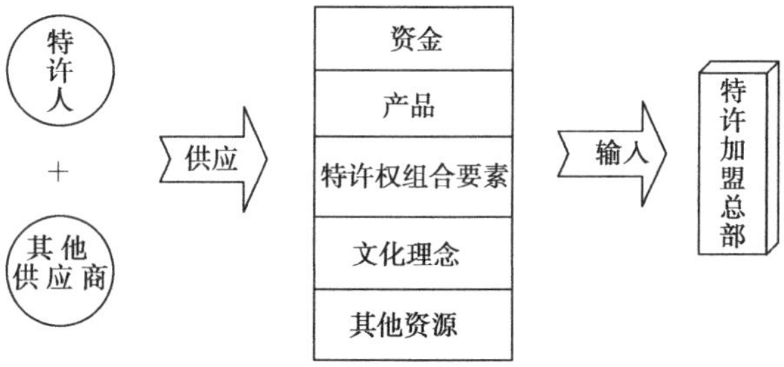

图 2.9　特许加盟总部输入系统设计模式

3. 特许加盟总部运营管理流程的构建

特许加盟总部运营管理流程是特许加盟总部为获得预定的特许加盟总部输出系统而必须进行的一系列有逻辑关系和有价值的工作流程，它分为主流程和辅流程两部分。那些直接为特许加盟总部的客户即受许人和单店提供资源的流程是特许加盟总部运营管理的主流程，包括授予的特许权及其组合要素、统一配送的货品、客户资源与管理、人力资源与管理、信息管理平台、企业的文化理念、统一的营销方案、统一的培训和督导等；那些设计特许加盟总部财务管理、行政管理等流程则为辅流程。

特许加盟总部运营管理流程的设计包括两项最基本的任务：一项是对主流程和辅流程进行科学的设计，另一项是对主辅流程顺利、高效完成的组织保障。通过主辅流程的设计，可以对各个部门职责进行划定，对人员数量编制进行确定，对相应岗位的责任和薪金标准加以确定，据此就可确定出特许加盟总部的全部人力资源成本，如图 2.10 所示。

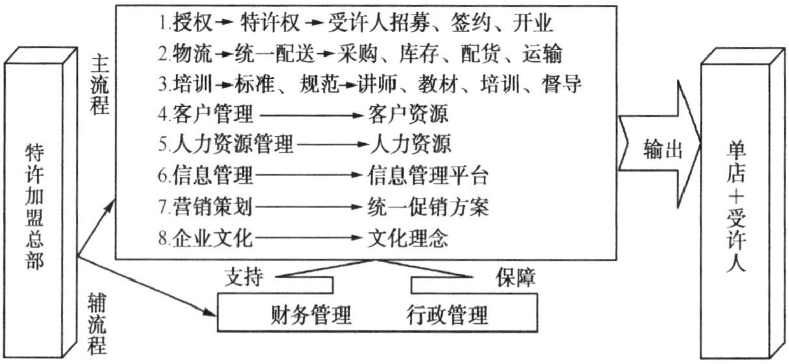

图 2.10　特许加盟总部运营管理流程图

4. 特许加盟总部输出系统与客户系统的构建

特许加盟总部输出系统是特许加盟总部提供给受许人＋单店的全部有形和无形的资源，特许加盟总部客户系统就是受许人＋单店。这里的受许人是特许加盟总部根据单店经营模式的特点而选择的受许人，要注意不同的特许加盟体系对受许人的选择是不同的，如图 2.11 所示。

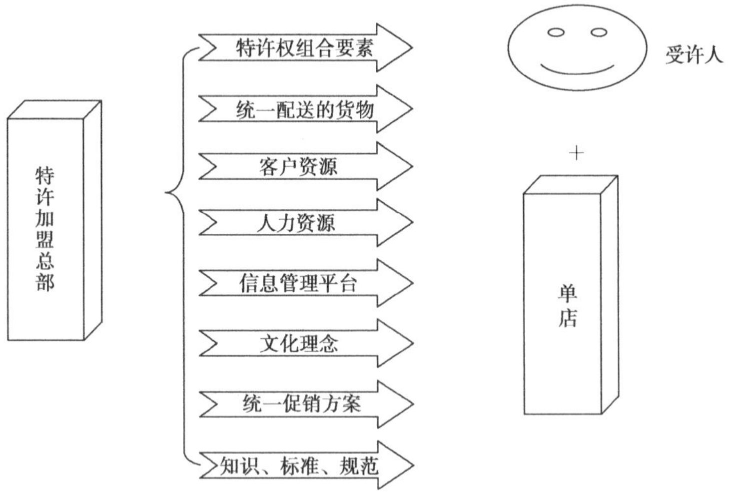

图 2.11　特许加盟总部输出系统

5. 特许加盟总部经营目标系统的构建

特许加盟总部系统经营目标的设计，是根据特许加盟体系总体发展规划来制定的。具体包括年度营业收入指标、特许加盟总部年度的运营管理成本、特许加盟总部年度的利润指标等内容，从整个特许运营管理体系角度来讲，就是单店运营管理的最终目标。从财务角度来讲，就是特许加盟总部年度运营管理损益分析。

任务 4.2　构建单店运营管理体系

4.2.1　设计单店运营管理模式

特许单店运营管理体系的构建主要是在特许加盟总部或受许人的统一领导下，以运营管理流程为核心，连接输入和输出系统，并由此连接前端的供应商和终端的客户，形成一个完整的系统，以达到最终的经营目标。通常按特许加盟总部＋受许人＋供应商、输入系统、运营管理流程、输出系统、客户的先后顺序进行体系构建，并在此基础上设计出单店的经营目标，如图 2.12 所示。

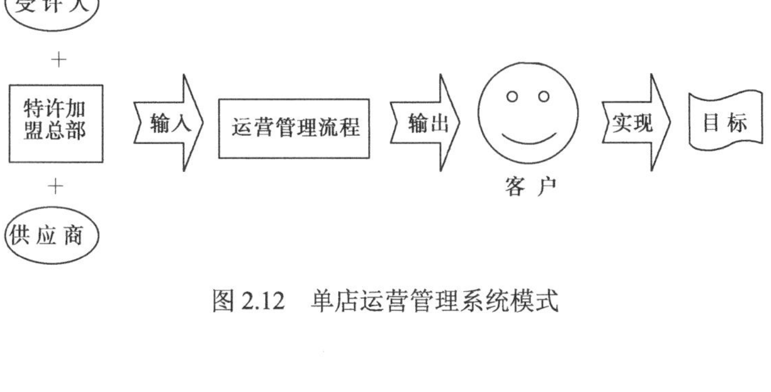

图 2.12　单店运营管理系统模式

4.2.2 设计单店运营管理流程

1. 单店供应系统

单店供应系统是由特许加盟总部、受许人、其他供应商三方共同组成的，通常要根据单店的类型、系统设计模式对特许加盟总部、受许人、其他供应商提出具体的要求。确定是否要求受许人本人直接参与单店的日常管理，确定是否由特许加盟总部设立区域物流配送中心，确定是否由其他供应商提供货品，确定其他供应商是否将货品送到特许加盟总部进行价格制订、质量检验并确定服务标准等。

在建设单店供应系统及网络体系过程中，应该与整个体系正常运营所需要的一些外部合作伙伴加强联络。因为特许人企业可以和包括产品供应商、装修商、运输物流公司、设备制造商、工具供应商、设计印刷商、广告商、信息部门等合作者进行洽谈，以便确认他们是否有能力，愿意并同意以优惠、长期、稳定、互利的合作方式与本特许加盟体系内的特许加盟总部和单店进行战略联盟式的合作。与此同时，还应收集关于潜在受许人的信息，了解社会人士对样板店、单店、特许加盟总部及运营管理体系的反应，以便使单店供应系统设计得更科学、更完善。

2. 单店输入系统

单店输入系统即特许加盟总部、受许人和其他供应商提供各种资源要素的系统，包括资源要素种类、提供方式、价格条件等。首先，要确定所应提供的各种资源要素，一般包括：资金、经营管理模式、管理方法、特许权组合要素、统一配送的货品、客户资源、人力资源、信息管理平台、统一促销方案、企业文化理念、标准与规范以及其他资源等。

在确定了这些资源要素之后，接下来就要确定各种资源提供的方式和使用价格等问题。首先，要确定特许加盟总部统一配送的货品是由特许加盟总部的配送中心执行还是由第三方物流公司执行，特许加盟总部统一配送的货品价格是多少，是零售还是打折，能打多少折等一系列问题；其次，要确定特许加盟总部提供给单店的专用设备是以售卖的方式还是以租赁的方式提供，售卖或租赁的价格各是多少要探讨清楚；最后，要确定特许加盟总部提供给单店的知识、标准、规范和企业文化理念通常是通过手册、培训、现场指导等方式提供并且应该是免费的。总之，通过单店输入系统的设计可以确定单店的全部商品销售成本或原材料成本，如图 2.13 所示。

3. 单店运营管理流程的构建

单店运营管理流程就是为单店输出系统提供一系列有逻辑关系和有价值的工作流程，它分为主流程和辅流程两部分。单店运营管理流程的设计也包括两项最基本的任务：一项是对主流程和辅流程进行科学的设计，另一项是对主流程和辅流程顺利、高效地完成提供组织保障。

（1）商品零售型单店的运营管理流程设计

在零售型单店中，运营管理的核心是向消费者和顾客直接销售商品，提供最直接的价值。因此，商品管理流程就是它的主流程，包括商品计划、进货、库存、商品陈列、销售、信息反馈等具体项目，而卖场管理、促销管理、客户管理、客户服务、人员培训、财务管理、竞争店调查等均为辅流程，它们是支持商品管理流程的依托，其流程朝向主流程，如图 2.14 所示。

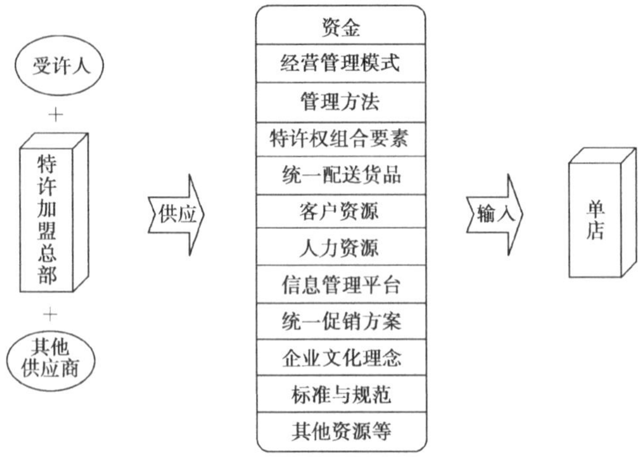

图 2.13　单店输入系统设计模式

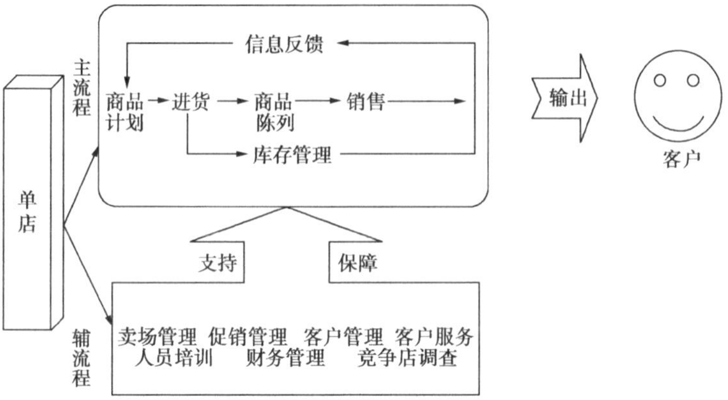

图 2.14　商品零售型单店运营管理流程图

（2）服务型单店的运营管理流程设计

在服务型单店中，运营管理的核心是向消费者直接提供各种服务，因此，服务计划、服务管理就是它的主流程，具体包括运营计划、产品设计、广告宣传、服务项目、产品销售、信息反馈等项目。而产品供应和仓储、物流运输、促销、客户管理、人员培训、财务管理以及竞争店调查等就是辅流程，它们是支持服务计划与管理流程的依托，其流程朝向主流程，如图 2.15 所示。

（3）单店组织结构的设计

单店组织结构的设计就是根据单店主辅流程的设计情况来确定各个工作岗位及岗位工作的职责，涉及组织结构、人员岗位及编制、岗位职责、员工工资等内容。

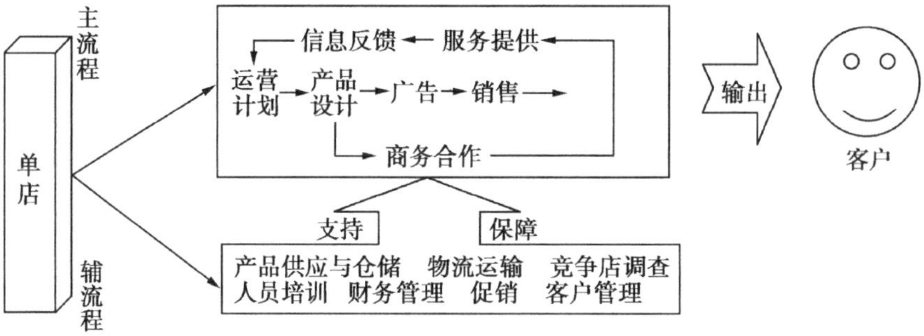

图 2.15 服务型单店运营管理流程图

一般而言，小型单店只设三四个人（包括店长和店员），组织结构简单、分工不细；而大型单店，比如大型超市，可能设有几十人或上百人，它们组织机构健全、分工细致，部门众多，管理有序，可以保证商品销售和服务提供没有死角。但是，如果管理不善，易导致人浮于事，经营效益下降的弊端。所以各个加盟到特许体系中去的每一个单店不仅要重视运营管理主辅流程的设计，更应该对组织结构进行科学的设计，以保证对各个部门职责的划定，对人员数量编制的确定，对相应岗位的责任和薪金标准的确定，据此就可确定出单店的全部人工成本。

4. 单店输出系统与客户端的构建

客户端的设计主要是结合单店的客户定位对单店的客流量进行预估，一般采用对等店观察和样板店分析两种方法，客流量是单店运营管理的基础。

单店输出系统是单店向客户提供全部价值之所在，核心是单店的商品与服务组合。单店输出系统的设计对计算营业收入具有重要的作用。

单店输出系统的设计通常是根据对客单价预估进行的。所谓客单价，就是客户平均为其一次消费而支付的费用，它与单店的商品/服务组合有关。客单价与单店日营业收入关系极大，两者呈正比关系。一般规律是单店提供给顾客的商品/服务组合越丰富，选择性越强，客户平均为其一次消费支付的费用就越多，而客单价越高，则单店日营业收入也就越高。

客单价预估通常采用对等店问卷调查法和样板店分析法，通过抽样调查可以获得较为真实的客单价数据。所以，对任何一个单店来说，都可通过客单价来对单店营业收入做出判断，即单店日营业收入＝客单价×当日客流数。

5. 单店系统经营目标的构建

单店系统经营目标的设计，是根据供应系统、输入系统、运营管理流程、输出系统以及客户端的设计情况来确定的，具体包括营业收入指标、标准运营成本、利润指标等内容。从特许运营管理整个体系角度讲，就是单店运营管理的最终目标。前面介绍过，通过单店输入系统的设计，可以得到单店的全部商品销售（或原材料）成本；通过单店运营管理流程的设计，可以得到单店的全部人工成本；通过单店的输出系统和客户终端系统设计，可以得到单店的营业收入预估。那么，在此前提下，只要对折旧费、经营费用、水电费、开店费用摊销、办公及其他费用、店铺租金进行一下预估，然后再通过单店系统经营目标的设计，就可以对单店总的运营管理成本进行估算了。

4.2.3 设计单店形象识别系统

单店的企业识别系统设计一般是总部企业识别系统设计的延伸，特别是理念识别（MI）、视觉识别（VI）、声音识别（AI）、室内识别（SI）都具有很强的延伸性。所以，在总部企业识别系统设计的基础上，应参照并相应设计出单店的企业识别系统，以保证总部与单店的和谐性与一致性。在企业识别系统主体中视觉识别系统和工作流程识别系统是单店的设计重点。

1. 单店视觉识别系统设计

单店视觉识别系统（Unit Visual Identity System，VIS）的内容，应包括基本标志元素的设计（中英文基本字体、图形标志、基本色彩、基本组合及使用规范、吉祥物）和应用体系设计（店面形象设计、POP 广告宣传材料设计、户外海报灯箱设计、媒体广告设计、车体广告设计、员工服装设计、包装袋设计、办公用品及名片设计、相关促销赠品设计）等内容，要求设计清晰明确，极具感染力和传播力，反映单店客户定位和特许人的经营理念。

2. 单店工作流程识别系统设计

单店工作流程识别（Business Process Identity，BPI）设计，包括开店工作流程识别设计和日常营运企业识别设计两部分，其中开店工作流程识别设计按时间先后可分为七大步骤：确定单店的选址原则，进行目标市场调研，地址初选；对初选地址进行商圈分析并确定店址；店面装修；人员招聘与培训；证照办理；开业筹备；正式营业。

一般正式营业后一两个月属于单店的试运营期，是各种事务、技术、流程及环境等的磨合阶段，应密切注意，发现问题及时解决。而日常营运工作流程识别则是设计和描述下列内容：单店组织结构形式及各岗位职责规范，人力资源招聘、任用、管理与培训，顾客服务流程、抱怨处理、售卖技巧、顾客信息系统管理，促销计划、方法、内容，竞争店调查计划、方法、结果处理，盘点前准备、工作分配、盘点数据库及结果处理，营业时间安排，常规作业前管理（报到、早会、收银准备、开工仪式等），常规作业中管理（迎宾、销售、顾客服务、收银作业等），常规作业后管理（店面安全防范、紧急事件处理）等。

4.2.4 设计单店赢利模式

单店赢利模式是指单店在为其所选择的客户或目标消费群体创造价值时获取回报的方式，即一个单店各种赢利方式的组合。处于不同行业的单店赢利模式会有所不同，比如时装店的赢利模式是商品零售利润，快餐店的赢利模式为服务利润，餐饮店及咖啡店的赢利模式为服务利润和烟酒饮料等商品的零售利润，大型商场与超市的赢利模式为卖场租赁利润、财务利润和商品零售利润。

任务 4.3　建立样板店

在样板店的建设上，企业应遵照设计加盟单店模式进行样板店的建设，并在建设的实际过程中，随时发现问题，随时更改和记录关于单店的设计内容。从本质上看，建设样板店的过程就是一个总结经验并完善特许加盟单店的过程。建设单店的过程可以为企业带来许多重要价值，企业一定要充分利用这个契机建设样板店。当然，无论以何种方式建设的样板店，都要保证特许加盟总部的绝对控制，同时，样板店的选址还要考虑区域的覆盖，以便降低加盟商的学习成本。

4.3.1　建立样板店的主要步骤

在建立样板店的过程中，如果特许加盟总部有足够的人力、物力，最佳方式是成立一个单店工作小组，它专门、全程、全面地跟踪样板店的建设全过程和单店营运的方方面面。这样该小组就可以非常方便、高效地参与单店的建设，并保持单店手册的随时更新和完善。同时，这些单店小组的成员因为全程、全面地参加了单店的建设和营运并亲自对单店手册的细节进行了研究和完善，所以他们将来必定是在理论与实践上的建设单店、管理单店、运营单店的专家，企业也可以借此机会为自己培养出一批将来营建单店的骨干人员。

1. 目标制定阶段

在目标制定阶段，总部要明确建立样板店的目的：是通过建立样板店，扩大经营面积、占领市场份额，还是提高销售量、增加企业的知名度和市场声誉；是为了提高总部的利润还是为以后企业上市奠定基础。

2. 目标计划阶段

在此阶段，总部以考察样板店的地理位置为主。一般应考虑以下因素。

① 居民的基本情况。例如，经营区域内的人口数量、年龄、收入、信仰、家庭婚姻状况、人口增长率、购买力等。

② 商业区经营状况。例如，经营地点是否接近商场、写字楼群、工厂、政府、学校或医院等经济中心，这可以反映出顾客的集中程度；经营地点周围竞争状况如何，竞争者处于什么位置，这可以判断样板店的经营理念和核心竞争力是否可以在竞争中取胜。

③ 交通方便程度。例如，样板店经营地点的车流量与人流量情况，样板店门前可否停靠车辆，样板店附近是否有单行线，附近道路是否有施工地段。

④ 环境因素。例如，周围是否有污染源，附近都有什么样的业主，市场治安情况如何，营业面积大小，区域划分是否合理，样板店的经营标志是否醒目。

⑤ 价格与成本。例如，需要购买土地和房屋，就必须考虑价格是否在预算之内，地点的所有权归属问题，公共设施维护费和卫生费等隐性成本问题。

总之，影响选址的因素很多，应慎重考虑，不能冲动选择。

3. 目标实施计划

确定样板店的位置以后，按照总部的要求逐步完成装修计划。

4. 计划落实和跟踪分析

如果企业想通过特许加盟的方式扩大规模，建设一个成功的样板店是至关重要的。 样板店开业后，按照总部要求进行经营管理并进行跟踪分析，充分发挥其样板店的作用。在特许加盟体系推广阶段，样板店是特许加盟总部所建立并管理最原始的样板店，它是所有特许加盟体系的复制“原件”，是特许加盟网络的原始结点，是特许人知识产权浓缩后的外化组合体，是加盟商及其他相关人员接受培训、实习、参观的样板，是潜在加盟商认识该特许加盟企业的一面镜子，可以使潜在加盟商增强加盟的信心与机会。

4.3.2 样板店布局与布局技巧

样板店的布局直接影响顾客的购买行为和单店的销售业绩，所以十分重要。

1. 样板店卖场设计

样板店卖场设计的基本原则是便利顾客，服务大众；突出特色，提高效益；留足空间，分散人流。一般布局有以下几种类型。

① 沿墙式，即柜台和货架等设备应呈 U 字形或 L 形沿墙布置，店铺内部规划呈长方形，这种类型适合面对面售货。

② 岛屿式，即柜台呈 O 形岛状分布，用柜台围成闭合式，中央设置货架，可布置成长方形、正方形、圆形或三角形等多种形式，这种类型适合出售体积较小的商品。

③ 斜角式，即将柜台、货架等设备呈 W 形布置，拉长室内视觉距离。

④ 陈列式，即将工作现场布置成 E 字形或#字形，形成商品展览陈列出售的营业场所，这种类型便于顾客选购，为大多数店铺所采用。

⑤ 隔绝式，即用柜台将顾客与店员隔开，这种类型便于对商品进行管理，但不适于参观选购，一般适用于贵重商品、易污易损商品、药品或技术构造复杂的商品。

⑥ 敞开式，即将商品展示在售货现场的柜架上，允许顾客直接挑选商品，这种类型售货效率高，但安全性差。

卖场设计的关键是入口设计和通道设计。一般店铺卖场入口要设在顾客流量大、交通方便的一边，通常入口较宽而出口较窄，入口应比出口宽 1/3 左右。在卖场入口处，最好陈列对顾客具有较强吸引力的商品，以便招徕顾客。而通道设计通常有直线式、回字形式和自由式三种。在通道设计上应注意店铺的纵深程度与店内亮度的关系；注意商品群之间的相关性，将相关商品一起摆放；注意陈列架高度，以不影响消费者视线为宜；注意走道的宽度设计，不能留有死角。

卖场设计还包括收款台的配置与设计、存包处的设计和各个加盟店店内布局示例等细节问题。

2. 样板店商品陈列原则

商品陈列应遵循安全、方便、新鲜、丰富、有序、美观、便于促销等原则。在卖场里应分成不同的商品陈列区域，如货位区陈列的大多数商品，应摆放在美观整洁的货架上，以供顾客浏览和选购；走道区应摆放价格优惠的商品，吸引顾客的注意力；中性区一般进行突出性小商品的陈列，可以在卖场过道与货位的临界区或收款台附近摆放；端架区应陈列一些季节性商品、包装精美的商品、促销商品或新上市的商品，利用整排货架的最前端或最后端摆放这些商品，尤其在顾客流动线转弯处设置的货架，是最佳商品陈列点。

陈列的高度不同，其销售效果也不同。一般来说，与顾客视线相平、直视可见的位置是最好位置。货架上的商品销售效果会因顾客视线的高低而不同，在顾客视线水平而且伸手可及的范围内，商品的销售效果最好，随顾客视线的上升或下移，销售效果会递减。

3. 样板店商品陈列方法

商品陈列的方法比较多，在店铺中，90%以上的商品都可以实行开架式陈列，部分有造型且贵重的商品如手表、首饰等可以柜台陈列。在开架式陈列中一般采用以下方法。

① 集中陈列法，即把同种商品集中摆放在一个地方，便于周转。

② 整齐陈列法，即将商品按货架的尺寸确定商品的排面数，然后按一定层面整齐堆放在一起，比较适合于季节性商品、高折扣商品和购买频率高的商品，主要能突出商品的量感。

③ 随机陈列法，即用于陈列特价商品，将其放在随手可及之处，并将原价牌与现价牌一并挂出，可以诱使顾客产生购买冲动。

④ 盘式陈列法，即将包装箱底部以上 2/3 部分减去，以底为盘，再将商品一盘一盘地堆上去，这种陈列方法主要适用于陈列饮料或啤酒等商品。

⑤ 两端陈列法，即在店铺卖场中央货架的两头陈列商品，因为货架两端顾客流量最大，是陈列商品的黄金地段，适合高利润商品、特价商品、新产品、流转快的商品或品牌商品。

⑥ 岛式陈列法，即在店铺卖场的入口处、中部或底部不设置中央陈列架，而是配置特殊的岛式展台，比较适合颜色鲜艳、包装精美的特价品或新产品。

⑦ 狭缝陈列法，即将店铺中央陈列架撤去几层隔板，留下底部的隔板形成一个槽状的狭长空间，以摆放更多的商品，形成量感并防止凌乱。

⑧ 悬挂法，即将扁平形或细长形等无立体感的商品悬挂起来，以增强观赏性，加大销售可能性。此外，还有定位陈列法、关联陈列法、突出陈列法、比较陈列法等。

总之，样板店是因为“样板”而产生影响的，它要承担一般单店所没有承担的工作，比如接待来访者、参观者，作为培训基地，实验销售新的技术和产品等。一方面因为“样板”效应可能吸引更多的顾客，具有更高的知名度，但是也可能因为顾客众多而拥挤，进而影响生意和服务质量。所以，企业必须牢记样板店的使命，它是特许加盟体系得以快速推广的基础，它的运营建设和完善任务决定特许加盟体系推广的成败。只有当每个加盟商复制的经营条件与样板店试验成效的条件一样时，一项特许加盟方案才能确保成功。

4.3.3 样板店设计与装修事宜

1. 样板店的设计

样板店的设计主要是指购物环境设计。一般来讲，购物环境是由店址、店面外观、店内布局、店内光/色/声及内部装潢等组成的，具体包括硬件条件和软件条件两个方面。硬件如商业建筑、店内设施、营业用品等，软件如店员素质、店内卫生、店内气氛等。

购物环境设计是一门综合性很强的学科，一要突出设计的多维性和意境性；二要体现其展示商品的功能性和方便性；三要选择好所使用的材料，可用于样板店内部环境设计的材料很多，但木材、石材、金属材料、玻璃材料、人造饰面材料等质感和装饰性各不相同，只有恰当使用才能发展它们的功能；四要发挥光、色、声、味对环境气氛的渲染功能。只要做到以顾客为中心，突出艺术性和经济性，就可以充分展现样板店的个性。

2. 样板店的装修

样板店的装修主要包括门店的装修、橱窗设计、天花板装潢、墙壁装潢、地板设计和通风设施配置六大部分。其中门店装修要求既要有精神上的美感，又要符合现实需要，达到引导顾客，方便出入，安全可靠，有效提升店铺形象的目的。

（1）样板店装修类型

根据经营商品的特点和开放程度的不同，样板店装修可以有以下三种类型。

① 封闭型：一般面向大街的一面用橱窗等遮蔽，入口较小，设计别致，用料精细豪华，比较适合珠宝、影像设备等名贵商品店的装修。

② 半封闭型：样板店入口适中，玻璃明亮，可以看清店内商品，顾客容易被引入店内，经营化妆品、服装等中高档商品的样板店可采用此种形式的装修。

③ 开放型：样板店面向大街，全部开放，没有橱窗，方便顾客出入，出售食品、水果、蔬菜及小百货等低档日常用品的样板店多采用这种形式。

（2）橱窗的装修类型

橱窗设计则应在激发顾客购买兴趣、促进购买欲望、增强购买信心上下工夫，橱窗的陈列通常有四种类型。

① 综合式：将许多不相关的商品综合陈列在一个橱窗内。

② 系统式：按照商品的不同标准组合陈列在一个橱窗内。

③ 专题式：以一个广告专题为中心，组织不同类型的商品进行陈列。

④ 特写式：运用不同的艺术形式在一个橱窗内集中介绍某一产品。

4.3.4 建立样板店应注意的问题

1. 根据样板店建设完善单店营运手册

如果特许人的所有样板店不是从零开始建设，而是从已有的店面改装而来，那么，《单店营运手册》的部分内容就会因没有机会接受过程的检验而进行修改和完善。所以，特许加盟企业可以采取一些办法在以后的时间里尽可能地补上实践检验和跟踪的内容，即负责单店手册完善的小组在样板店建设以后，或在招募加盟店时进行全程的跟踪和全面的接触。

2. 根据推广战略确定样板店数量

在样板店的建设数量上，特许加盟企业应根据自己的体系推广战略来确定。如果体系决定在几个不同的区域同时推广与建设特许加盟网络，那么它就应在这几个区域分别建设模式一致的样板店。这样的好处是，不同地区的独特市场环境会使原先设计的单店经营模式承受更复杂的考验、特许加盟总部或特许人也可以在不同的市场环境下摸索出一条可以推而广之的单店经营模式之路。如果特许加盟总部只是想摸索关于单店建设和营运的一些规律并只在有限区域内进行特许加盟体系的试扩张，那么，特许加盟企业就可以只在本区域内建设一家样板店，待成熟后再向外推广。

世界零售巨人沃尔玛在新进入某市场时的一个必备原则就是先开“SAMPIE”，即样板店，沃尔玛的目的就是拿这个第一家样板店做试验，通过不断地吸收当地文化，摸透市场消费趋向，熟悉和了解当地的消费习惯，分析销售差异，不断调整和改善经营策略，以建立一套完整的管理体系和适合当地的营运模式。等到各方面发展成熟后，沃尔玛才开始建立自己的连锁分销网络。如此的稳重推进原则是沃尔玛在全球各地开店成功的重要保障。

3. 避免把样板店建成直营店

为了使样板店可以真正成为特许加盟体系日后诸单店的“样板”，特许加盟企业应注意在建设样板店的过程中，使单店的投资与管理等方面真正成为一个独立的实体，而不能依旧保持特许加盟总部或特许人的一个直营店那样的性质。比如在计算样板店的投资收益上，应该照样列出一个加盟费以及别的将来的受许人（加盟商）需要付出的费用，这样计算的结果才更有“样板”性。一旦样板店建立起来后，企业应使其独立运营和独立核算，这样可以确保将来的单店加盟商得到验证，验证加盟商的单店是否可以赢利。

实务借鉴

中餐特许加盟的成功典范：重庆小天鹅火锅

1982 年 11 月，廖长光先生与何永智女士创建了小天鹅火锅。创业初期，小天鹅只是重庆渝中区路边上的一个小火锅店。20 多年过去了，通过廖长光、何永智夫妇充满智慧的经营，小小的火锅不仅走出了重庆，还走出了国门。

小天鹅的成功，一方面源于它的创造性发明，另一方面源于它的特许加盟之路。小天鹅创出的几个第一令世人瞩目：它是第一个以发明鸳鸯火锅、子母火锅获得世界设计人专利的企业，被认为是“最简单的创意，最赚钱的革命”；它是第一家把抽油烟机吊在锅上排除油烟，优化火锅的饮食环境；它是第一家把西方的自助餐引入火锅业，让客人自由选择菜品；它是第一家把具有民族特色的建筑装饰引入火锅餐厅；它是第一家把民族文化融入火锅经营中……每一次的创新发明都带来了丰厚的利润。正是因为这些首开先河、别具一格的创造性发明，才形成了鲜明的“小天鹅”特色。

1999 年年底集团公司构建小天鹅的特许加盟体系，2000 年年初，公司成立了小天鹅特许加盟经营管理中心，建立了一个强有力的服务支持体系。2000 年 7 月，小天鹅美食管理学校正式成立，成为加盟商培训员工的强大后盾。特许加盟是一种最具活力的经营方式，特许加盟体系的建立，为小天鹅的产品和服务开辟了新的市场空间。小天鹅正是借助特许加盟的外力，使 20 年前重庆只有 3 张桌子的小火锅店，发展到了 2001 年“全国连锁餐饮十强”的规模。

2003 年年初，小天鹅构想了回转火锅的新模式，给火锅赋予了时尚、休闲、自由、浪漫的色彩；2003 年上半年，SARS 疫情肆虐中国大地时，小天鹅坚持走绿色、健康、营养之路，组织专家小组在企业内部编写《药膳手册》，同时又与专业科研机构联合，研究出小天鹅《营养手册》，将健康与营养结合起来。其目的是要让消费者吃得明白、吃得健康、吃得安全、吃得卫生。下面的几组数据可以说明小天鹅的骄人业绩。

（1）87%

小天鹅特许加盟的成功率高达 87%，这是一个让人惊叹的数字，也是一个让人产生自信的数字。小天鹅已成为“百万富翁的摇篮”，半年至一年收回投资已是不争的事实，短短三年里，有了回报上百万的加盟商，也有了回报上千万的加盟商。

（2）20%～40%

特许加盟坚持以心换心，不急功近利，与加盟商一起共同维护和遵守良性的商业秩序，对加盟商实行区域保护，确保加盟商利益。现在，小天鹅有 20%以上的加盟商开了两个或多个店铺，30%～40%的加盟店由老加盟商经营。

（3）200

到 2003 年 6 月底小天鹅特许加盟店已达到了 200 家，营业面积 150 160m^2，营业额 5.12 亿元人民币。重庆小天鹅集团因特许加盟事业的突出成绩连续三年被评为“中国连锁百强”企业和“中国餐饮 100 强”企业。显著的社会效益证明了小天鹅连锁经营的成功，使之在全国餐饮连锁业中成为了一块金字招牌。

目前，他们的核心技术火锅底料已经实现了工业化生产，辐射全国的配送中心也已经建成，与成都市烹饪专科学校联合办学，为小天鹅的人才库提供了丰富的储备。可以说，小天鹅已经冲破了中餐连锁的诸多障碍，除了继续拓展国内市场，向纵深方向发展，还开拓了国外市场，韩国、日本等地商人的加盟正在成为小天鹅发展史上新的亮点。

试分析：

（1）请归纳总结小天鹅火锅成功的关键是什么？对企业构建特许加盟体系有何启示？

（2）结合小天鹅火锅发展总体战略，说明中餐特许加盟的前景如何？应注意什么问题？

模块小结

本模块主要使学生和众多潜在加盟商了解特许加盟体系的构建过程及构建内容。模块中共有 2 个项目，通过第一个项目，学生和读者可以了解特许人应该具备哪些条件，学会进行市场调研和可行性分析，掌握特许权组合的设计内容。第二个项目可帮助学生和读者了解特许加盟总部的设计内容，包括总部的组织架构设计、总部制度职责设计、培训体系的设计、总部供应链的设计和总部督导体系的设计。

通过本模块的学习可使学生和广大读者对特许加盟体系的设计与构建路径有个概括的了解，对总部运营管理体系和单店运营管理体系的组织架构及其业务流程有个基本的掌握。特别是对那些连锁经营已有起色，但苦于不知如何进行体系扩张的特许人来说，可起到借鉴和启示的作用，能帮助他们构建特许加盟网络，成功实现创业梦想和经营目标。

能力自测

1. 简述市场调研的主要内容。
2. 简述特许加盟体系基础可行性分析的内容。
3. 和一般性的企业相比，哪些部门在特许经营企业中属于比较重要的部门？
4. 特许权设计的原则是什么？
5. 特许加盟总部企业识别系统设计一般包括哪几部分？
6. 简述特许加盟总部运营管理的主辅流程应包括的内容。
7. 简述特许单店运营管理的主辅流程应包括的内容。
8. 样板店的店面布局应考虑哪些方面？
9. 特许加盟体系推广的主要策略有哪些？
10. 对加盟店的督导应从几大方面进行？
11. 培训系统建设对特许加盟企业有什么作用和意义？培训课程如何设计？
12. 供应链管理和传统的物流管理有什么区别？特许加盟体系的供应链管理主要有哪些内容？
13. 管理信息系统设计对特许加盟企业有何意义？

模拟实训

找一家特许加盟企业，了解企业总部与单店的主辅流程设计情况，并绘出基本流程图。要求：

（1）先说明这家特许加盟企业的发展概况、经营范围、特许授权、单店模式等。

（2）参照教材图示绘出主辅基本流程图。

模块三

特许加盟总部与单店运营管理流程

【学习目标】

通过学习，学生能够在特许加盟总部和单店运营管理的职业情境中：第一，熟悉特许加盟总部的人力资源、信息管理、物流配送、营销活动以及督导培训等运营管理流程，掌握特许加盟总部的利润模式设计、运营成本测算和损益分析等实际操作方法；第二，了解特许加盟单店的运营管理流程，熟练掌握单店选址、客户开发、员工管理、成本控制及运营损益分析等职业技能。

【核心能力】

根据对特许加盟总部和单店运营管理流程及特许加盟赢利模式的分析，达到提高企业经营水平和成本控制的能力。

【模块导引】

如何设计特许加盟总部和单店的运营管理流程，是保证高效完成特许加盟业务的重要步骤。当特许加盟体系构建起来以后，面临的第三个职业活动就是了解特许加盟总部与单店运营管理流程，掌握特许加盟总部和单店运营管理的实操技能。为了掌握特许加盟业务活动的要领，提升特许加盟的专业能力，重中之重是要抓住业务活动的核心，即弄清楚特许加盟体系独特的利润模式。

当特许人在受许人支付完足够使特许人提供必要服务及使特许人赢利的特许加盟费用之后，特许人可以帮助受许人获得一个合理的赢利性投资回报。就是说，如果特许人赚取了一定的利润，它就可以对整个特许加盟体系的赢利点进行再投资并有助于保护受许人的投资。在此基础上，才能有针对性地制订出特许加盟企业的经营方案，运用客户定位、选择模型、商品及服务组合以及赢利财务测算方法进行合理的总部和单店的运营管理。

项目 5　特许加盟总部运营管理流程

特许加盟总部运营管理涉及诸多流程，包括授权流程、物流配送流程、客户管理流程、人力资源管理流程、信息管理流程、营销策划流程、培训与督导流程等主流程，还包括财务管理流程和行政管理流程等辅流程。只有设计好主辅流程，才能保证高效率地完成特许加盟总部的运营与管理。

任务 5.1　了解特许加盟总部运营管理体系及其流程

5.1.1　特许加盟总部授权管理流程

特许加盟总部授权流程，是指为了实现特许人的招募加盟商计划，特许加盟总部进行的一系列相关工作，如图 3.1 所示。

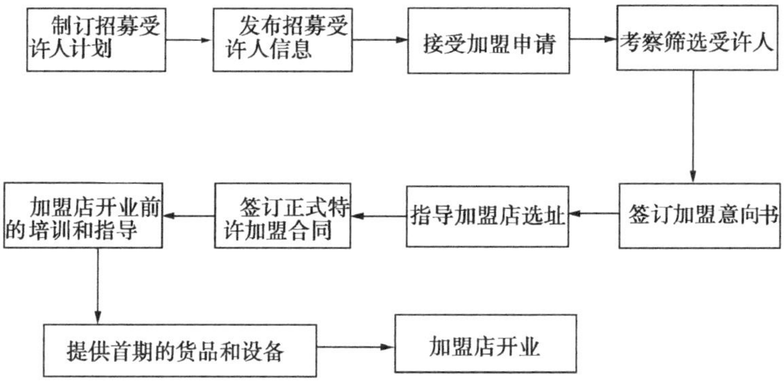

图 3.1　特许加盟总部授权流程图

特许加盟总部授权流程需要对应合适的授权体系结构，不同的特许加盟体系会采用不同的授权体系结构，但其总体流程顺序是相同的。首先，制订受许人招募计划并发布相关信息，在提出加盟申请的众多候选受许人当中挑选最合适的受许人，与其签订加盟意向书。对于准受许人，特许加盟总部给予相应的单店选址指导，待时机成熟时再签订正式的特许加盟合同，确立特许人和受许人之间的合同契约关系。在加盟店正式开业前特许加盟总部还要对其进行必要的培训和指导，并按合同提供相应的开店所需的货品和设备。

5.1.2　特许加盟总部物流配送管理流程

特许加盟总部的物流配送流程是指为了及时、准确、安全地向各个加盟单店提供特许加盟总部统一配送的商品而开展的一系列相关工作，如图 3.2 所示。

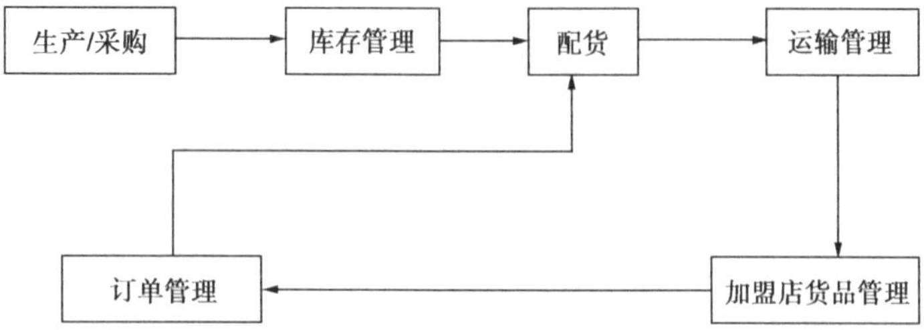

图 3.2 特许加盟总部的物流配送流程图

1. 配送中心的基本功能

（1）集中功能

特许加盟总部配送中心将各个供应商的商品整合到一起，再配送到各个加盟店。这样做的最大好处是能减少运输费，最重要的是可以减少各个单店收货时的拥挤及混乱现象，如图 3.3 所示。

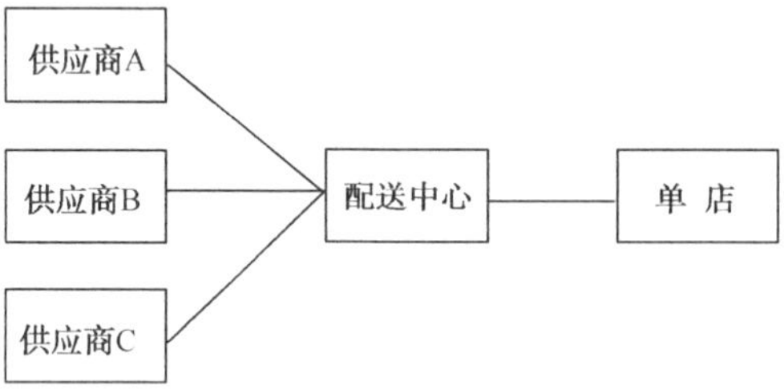

图 3.3 特许加盟总部配送中心的集中功能

（2）整理功能

一般来讲，一个供应商需要向多个单店送货，这些分散的单店可能属于同一个商品销售经营项目体系，也可能属于不同的体系。若存在成熟的配送工作流程，在配送中心可以将商品分类整理成个别的订货，并安排相应的运输部门负责送货至各个单店。这样做的好处是可以降低商品在库存中心的搬运和储存成本。另外，由于所有的车辆都进行了充分装载，使资源利用率达到了最大化，如图 3.4 所示。

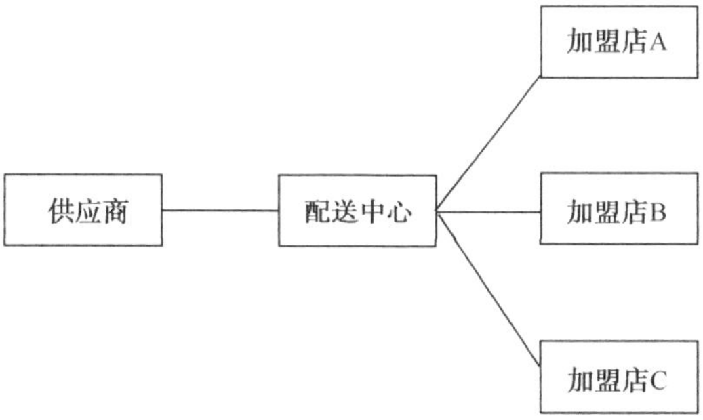

图 3.4 特许加盟总部配送中心的整理功能

（3）加工功能

通过对商品的加工，一方面可以扩大经营范围和提高配送水平，满足消费者的需要；另一方面可以提高商品的价值，从而提高特许加盟体系的整体经济效益。

（4）储存功能

有些商品具有季节性，所以有必要在不是销售旺季时做储存，防止售卖缺货。

2. 配送中心的组织结构

配送中心组织结构按职能不同，一般可分为检验组、库管组、储运组、信息组和技术组，各组的具体职责如图 3.5 所示。

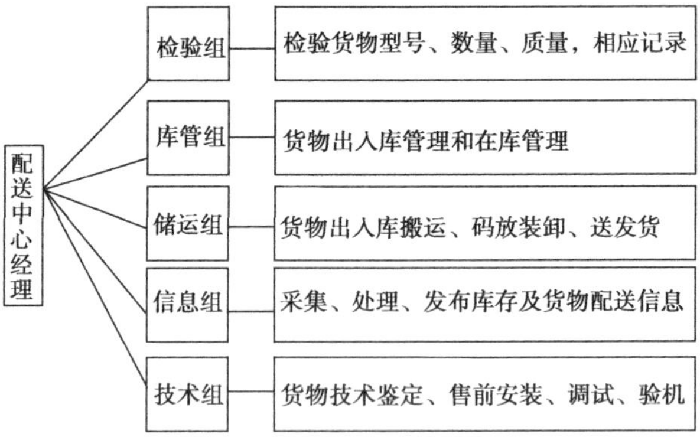

图 3.5　特许加盟配送中心的组织结构图

5.1.3　特许加盟总部人力资源管理流程

人力资源部在特许加盟体系经营规模的扩张过程中，负责对各类管理人员及操作人员进行管理，了解各类人员在特许加盟企业内部的成长进程，掌握用工制度和分配制度对各类人员层次结构的影响，熟悉各类岗位人员的任职条件和岗位职责等。它是特许加盟企业组织中举足轻重的一个部门，人力资源管理规划也是特许加盟总部的一项长期性战略任务。特许加盟企业人力资源管理共分四个阶段。

1. 调查分析阶段

本阶段的主要任务是获得特许加盟企业人力资源所需的信息资料。调查分析的主要内容是政治经济发展的影响、劳动力市场状况、企业的经营战略等。通过调查分析应进一步明确劳动力市场和企业员工队伍的基本状况，并熟悉本企业的战略目标、市场区域、经营方式、商品组合、组织结构、管理体制和企业文化等内容，为编制人力资源规划做好准备。

2. 预测供需阶段

特许加盟企业的人力资源管理部门要在所收集人力资源信息资料的基础上，根据人力资源政策的规定和要求，借助于计算机技术等科学手段，采取各种统计方法和预测模型对人力资源未来的供求趋势进行预测，以得出计划期企业各类人力资源的余缺数据。

3. 制定规划阶段

本阶段的主要任务是制定人力资源开发与管理的总规划，并根据总规划的目标和任务制定各项人力资源业务计划以及相应的人力资源政策，以便各部门贯彻执行。在制定人力资源总规划及各项业务计划时，要全面考虑总规划与各项业务计划之间的相互联系和协调统一，提高人力资源规划的科学性和合理性。

4. 实施、评估与反馈阶段

本阶段是人力资源规划的最后阶段。在此阶段，特许加盟企业首先应将制定好的人力资源规划及各项业务计划付诸行动，有计划、有组织地实施。其次，要对实施结果进行合理的评估，以便总结经验教训。最后，要把评估的结果及时地进行反馈，以便有关部门调整人力资源规划，以保证规划的贯彻执行。

5.1.4 特许加盟总部信息管理流程

特许加盟总部信息系统是特许加盟企业的神经。为了更好地管理规模化、广域化、细节化的特许加盟体系，特许加盟总部必须建立现代化的信息管理系统，以提高管理效率，降低管理成本；同时以信息技术为基础进行新领域的业务拓展。以一个大型特许加盟超市为例，其总部以 MIS 系统为中心，各个单店以 POS 系统为基础建立信息管理中心，在特许加盟总部各部门之间、特许加盟总部与单店、特许加盟总部与供应商之间建立健全的信息沟通网络和制度。其要求如下。

① 信息中心要具备销售管理、财务管理、采购管理、库存管理、人事管理等功能。

② 特许加盟总部要建设一个配送中心，由它来统一处理订货信息和物流配送中心。

③ 每个加盟店要普及 POS 系统和 EOS 电子订货系统，用订货机配合订货簿或订货卡，实施订货作业的简便、准确和高效。

④ 特许加盟总部要制定便于加盟店店长就市场动态和经营状况进行双向、多向交流的制度，以便特许加盟总部的经营思想及时传达到各个单店，同时各个单店的经营情况能够及时反馈到特许加盟总部，并有利于各单店店长之间的信息沟通。

5.1.5 特许加盟总部营销活动策划

在特许加盟体系中，各个加盟单店运营的好坏与特许加盟总部所做的广告宣传和促销力度及效果有很大的关系。一般来讲，由特许加盟总部制订年度的广告及促销计划，并由特许加盟总部负责组织，在全国范围内、某特定区域内及当地进行统一的实施。在实施过程中，特许加盟总部负责派遣资深的行销人员或经营督导员帮助加盟单店执行特许加盟总部的整体营销方案。特许加盟总部营销策划设计主要包括以下内容。

① 广告媒体的选择及方案设计，如电视频道的选择、时段的选择及报纸版面的分析、评估及选择。

② 促销计划的制订与执行，如分析促销计划的成本及收益、培训促销人员、统一各加盟单店的促销时间。

③ 营销计划效果评估，如根据市场需求及消费者需求，对营销计划细节进行调整、在营销实施过程中以及营销活动结束后进行效果评估。

④ 公共关系的建立、处理及协调，如在加盟店所在区域的营销活动中，特许加盟总部的专业人员根据各个加盟店所在区域合理选择电视、报纸及电台作宣传媒介。由于特许加盟总部在市场营销方面的专业策划能力及丰富的经验，使得从加盟商那里获得的资金可以有效地得到利用，提升了加盟单店的知名度及营业额，也增强了特许加盟总部的影响力和营销能力。对于特许加盟总部来说，所有的营销计划及活动的实施，应该设计得符合特许加盟总部营销目标，符合加盟店的赢利目标，并应考虑顾客的实际需求。

任务 5.2　进行特许加盟总部损益分析

5.2.1　特许加盟总部利润模式分析

所谓利润模式是在给定的业务系统中各个价值链所有权和价值链结构已经确定的前提下，企业利益相关者之间利益分配格局中企业利益的表现。简单地说，利润模式就是企业赚钱的渠道，即通过怎样的模式和渠道来赚钱。

1. 加盟金的计算

在特许加盟体系中所指的“加盟金”，是受许人（加盟商）与特许加盟总部在签署特许加盟合同时一次性付给特许加盟总部的费用。一个特许加盟企业要收取多少加盟金是特许加盟企业核心价值的反映。一般在设计加盟金时要考虑以下要素。

（1）所授权商业经营模式的价值及特许人所拥有的品牌的价值

特许人的品牌价值是在特许人经营过程中逐渐形成的，在特许体系中是自然的转移。它的价值往往是依据直觉确定，而不是精确计算出来的，因此它的价值同样也取决于受许人愿意支付的价格。

理论上可依据投资学对品牌价值的估算方法和量化方法进行计算：

品牌及商誉的价值＝该特许加盟企业商业市场价值的 4%～12%

市场价值＝该特许加盟企业每年所能创造利润的 1.5 倍

例如，某特许加盟餐厅企业，其每年能获得利润 50 万元，则该餐厅的市场价值在理论上就是 75 万元。该餐厅的品牌价值＝75×（4%～12%）＝3 万～9 万（元）。

一个特许加盟企业只要有自己的直营店两三年的营业利润数据，就可以依据这个公式来计算加盟金。随着企业的商誉知名度的提高，商誉价值就会得到提高，加盟金自然也就跟着提高。在我国，有些新的特许加盟企业只收取很少的加盟金甚至不收取加盟金，这并不代表这些企业没有品牌价值和市场价值，只是他们另一个目的更加明确，即快速扩张市场。

（2）授权城市或授权区域的价值

与前一要素相比，特许人授权的城市或授权区域的价值更难以计算。一般来讲，特许加盟总部按照该授权城市或授权区域的人口统计资料和市场统计资料来测算。

例如，某特许加盟餐饮店的加盟金费用规定，如表 3.1 所示。

表 3.1　某特许加盟餐饮店体系的加盟费用规定

特许加盟店类型	店面面积	加盟费	保证金	合同期
省级中心店	800 m^2 以上	15 万元	3 万元	3 年
市级特许店	500 m^2	10 万元	2 万元	3 年
地级特许店	300 m^2	8 万元	2 万元	3 年
县级特许店	200 m^2	5 万元	1 万元	3 年

（3）招募受许人的平均成本

特许加盟总部要大致测算出每个受许人的平均招募成本，例如，广告宣传费、参加特许加盟展览会费用、培训受许人费用、各项运营手册及培训教材的编写费和印刷费以及特许加盟总部和单店企业识别系统设计费用等。这些因招募受许人而支出的费用可以由各个受许人分摊。一般情况下，特许加盟总部招募的受许人越多，加盟金越多。

例如，一家特许加盟服装企业在 2012 年计划授权 50 个受许人。年度广告预算 50 万元，则平均每个受许人所需分摊的费用是 1 万元；50 个受许人的培训费用预算为 150 万元，则平均每个受许人所需分摊的费用是 3 万元；其他手册制作及印刷费用、通信费用、交通费用及行政管理费用总共 75 万元，则平均每个受许人要分摊 1.5 万元。可以计算出该特许加盟企业每个受许人应承担的招募成本为 5.5 万元（1 万元+3 万元+1.5 万元）。

例如，某特许加盟企业拥有店数与特许经营费用的关系，如表 3.2 所示。

表 3.2　某特许加盟企业拥有店数与特许经营费用的关系

店数（家）	1～30	21～100	100 以上
加盟金（元）	30 000	50 000	60 000
权益金比例	2.5%	3.5%	5%
广告宣传费比例（不变）	1%	1%	1%

2. 权益金的计算

“权益金”是特许加盟体系中的专业术语，它是指受许人（加盟商）持续支付给特许人（特许加盟总部）的品牌使用费、特许权使用费，又称使用费、管理费。它体现的是特许人向受许人提供的持续支持和指导的价值。权益金是特许人除加盟金外收益的主要来源。

特许加盟总部收取多少权益金合适，要依据特许加盟总部为各个受许人提供服务的质量和范围而定。在收取权益金时，特许加盟总部和各个受许人均应清楚权益金的用途，其中包括：受许人开店后的持续性培训，特许加盟总部督导人员的定期指导，当地市场业务的拓展指导，商品促销及宣传指导，以及日常经营管理费用，等等。权益金的收取方式较常见的有以下三种。

（1）比率制

按照加盟单店每个月营业额收入的一定比例来收取。美国特许加盟企业大部分都采用这种方法，如麦当劳收取的权益金为受许人营业额收入的 3.5%，肯德基收取的权益金为受许人营业额收入的 4%。这是一种比较公平的分享利润的方式。比较常见的比率为月营业额的 3%～6%或利润的 18%～20%。

但这种方法也有缺陷，运用这种方法收取权益金，需要一个控制性较强并能随时掌握加盟商营业额的财务收银控制系统软件。许多受许人为了寻求自己的利益最大化，往往采取许多隐蔽的方法隐瞒自己的实际营业额，或者制作虚假月营业额报表，从而使特许加盟总部权益金遭受损失。

（2）定额制

受许人每月向特许加盟总部缴纳合同中约定的固定额度的权益金，又称最低权益金。例如，重庆小天鹅火锅在进行特许加盟体系推广时便是采用这种办法，根据加盟店的规模不同，其额定权益金的范围为 3 000～10 000 元。

定额制权益金收取方法较能让受许人接受，因为它明确了受许人要支付的款项。但若是采取此种办法，要求总部在当地一定要有直营店作为“对等店”来做参照。如果某行业经营特点较具季节性，即在每个季节的营业收入会不同，定额权益金则会在市场淡季增加加盟店的负担。加盟单店刚刚开业的阶段也没有能力承受太高的权益金支付。这些客观情况都要求特许加盟总部在制定权益金收取方案时考虑在内。

（3）日收制

特许加盟总部派专人入驻加盟单店内，负责每日权益金的收取，并担当督导员的角色。这种收取方法效果最好，可最大限度地避免由于单店销售额不清楚或虚报销售额而造成特许加盟总部权益金的损失。同时，督导人员可随时作现场指导并进行经营指导。但这种方法也有缺陷，使用这种方法收取权益金要求特许加盟总部所派专业督导员具备一定的专业知识及专业技能，这无疑会增加特许加盟总部人力资源管理部门的工作压力。

总之，特许加盟总部在制订收取加盟金和权益金收取方案时，应该比较同行业竞争者的收费标准、加盟店数、经营年数、投资者的市场认同度及受许人的获利回报情况等，在进行综合分析后制订方案。

3. 保证金的计算

与加盟金不同的是，保证金原则上是可以退还的。在合同执行期间内，若受许人没有违反合同条款的规定，在合同期满后，特许加盟总部要无息全额返还其保证金。

特许加盟总部收取保证金主要有以下两个作用：第一是作为采购抵押款。在一些特许加盟系统中，特许加盟总部在合同中要求受许人必须订购指定的产品或原材料等物品。在执行过程中，受许人若不履约，特许加盟总部便可将此保证金扣除充当货品金；第二是作为违约金。若受许人在合同期内的经营过程中有违反合同约定某项条款的行为，特许加盟总部可以按合同规定扣除其保证金。

4. 特许加盟期限的计算

特许加盟的期限指的是受许人加入一个特许加盟体系“一个加盟期”的长度，即特许加盟双方缔结一次特许加盟合同所规定的合同持续时间，一般以“年”为单位。不同特许加盟体系的加盟期是有很大差异的，不同行业之间的加盟期长短也各有不同，即使属于同一个行业的特许人，他们之间的加盟期也可能差别很大。从表 3.3 中可以看出，国际知名餐饮业的加盟期普遍较长（大多在7～20年），而国内餐饮业的加盟期则普遍较短（平均为4年左右）。在别的行业里同样也可以看到类似的现象，即不同特许人之间的加盟期是有很大差别的。一般来讲，一个合理的特许加盟期限应该由两段时间组成，即加盟期＝投资回收期＋赢利期。

表3.3　国内外餐饮特许企业的加盟期比较

国外餐饮特许加盟企业的加盟期		国内餐饮特许加盟企业的加盟期	
盟 主 名 称	加盟期（年）	盟 主 名 称	加盟期（年）
赛百味	20	北京好伦哥餐饮有限公司	8
麦当劳	20	重庆小天鹅投资控股（集团）有限公司	3～5
肯德基	10	成都谭鱼头投资股份有限公司	3～5
汉堡王	20	成都老房子餐饮管理有限公司	5～10
Sonic 免下车餐馆	20	重庆苏大姐餐饮文化有限责任公司	3
达美乐比萨	10	成都巴国布衣餐饮发展有限公司	3
Quiznos 三明治	15	重庆德庄实业（集团）有限公司	3
墨西哥口味餐厅 Taco Bell	20	马兰拉面快餐连锁有限责任公司	5
德克士	7	内蒙古小肥羊餐饮连锁有限公司	3～5
马来西亚玛利朗国际快餐公司	8	沈阳市小土豆餐饮有限公司	3
		沈阳小背篓餐饮娱乐有限公司	5
		沈阳老边饺子有限公司	1～5

（1）投资回收期

一个加盟期至少要等于该受许人（加盟单店）的投资回收期。因为受许人如果要加盟该特许体系，特许人至少应保证受许人能收回投资。这个投资回收期就是一个加盟期限的“底线”，即投资回收期是一个加盟期限的最小值。从这个公式出发可以证明一些政府特许加盟项目的加盟期限为什么都比较长，多达数十年甚至上百年，其主要原因就是由于政府特许加盟项目的投资大、投资回收期长的原因。

（2）赢利期

受许人投资加盟的目的绝不仅仅是为了能收回投资，受许人还希望在收回投资之后能有一段赢利的时间，即要求有一个合理的赢利期。因此，对于投资回收期差不多的加盟项目而言，其加盟期限的区别所在就是这个特许人给予受许人的“赢利期”。至于赢利期的长短，它并不完全取决于特许人的主观意愿，而是要受一些外在客观因素的制约，如加盟金、加盟店赢利率、行业更新性、体系成熟度和竞争状况等。

5.2.2　特许加盟总部运营管理成本分析

1. 特许人前期支持成本

特许人在前期（从受许人的加盟店开业到进入正常运转这段时期）需要为受许人提供许多支持，包括接受潜在受许人的第一次咨询，挑选合格受许人，帮助受许人选址，对受许人进行培训（免费的部分），帮助受许人招聘人员，赠与受许人物品（包括开业用品、促销品甚至前期铺货等），开业支持，派特许加盟总部的人员到受许人的加盟店进行现场指导等。简而言之，从潜在受许人第一次向特许人咨询开始，一直到该受许人的加盟店正式开业并进入正常营运阶段，特许人需要为受许人提供一系列支持，这些支持需要特许人耗费一定的费用，那么这个费用应该估算在运营成本里。

特许人应该首先详细列出自己在前期为受许人所提供的所有支持活动，然后根据每项活动所耗费的资源来初步估计出这个前期的费用总值。

2. 市场推广和广告基金

因为特许加盟体系具有“复制”性质，所以各个加盟单店在经营理念、外观形象、实体等软硬件方面都是完全一致的，所以任何加盟单店的市场推广行为和产品宣传行为都会使其余加盟店以及整个特许加盟体系受益。因此，为了防止有些加盟单店为了省钱而“搭便车”的心理，同时确保特许加盟体系的整体广告策略的整体性和一致性，需要特许人对特许加盟体系的广告进行集中管理。

由于各个加盟单店所在区域的实际情况不同，比如消费者对该特许加盟体系的认同度程度大小、特许加盟体系在当地知名度的高低、单店规模的大小、商品销售的季节性变化、当地的经济发展阶段不同等，所以客观上就存在需要特许加盟总部在部分单店所在区域进行单独广告战略策划，这部分自然也要算到特许加盟总部的运营成本中去。

3. 培训费

特许人对受许人（加盟商）进行培训通常分为两个阶段。第一个培训阶段是在《特许加盟合同》签订后加盟单店开业前。这个阶段的主要培训目的是使受许人完全进入单店运营管理的角色之中。这时的培训费用是特许加盟总部免费提供的，受许人所要承担的只是自己的交通费和食宿费；第二个培训阶段是在受许人单店开业之后。在加盟单店正常营业的过程中，特许人对受许人进行培训的主要内容是特许人开发的新技术和知识、特许加盟体系的新规定等，受许人在承担自己的交通费和食宿费之外，其他费用大部分由特许人承担。此外，还有其他维持特许加盟总部日常经营管理的一些其他必要开销。

5.2.3 特许加盟总部总营业收入测算

所谓特许加盟总部“总营业收入的测算”，是指结合该特许加盟体系总体发展规划来制定特许加盟总部的年度经营目标，其中包括特许加盟总部年度营业收入指标、特许加盟总部年度的运营管理成本、特许加盟总部年度的利润指标等。从财务角度来讲就是特许加盟总部年度运营管理损益分析。

例如，某特许加盟企业，目前已有直营店 5 家，加盟店 15 家。该特许企业下一年度计划新增直营店 5 家，且分别于 2 月、3 月、4 月、8 月、10 月开业；计划新增加盟店 10 家，且分别于 3 月、4 月、5 月、6 月、7 月、10 月开业。该特许企业单店的月标准营业收入为 20 万元/月，加盟金为 5 万元，权益金为加盟店月营业收入的 5%，特许加盟总部每月统一配送给各个加盟店的货品平均为 5 万元。

根据以上条件制定该企业特许加盟总部下一年度的营业收入指标。

（1）根据新增直营店和加盟店的数量制定特许加盟总部的年度单店拓展计划，如表 3.4 所示。

表 3.4 特许加盟总部下一年度单店拓展计划表 单位：家

地 区	单店类型	1月	2月	3月	4月	5月	6月	7月	8月	9月	10月	11月	12月	合计
地区A	直营店		1						1					2
	加盟店			1	1	1		2			1			6
地区B	直营店			1										1
	加盟店				1		1							2
地区C	直营店				1						1			2
	加盟店			1				1						2
合计	直营店		1	1	1				1		1			5
	加盟店			2	2	1	1	3			1			10

（2）确定下一年度各月单店存在的数量，如表 3.5 所示。

表 3.5 特许加盟总部下一年度各月单店存在数量表 单位：家

分 类	单店类型	1月	2月	3月	4月	5月	6月	7月	8月	9月	10月	11月	12月
各月原有	直营店	5	5	5	5	5	5	5	5	5	5	5	5
	加盟店	15	15	15	15	15	15	15	15	15	15	15	15
各月新增	直营店	0	1	1	1	0	0	0	1	0	1	0	0
	加盟店	0	0	2	2	1	1	3	0	0	1	0	0
各月合计	直营店	5	6	6	6	5	5	5	6	5	6	5	5
	加盟店	15	15	17	17	16	16	18	15	15	16	15	15

（3）根据单店拓展计划和下一年度各月单店数量制定下一年度的总营业收入指标，如表 3.6 所示。

表 3.6 特许加盟总部下一年度各月营业收入表

项 目	1月	2月	3月	4月	5月	6月	7月	8月	9月	10月	11月	12月	合计
直营店（家）	5	6	7	8	8	8	8	9	9	10	10	10	10
加盟店（家）	15	15	17	19	20	21	24	24	24	25	25	25	25
新增加盟店（家）	0	0	2	2	1	1	3	0	0	1	0	0	10
直营店收入（万元）	100	120	140	160	160	160	160	180	180	200	200	200	1 960
加盟金收入（万元）	0	0	10	10	5	5	15	0	0	5	0	0	50
权益金收入（万元）	15	15	17	19	20	21	24	24	24	25	25	25	254
统一配送货品销售收入（万元）	75	75	85	95	100	105	120	120	120	125	125	125	1 270

续表

项　　目	1月	2月	3月	4月	5月	6月	7月	8月	9月	10月	11月	12月	合计
总营业收入（万元）	190	210	252	284	285	291	319	324	324	355	350	350	3 534

下一年度总营业收入指标＝全部直营店的营业收入＋本年度新增加盟店上缴的加盟金＋各加盟店上缴的权益金＋总部向各加盟店统一配送货品的销售收入。

经计算，下一年度的总营业收入指标为 3 534 万元。

知识拓展

特许加盟总部的基本职能

特许加盟总部的运作和管理职能是否健全，对整个特许加盟体系的发展具有巨大而深远的影响。为了有效地管理整个特许加盟体系，提升各加盟单店的运营管理水平，特许加盟总部应具有以下八项基本职能。

（1）系统开发职能

特许加盟总部所具有的系统开发职能，用于负责制定整个系统长远的开发与发展规划。一个成熟完善的特许加盟总部，一方面要根据自身企业情况持续发展加盟商，并通过自身企业核心产品为加盟商带来日益增加的利润；另一方面，特许加盟总部要负责发挥其总部的组织功能。也就是说，特许加盟总部除了要关注自己的直营店或是某个加盟店，更要从宏观上管理各个加盟单店，促使整个特许加盟体系发挥最大的效率。

（2）采购配送职能

特许加盟总部所具有的采购配送职能，用于负责各个直营店与加盟店所需商品、原材料及设备的采购与配送。特许加盟企业为了达到最低运营成本的目的，在采购环节上，总部一般采取统一采购原材料的方法，并及时高效地配送到各个加盟单店当中去。例如，餐饮业和食品制造行业，为了达到“统一性”的原则标准，特许加盟总部向各个加盟单店提供原材料，并要求各个加盟店严格按照特许加盟总部发放的《经营手册》执行。但在某些行业中，例如，特许加盟零售行业，由于其产品具有同质性或产品差异性很小，为了节约配送成本，个别加盟单店在经特许加盟总部允许的情况下也可自行进行商品采购。

（3）研发与品牌推广职能

特许加盟总部所具有的研发与品牌推广职能，用于开发独特商品与服务，并以快捷方式和合理价格供应给加盟店。开展特许品牌的推广，提高产品与服务的知名度和美誉度。特许加盟总部要负责向各个加盟店提供产品，所以要根据市场变化和消费者需求的变化，及时更新和改进产品特色、质量以及产品结构。对于体现该特许加盟企业核心竞争力的产品或服务，要在原有的产品或服务的基础上不断地研发新产品或开发产品的新功能，从而引导市场、引导消费，源源不断地给加盟单店增加新的具备市场竞争力的产品或服务。

（4）教育、培训与督导职能

特许加盟总部所具有的教育、培训与督导职能，是指特许加盟总部对加盟店负有定期或不定期现场指导和教育培训的义务，重点是传授专业经营管理技巧。加盟单店开业之前，总部负责对其进行培训和指导。加盟店开业后，不论是新加盟商还是旧加盟商，特许加盟总部都要负责对其进行持续定期的培训、指导和监督。其中包括编写培训计划、培训教材，现场演示或集中讲授。此外，特许加盟总部还要派专业督导员定期寻访各个加盟店，进行监督指导，以便随时掌握各加盟单店的经营状况及执行特许加盟总部相关制度情况。

（5）促销职能

特许加盟总部所具有的促销职能，是指特许加盟总部负责整体促销计划的制订与活动的开展，树立连锁体系统一营销形象，促进加盟店的销售。特许加盟总部要根据其企业实际状况，进行全球性、全国性或区域性的产品广告宣传及大型新品促销活动，并指导各个加盟单店实施相对应的小型促销活动。从而使该特许加盟企业的品牌形象得到提升、老产品做到占有市场份额稳定、新产品得到推广，最终促进特许加盟体系整体销售额的增长。

（6）融资职能

特许加盟总部所具有的融资职能，可向财力较弱的加盟店提供资金援助或向金融机构担保帮助融资。特许加盟总部针对个别出现财务危机的加盟单店，要派专员进行实地调查分析。如果确定该加盟店无不良经营行为，特许加盟总部可采取担保、协商等方式，帮助加盟店进行融资或获得银行贷款。

（7）信息收集与分析职能

特许加盟总部所具有的信息收集与分析职能，是指特许加盟总部为加盟店提供市场和消费信息及动向，并收集整理加盟店反馈的销售信息，特许加盟总部应运用各种方法在市场上收集信息。例如，市场上“竞争产品”的情况调查、消费者反馈信息情况调查、消费者偏好的变化调查、市场上“流行产品”情况调查等。特许加盟总部通过分析，对特许加盟总部内部相关部门、直营店和各加盟单店的经营管理提出高效建议，从而促进整个特许加盟体系的协调发展。

（8）财务分析职能

特许加盟总部所具有的财务分析职能，是指特许加盟总部承担加盟店的经营统计，如销售额、成本、费用、利润的计算，对加盟店之间的经营业绩进行比较分析，对业绩低的加盟店进行督导。特许加盟总部要求其财务部门运用专业技能，分析各加盟单店定期上交的销售额等数据指标，并对分析结果进行归纳比较，最终提出有利于整个特许加盟体系发展的可行性意见，切实提高各加盟店的经营效益。

项目 6　特许加盟单店运营管理流程

任务 6.1　选择加盟店铺及开店企划

受许人的特许经营之路从店铺企划与店铺模式选择起步，店铺是特许加盟体系中的利润中心，它必须严格执行“3S”原则和 CI 设计要求，才能树立良好的市场形象和经营绩效，这是特许加盟成功的前提。

6.1.1 加盟批发型单店的条件与流程

批发型单店主要是向零售店铺批发和配送商品，一般不直接与消费者进行交易。此类单店的基本特征如下：利润主要来源于生产环节和批发环节；运营管理的重点主要是现金流、库存和物流配送；强调存储空间的内在条件、空间的大小，不强调店铺的外在形象；选址的主要参照是店铺出入是否方便，因此交通情况对于单店选址尤为重要。

1. 加盟条件

加盟此类特许加盟体系的受许人（加盟商），加盟前应具备以下基本条件。

① 由于此类特许加盟企业是以生产和批发商品为主要业务，所以要求受许人有雄厚的资金做后备支援。

② 加盟单店必须具备较大的储物空间，以用来储存商品。

③ 加盟单店在进行选址时要严格遵照特许加盟总部要求，便于商品输送。

2. 加盟流程

批发型单店的加盟流程一般为加盟了解→提交申请→总部审核→加盟签约→培训指导→店面装修→开业。

① 潜在加盟商通过报纸杂志、广播电视和网络等媒介了解特许人的基本信息，并初步掌握特许人遴选加盟商的条件。

② 在确认符合加盟申请者的基本条件后，向特许加盟总部提交加盟申请书，以书面形式明确加盟申请者的加盟意向和连锁加盟企业的接纳意向。

③ 总部审核潜在加盟商的财务状况、加盟诚意、店址等；其中对潜在加盟商的选址要进行重点评估，评估内容包括商圈评估、各时段人流差异性评估、竞争对手状况评估、消费者评估、交通状况评估等。

④ 在双方认定特许人和受许人的权利和义务以后，双方签约，开始特许加盟关系。

⑤ 加盟签约后，特许人通过培训使加盟商能在总部的指导下按照本特许加盟体系的理念和要求开展经营活动，以促进特许加盟企业的发展。

⑥ 受许人在总部的指导和监督下按照要求进行店面装修。

⑦ 单店开业，开展经营活动。

6.1.2 加盟零售型单店的条件与流程

商品零售型单店主要向消费者提供商品的零售服务。医药超市，各类书屋和加油站等都属于商品零售型单店。此类单店的基本特征如下：利润主要来源于商品零售环节和部分财务利润；运营管理的重点主要是商品管理、客户管理和客户服务；不强调仓储空间，主要注重店面形象和卖场环境及室内设计；重视商圈的选择和店铺的选址，对客流与商流十分关注。

1. 加盟条件

加盟此类特许加盟体系的受许人，在加盟前应具备以下三个条件。

① 要充分了解特许人的产品情况、市场情况。

② 要了解所在地的经济状况及是否适合特许加盟总部产品的销售。

③ 要十分重视选址的环节，并接受特许加盟总部的帮助、采纳特许加盟总部的建议。

2. 加盟流程

① 申请加盟商的筛选与考察。申请加盟商提供个人资料，主要包括：姓名、性别、年龄、学历、籍贯、公司性质、工作经历、财政状况等。

② 磋商并形成初步意向。

③ 面谈及详细情况介绍。讲解经营运作模式、店址分布、收益情况等。

④ 签订意向书。特许加盟总部提供《市场调查表》并指导客户调研。

⑤ 选择并确认店面位置。具体包括省、市、区、街、门牌号等；邮编、电话、平面图、照片；租金等。

⑥ 确定加盟意向并缴纳加盟费、保证金。根据客户提供的当地水、电价格，人员平均工资，房屋租金和季节分布特点等，特许加盟总部提交《店址评估报告》和《项目可行性分析报告》，并经客户确认。

⑦ 设计人员提供装修图纸和方案。加盟商应在设计之前向特许加盟总部提供《店面设计所需资料》中所涉及的内容。

⑧ 签订购货合同，房屋装修、人员培训、签订辅助购货合同。

⑨ 店面装修验收，设备安装调试及验收。由特许加盟总部相关部门到现场根据装修规范进行验收，加盟商对设备验收。

⑩ 指导开店、跟踪服务、签订特许经营合同及商标使用合同。加盟店正常营运期间，特许加盟总部提供持续的辅导和支持。

3. 某餐饮特许企业的加盟流程图（见图 3.6）

6.1.3 坐店型单店的主营业务

坐店型单店以等客上门方式为消费者提供服务或劳务。此类单店形式在餐饮服务、酒店服务、汽车修理、洗衣店、美容健身、教育培训、医疗保健等行业中被广泛采用。此类单店的基本特征如下：利润主要来源于服务提供、商品零售等环节以及部分财务利润；运营管理主要侧重客户管理与服务，重点是发展客户关系，提高服务质量；主要注重店铺形象、服务环境及室内设计；重视商圈的选择和店铺的选址。

1. 坐店服务型单店的主要业务

坐店服务型单店的主要业务如下。

① 家政服务：保姆、小时工、病人看护、接送服务、家教服务、保洁服务、代换煤气、

代客购物、搬家货运、小件运输、除虫灭鼠等。

② 综合维修：家电维修、管道维修、家居设施修理、计算机维修等。

③ 配送服务：送花、送奶、送水、送餐、送礼品、送生活用品等。

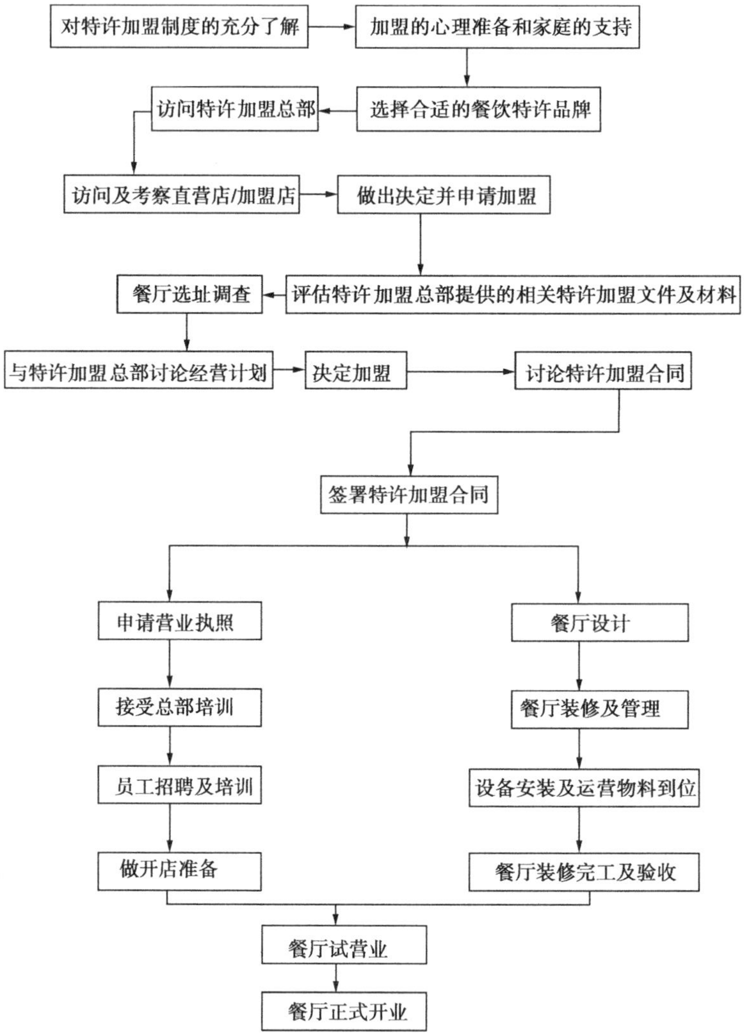

图 3.6　某餐饮特许企业加盟商由申请到开店的流程图

2. 加盟条件

加盟此类单店要求加盟者具备相应的专业知识和技能，以及要调查所选服务型特许体系在当地是否有市场拓展空间。此外，加盟商要经常和特许加盟进行沟通和技术请教，以便及时、完整地掌握服务项目更新内容。

6.1.4 流动型单店的主营业务

流动服务型单店主要以流动或上门等方式向消费者和客户提供服务的单店类型，主要流行于商务清洗、家政服务、家庭装修、房屋设备安装等行业。此类单店的基本特征如下：利润主要来源于提供服务、商品零售等环节；运营管理主要侧重客户管理、客户服务和广告宣传；不强调店铺形象及环境设计，而是重点采用无店铺经营方式；对商圈选址无特殊要求。

1. 流动服务型单店的主要业务

流动服务型单店的主要业务如下。

① 租赁服务：汽车租赁、花卉绿植租摆、计算机租赁、儿童用品租赁等。

② 文体娱乐：票务咨询、旅行服务、社区文体活动及场馆咨询等。

③ 咨询服务：政府部门办事、办证、办照、法律、就业、房屋事务、养老设施、绿化环保等。

2. 加盟条件

加盟此类服务型特许加盟体系，可以是无大额资金的拥有者。因为没有店铺设立要求，所以受许人可以家为店，节省资金。但在营业过程中特许加盟总部不便管理，需要受许人有较高的自觉性和自律性。

任务 6.2 设计单店运营管理的流程

特许加盟单店的运营管理流程包括单店组织结构的设计、人员岗位和岗位职责的确定、人员的管理和培训以及单店的运营成本损益分析。

6.2.1 单店选址步骤及决策

尽管特许加盟单店存在多种形态，但目前大多数特许加盟单店还是以固定店铺的形态出现，因此对大多数特许加盟单店来讲，店址选择是否成功往往具有决定性的意义。当有人向特许加盟成功人士问及成功的秘诀时，经常会听到这样的回答“第一是选址，第二是选址，第三还是选址”。加盟商开设单店就好比培育植物一样，除了要有好的种子（成功的经营模式）外，也要有好的土地（合适的店址），以及好的园丁（敬业的单店经营者）的辛勤培育。如果店址选择得当，客流质量与数量自然比较理想；反之如果选址不好，除了导致一个单店营业额不佳外，整个特许加盟体系的声誉都会因此受到影响。比如麦当劳，正是因为看到这一点，才把选址的工作划归由特许加盟总部负责，最后干脆由特许加盟总部将选好的地点买下来，再租给加盟商，以至于有人评价麦当劳不是在做汉堡包生意，而是在做房地产生意。

1. 单店选址的步骤

加盟商在选择单店位置时一般要经过如下步骤。

（1）商圈市场调查分析

开设新店前，加盟商需要对目标市场进行比较充分的调查分析，了解目标城市的人口、经济以及行业发展现状。据此选定目标城市，才可能对所在区域的市场环境胸中有数，并在未来的经营中有的放矢，争取最大的成功。

① 目标城市人口基本状况调查。这部分调查主要包括以下内容：第一，该城市人口总数；第二，该城市人口的年龄结构情况；第三，该城市居民人均收入情况；第四，该城市职工的职业特征如何。这些信息从城市统计年鉴上都可以很方便地获得。通过了解，可以掌握目标城市人口的宏观情况，并从中细分出单店的潜在目标消费群；可以了解单店目标消费群的潜在购买力，并推测出其可实现的购买力；而掌握目标消费群的职业特征，则有利于单店有针对性地开展宣传、促销活动。

② 目标城市本行业市场状况调查。这部分调查主要包括以下内容：第一，该城市特定商品销量的历年总消费量及增长情况，从而对所在城市的市场容量有一定把握；第二，该城市特定商品销售主要营业场所的总营业额，并从中分辨出直接的竞争对手，在今后单店的经营过程中取其长而避己之短；第三，该城市特定商品销售领先者的经营及市场活动情况。

③ 获得信息的主要途径。可以通过以下几个途径得到上述信息：第一，查阅城市统计年鉴；第二，走访或咨询该城市的行业协会；第三，组织调查人员实地访查；第四，对消费者开展抽样调查。

（2）目标商圈调查分析

商圈是指店铺能够有效吸引目标客户来店的地理区域，它由核心商圈、次级商圈和边缘商圈构成。根据商品零售专家的调查表明：处于核心商圈中的店铺，能够有效吸引55%～70%的目标客户；处于次级商圈中的店铺，只能够有效吸引15%～25%的目标客户；处于边缘商圈中的店铺，只能够有效吸引少数零散的目标客户。

商圈的大小和范围大小因店铺的类型不同会有所不同。一般来讲，商品零售型的店铺都是以方圆500米为核心商圈，方圆1 000米为次级商圈。如“7-11”便利店就将店址选在距离社区的客户不超过 500 米的地方。许多快餐店铺的核心商圈的范围更小，如马兰拉面在经营初期将店址选在距离中、小学不到200米的地方。

（3）商圈类型分析

根据消费人群的分布位置，可以将一个城市划分为以下几种类型的商圈：住宅区、商业区、金融区、办公区、文教区、工业区、娱乐区及综合区等。对每一类型的商圈又可以根据消费人群购买能力的大小分为高、中、低三个档次。在选择商圈类型时应考虑到单店客户定位及店铺租金成本等因素。

① 同业及异业状况。在同一个商圈里同业之间既是竞争对手，也有可能优势互补，形成集聚效应。在同一商圈内，异业之间则可能产生互动作用，带动整个商圈的人气，如服装店与周围的皮具店、鞋店、化妆品店、表店及珠宝店等。

② 商圈的发展性。在调查中，不但要了解商圈现状，更要对其发展进行调查。要了解

这一地区的发展规划、交通状况的改善以及周边环境的变化等。

（4）商圈的调查方法

商圈的调查方法有多种，以下是几种常用的方法。

① 查阅有关统计资料。

② 走访城市或所选区的相关主管部门，包括统计部门、规划部门、商业部门等。

③ 实地观察法。

④ 抽样调查法。

⑤ 问卷调查法。

2. 单店选址决策

完成加盟单店可能进入的商圈的一系列静态和动态分析后，接下来就是要作单店的选址决策。选址的决策是一个过程，通常需要经过如下几个步骤。

（1）选择商圈

结合单店的本身客户定位来确定单店拟进入的商圈。例如，某特许加盟时装专卖店的客户定位是年轻的办公室职业女性，因此单店拟进入的商圈就是城市主要服装商城、商业区、金融区或办公区。

（2）确定选址要素和店址预选

在选定商圈之后，就要确定单店选址的要素。仍以某特许加盟时装专卖店的选址要素为例，无论是店中店（大型百货商场内的店铺）还是独立店（街面上的店铺），其选址要素如下。

① 位于服装商城、商业区、金融区或办公区商圈的主要街道，靠近十字路口更好。

② 交通便利性较好，尤其是多种交通工具均能抵达的地方应列为首选。

③ 有停车场，不易堵车。

④ 交通辐射能力较强，临近公交车站点。

⑤ 位于服装店集聚区。

⑥ 选择离停车场近或拥有停车场的建筑。

⑦ 营业面积：不少于 40 m^2。

⑧ 格局：店中店要求设置边厅。

⑨ 租金：每月不超过 5 000 元；租期不少于 3 年。

⑩ 供电、供水有保障。

然后根据上述这些要素，在目标商圈中确定两三个预选位置。在最终选定店址之前，需要对预选店址的客流质量和数量开展调查与分析。

（3）对单店的预选位置进行客流质量分析

① 对客流质量的调查内容：包括主要客流的职业、消费能力、消费习惯等特征。

② 对客流质量的调查方法：包括通过设计问卷进行随机抽样调查，走访现有商家访谈调查。

（4）对单店的预选位置进行客流数量分析

对预选店址的客流数量调查分析最常用的办法就是实地观察法。仍以某特许加盟时装专卖店的选址决策过程为例。

① 对店中店客流数量的调查分析。第一，调查时间：平日、休息日、节假日各一天。第二，调查地点：目标商场主入口所在的街道，目标商场对外开放的各个入口处。第三，调查的方法：上述每一个调查地点设一个人，用计数器记录下在不同的时段内过往的行人和进入商场的人数，以及进入对等店的人数；第四，填写观察记录。

② 对独立店客流数量的调查分析。第一，调查时间：平日、休息日、节假日各一天。第二，调查地点：目标选址所在街道的两个方向。第三，调查的方法：上述每一个调查地点设一个人，用计数器记录下在不同的时段内过往的行人数，以及进入对等店的人数。第四，填写观察记录。

3. 店址的确定

由于各个地区的商业环境不尽相同，因此应分析比较各个预选店址的优缺点，并应注意以下几点。

① 比较各个预选店址的优缺点。

② 征求特许加盟总部意见，确定最佳店址。

③ 若没有理想店址，则需重复以上整个流程。

6.2.2 单店顾客开发策略分析

不同的加盟商加盟到同一特许加盟体系，有的单店生意兴隆、门庭若市；而有的单店却是生意萧条，门可罗雀。之所以有这样的差别，主要原因是加盟单店没有了解顾客的购买心理，没有留住顾客的心。顾客的价值不在于他一次购买的金额，而是他一共在该店购买的总量，包括他自己以及他对亲朋好友的影响，这样累计起来，数目巨大。因此，加盟单店在经营过程中，除了要满足整体顾客需求、维持老顾客的忠诚外，还需要重视新顾客的持续开发工作。

1. 吸引新顾客，使“头回客”变成“回头客”

主要的做法是营造顾客选购空间。对于商品型单店来讲，若特许加盟总部有平面图规定商品摆放顺序及位置，则要按照《总部所示图示》摆放。如果特许加盟总部没有规定商品陈列式样，加盟单店在布置店内空间时可遵循以下原则。

① 制造让顾客可随意挑选、浏览的购物环境。加盟单店通常认为商品空间只是放置商品，但从顾客角度来看，只放商品的空间会令他们购物时感到单调无味，从而失去继续浏览的兴趣。如果在商品空间中放置一些商品之外的装饰物，并且设计好空间，布置一个温馨、愉快的购物环境，使顾客可以在一种惬意、闲暇的心态下，在充满可随意浏览的气氛中“参观”，在单店的停留时间加长，会在一定程度上增加购买机会。

② 利用商品陈列烘托购物气氛。将单店内同类商品集中在一起，除了便于顾客选购外，还可以渲染各种购物气氛，吸引顾客到店中来。

③ 保持商品空间的有序性。单店在进行商品空间的设置时，有序是其最为基准的原则。井然有序、整齐清洁的单店往往更能吸引顾客，带给顾客一种安全的感觉，能促使他们长

时间地在店内挑选。

④ 提供丰富的商品。拥有丰富商品的单店，其商品空间的设置不能局限于橱窗、柜台等处，可以将商品直接展示在其他商品空间内。由于商品丰富，因而浏览商品也是一种享受，这样就可以吸引大量顾客。

2. 防止顾客流失

在防止顾客流失方面应做好以下两方面的工作。

（1）制造顾客购买氛围

一个单店若想吸引顾客进店，除了营造合适的商品空间之外，还要把握顾客的心态，在此基础上引导顾客，服务顾客，让顾客产生某些需求，然后再去满足这些需求。

① 制造热烈的现场气氛。作为加盟单店店长，要使店员有饱满的情绪，保持神采奕奕的工作状态，现场和谐的气氛是增加利润的有效办法。比如店员可以将商品整理，重新摆放整齐；或者将商品的位置重新排列，将一些好销售的商品摆放在最显眼的地方等。虽然这些都是微不足道的细节，但会使销售气氛大为改观，因为当顾客看到店员忙碌的身影时，对他也是一种气氛影响，也会引起他的购物兴趣。尤其是服务型单店，店内员工的精神状态、工作面貌会直接影响到顾客的心理，从而直接影响最终经营效果。

② 借助节日烘托气氛。不同的节日会给消费者带来不同的喜庆。单店可根据时令采取不同的方式，比如圣诞前夕在单店前摆放圣诞老人，入口处摆放圣诞树，树上挂满五彩缤纷的圣诞礼物。在这样浓烈的氛围中，顾客会受其感染，愉快地买下其原来未想购买的节日商品。

（2）和不同的顾客打交道

在经营过程中，针对不同顾客的不同表现，仔细观察顾客的举止，认真聆听顾客的评价，充分了解顾客的购买意向，适时地迎合顾客，对促成交易是十分重要的。

① 抓住有真正购买权的顾客。例如，当有几位顾客同时上门时，店员可能一时难以准确判断出谁具有购物的决定权，但可以根据顾客在购买过程中相互间的对话进行判断。进而采取重点突破战略，针对具有购买权的顾客进行说服。一些缺乏主见的顾客，其是否买下该商品通常是由其所带来的同伴来做决定，如果店员无法发现此点，此交易将无法完成。有些店员因无法判断谁是具有购买决定权的人，毫无目的地对其中少数顾客进行推销，而将另外一些顾客冷落在一边。若是这样，即使店员的购买意见再好，也难以达到预期的效果。可见，交易的成功，不只在于店内的直接说服，还在于对具有购买权的人的间接说服。

② 对待顾客要善始善终。维护顾客最重要的要素是提供满足顾客的服务质量。顾客通常是用第一印象来评价某个加盟单店。为了使顾客有良好的第一印象，无论顾客是真正购买了店内商品还是只在店内短暂停留没有购买，店员都要诚恳地接待顾客。不要仅在顾客进店购物时笑脸相迎，若顾客没有在店中消费，也不能对顾客冷眼相看，要做到对所有进入加盟单店中的顾客善始善终地提供同样热情周到的服务。

③ 培养新的固定顾客。即使成为固定顾客，也不能保证永远是固定顾客。随着经济的发展，生活水平的提高，顾客的生活环境发生了很大的变化。比如有的固定顾客由于搬迁等原因不再光临某个加盟店，特别是一些年轻人，喜欢变化，容易见异思迁，一旦有什么

方面没有使其满意，他便会马上换另一家自己所喜欢的加盟店。因此，必须随时准备培养一批新的固定顾客群，来防止本店老顾客的流失。

3. 合理处理顾客抱怨

合理处理顾客抱怨时应注意以下两个方面。

（1）分析顾客产生抱怨的原因

如何面对和处理顾客的抱怨，是每个加盟单店店长必须重视的问题。顾客对加盟店产生抱怨的原因很多，也许是由于商品质量、价格、服务等；也许是由于卖场设施、环境或安全等。其中商品、服务和环境是顾客产生抱怨的主要原因。

① 商品方面的原因。例如，商品型单店主要以零售商品为主，而大多数顾客对这些商品各方面的特点了如指掌。因此购买这些商品时产生抱怨的情况也最为常见。常见的原因有以下几种。

第一，价格偏高。以食品和日用品为主营商品的单店，若价格高于商圈内其他商品经营店，则容易引起顾客的抱怨。因为顾客对这类商品的价格比较敏感，对同类商品经营店价格的横向比较较为容易。

第二，品质不良。商品品质的好坏是顾客购买后或使用后才发现的。因此，这类抱怨属于顾客购买行为完成之后的"信息扭曲"，即消费者在使用商品的过程中发现商品不如意而迫使自己违心接受商品的过程。当"信息扭曲"达到一定程度，顾客就会产生不满或疑问，从而产生抱怨。

第三，标志不符。加盟店商品标志不符主要表现为说明书的内容与商品上的标志不一致；进口商品没有中文标志；标志没有生产厂家，没有生产日期；保质期模糊不清；已过保质期；生产厂地不一致；出厂日期超前；价格标签模糊不清等。

第四，商品缺货。有些热销商品或特价品卖完后，由于加盟店没有及时补货，使顾客空手而归；促销广告中的特价品，在货架上数量有限，或者根本买不到的这些问题，都是造成顾客抱怨的根本原因。

② 服务方面的问题。顾客对店员服务的抱怨主要是指服务态度不佳，例如，店员顾此失彼，忙于补货或其他事情，没有理会顾客的询问或回答敷衍、不耐烦、出言不逊等，都会引起顾客的抱怨。顾客服务是无形的，是有形的物质商品的延伸，并且是商品价值所必不可少的一部分。很多顾客产生抱怨都与加盟店服务有关，主要表现在：

第一，服务方式不当。表现为接待方式不当——接待慢，搞错了顺序。如后来的顾客已得到接待，而先来的顾客却没人招呼；缺乏语言技巧，如不会打招呼，也不懂得回话，说话没有礼貌，语气生硬等；不管顾客的需求与偏好，一味地对产品加以说明，从而引起顾客的厌烦；态度不当——只顾聊天，不理顾客，紧跟顾客像在监视，顾客不买时态度马上变得非常冷淡；销售方式不当——不耐烦地把展示中的商品拿给要求看的顾客，对商品的知识一无所知，无法回答顾客询问，对顾客挑选商品表现出不耐烦，甚至冷嘲热讽。

第二，店员不良行为。表现为店员对工作的抱怨；店员对顾客评头论足；店员形象欠佳，例如，夏天店员穿拖鞋，女店员穿奇装异服，浓妆艳抹；店员缺乏团队精神等。

③ 环境方面的因素。加盟店经营环境也是顾客产生抱怨的主要因素。光线柔和、格调

高雅、整洁宽松的环境常使顾客流连忘返。

（2）妥善处理顾客抱怨

在加盟店经营中，由于种种原因不可避免地会产生顾客不满意的情况。有的顾客会诉诸法律，但大多顾客则会采取一种消极行为——不再光顾这家加盟单店，并且将自己的抱怨传递给周围的人。如何有效处理顾客的抱怨，直接关系到加盟单店的业绩，也关系到整个特许加盟体系的生存与发展。

千万不要把顾客的抱怨看作在给自己找麻烦。相反，应主动聆听并收集顾客的抱怨，进行正确而理智的处理。优秀的店员应该能够正确而理智地处理顾客的抱怨，并能把顾客的抱怨变成满意。所以，店员应该首先了解顾客抱怨的原因，进而掌握处理顾客抱怨的要点和技巧。妥善处理顾客的抱怨，变不利为有利，需要掌握高超的技巧，并且抓住以下要点。

① 耐心聆听。应当承认，顾客在抱怨时不可避免地会夹杂个人感情色彩，在激动时还会有过分的言辞和举动，此时，若店员也以同样的不理智方式去回应顾客，只会使局面更糟糕。因此，遇到抱怨时首先需要的是理智的倾听。常有这样的情况，当顾客把心中的不满原原本本地向一个耐心的倾听者倾诉后，他们的不满已经化解了一半。加盟单店店长和店员冷静地听完对方的陈述，尽力去了解个中原委，这样做不但能够避免冲突，还为最终找到妥善的解决办法奠定了良好的基础。

② 语言婉转。耐心倾听顾客的抱怨很重要，而在倾听了顾客的抱怨以后，站在顾客的立场来思考问题，即支持顾客的观点，使顾客意识到加盟单店重视自己，也是非常重要的。因此，加盟单店要让顾客知道其将会全力以赴来解决问题。同时，对相关问题的询问，语言尽量要婉转，不要使顾客产生被审问、被怀疑的感觉。例如，“非常抱歉，我对事情的整个过程还不了解，您能简单讲一下吗？”这样的问话会缓解顾客紧张激动的情绪。

③ 诚心沟通。想要化解顾客的抱怨，还必须诚心诚意地与顾客沟通意见，不要怕麻烦和花时间。即使有些顾客可能会小题大做，这时也不要直白地说出他的错误，而应仔细、温和地向他们解释，让他们知道加盟店员工非常了解他们的感受，可以使用一些充满关切的语句，如“我可以理解你的不安”等。切记不可在解释或交谈中失去笑容或耐心，否则顾客的抱怨不仅不会化解，反而会加剧。

④ 真诚道歉。面对顾客的抱怨，加盟单店员工不应着急去查明责任在哪一方，而应本着“顾客永远是对的”的原则，为给顾客造成的不便真诚地向其道歉，并感谢他们发现了加盟单店经营中存在的问题。道歉时的态度一定要诚恳，因为顾客能清楚地辨别真伪，诚心的道歉可以使顾客消除抱怨。

⑤ 落实赔偿。不仅应当立即处理顾客抱怨或是解决顾客的问题，还应就此采取进一步的措施，告诉顾客加盟单店会对他们有特殊的补偿，不要把这些做法视为额外花销，而应视为对顾客的超值服务。

⑥ 恢复信赖。找出问题的症结，并按一定方式对顾客进行补偿，并不是处理顾客抱怨的最终目的。加盟单店最需要的是恢复顾客对其的信赖感。因为顾客的信赖感一旦失去就很难重新建立，加盟单店长期积累起来的成果可能毁于一旦。抱怨并不可怕，可怕的是对抱怨的逃避，因此顾客不抱怨时，应该有针对性地解决问题。如果逃避问题，只把目光集中于一时一处或者得过且过，则只会增加顾客的抱怨。

6.2.3 单店员工的管理与培训

1. 单店员工的招聘和培训

员工是加盟单店运转的根本因素，是加盟单店最重要的财产，是加盟单店持续经营与发展的基本保证。因此加盟单店的员工招聘、培训与管理工作是受许人在加盟创业中必不可少的重要一部分。

（1）拟订单店员工聘用标准

拟订员工聘用标准，应以《单店运营管理手册》为基本依据。对于大型规范的特许加盟企业来说，加盟店的每一个职位，都应在《单店员工手册》上有明确的说明。《单店员工手册》不仅列出了单一职位的职责，也说明了职责之间的关系。

（2）单店的员工培训

优秀的员工不只是招聘来的，更是培训出来的。使招聘来的新员工成为符合加盟单店要求的合格销售人员，这是加盟单店内部培训要解决的问题。加盟单店的员工培训工作，主要由特许加盟总部来承担，加盟商只要按特许加盟合同规定，将新招聘员工按时集合到指定地点即可。

（3）单店营业前的员工工作准备

不论是哪种类型的加盟单店，在开始营业之前，员工都要事先准备好当天售货所需的物品，为开门售货做好准备。营业前准备工作做得充分、细致，开门接待顾客和售货过程中就能从容不迫地接待好每一位顾客，提高工作效率，保证服务质量。

以某特许加盟超市单店对员工的工作要求为例。

① 营业前的工作准备。

参加早例会——店长向店内员工布置当天应完成的工作计划以及当天的工作重点，并做好全店和所辖营业区的卫生工作。

检查并备齐备足商品——员工在检查核对前一天商品销售的基础上，应根据自己经营商品的特点，备齐备足当天所需的商品，并认真检查商品有无残损变质等现象，避免出售后造成退货的麻烦。

整理陈列商品——商品陈列的目的是为了达到醒目、美观；对橱窗、柜台和货架上陈列的商品，员工在每天营业前都要整理一下，使其保证主题鲜明、重点突出、感染力强、宣传效果好。

检查商品价格标签——店内陈列的商品都要明码标价，这不仅有利于入店顾客的浏览、选购、对员工的询问；还可以帮助员工熟悉各种商品的价格，在营业中做到准而快的计算货款，避免报错价等事件的发生。

搞好商品的拆包、分装和配套——员工在出售商品时，为加快售货速度，减少顾客等候时间，在营业空闲时间，要对需要整理和分装的商品进行拆包、分类、挑选和整理等。

备好开票用具和零钱——要事先准备好开票用的工具：收银员要备好备足小面额的零钱，避免找不开钱现象的发生。找不到零钱、让顾客等候时间过长等情况发生，都容易引起顾客的不满。

事先准备好包装物料——商品的包装除了起到保护商品质量、保护商品使用价值和保护商品卫生作用外，还起着美化作用。因此员工在准备包装用的塑料袋、手提袋、包装纸时，要使它们整洁、整齐、不褶皱。

员工自身仪表检查——员工在做完营业所需的一切准备工作之后，要检查自己的仪表是否有不妥之处。若有不妥之处，要及时补救，给顾客留下一个好印象。

② 营业中的工作。

准备和接待工作——员工要以饱满的精神、端庄的仪表，随时准备接待顾客，要做到人在岗、心在岗、不办私事、不脱岗。

商品展示及介绍——员工要不失时机地向顾客展示并介绍商品，这时员工要特别注意顾客的表情，根据顾客的喜好，耐心地向顾客推荐介绍，引起顾客的兴趣，唤起顾客对这种商品的购买欲望和热情，使顾客对选中的商品感到满意。

拿取商品的注意事项——从货架或柜台拿取商品时动作应迅速、准确，摆放得当，保证向顾客展示商品的全貌，吸引顾客。相反的话，就会给顾客造成员工工作不熟练、不认真、不负责任的印象，进而使顾客怀疑商品的质量、品质与价格的可信度。

售货计价工作——所谓“售货计价”是指员工在售货过程中的计算过程。算账收款，是交易过程中的一个重要环节，应做到不漏算、不错算。

成交时的开票工作——顾客确认购买商品后，员工要及时地开出购物交款票。员工在开票时要再一次认真核对商品的价格是否正确，以免看错价格标签而开错票。员工在开票时，要按每栏内容的要求认真填写，把商品名称、产地、价格、质量、货号等认真地编写清楚，不能遗漏。

售货款的收取工作——员工售货过程中收款和找零钱也是一个重要环节，如果思想不集中，行动迟缓，动作不礼貌等也容易引起工作上的差错或顾客的不满。对员工收款找零工作的要求是准而快，忙而不乱。

包装商品工作——包装商品是一项要求较高、技术较强、标准严格的工作。员工除了掌握一般的包装技术外，还要根据商品的体积、重量、形状、用途的不同，合理地使用包装用品，以保证包装的牢固和美观。

③ 营业间隙的辅助工作。

整理和添加商品工作——员工要对营业过程中顾客挑选的商品进行整理、归类、放置。由于顾客的挑选，会使商品摆乱，员工要利用短暂的空闲时间，快速地把放乱的商品归类放置好。

基本功练习工作——员工可利用营业的空闲时间练习服务的基本功，如学习商品知识，熟记商品名称、价格，学习计算方法，熟悉商品陈列位置等。

货款及票据整理工作——员工可利用空闲时间整理清点货款或销货单，做好发票的汇总工作，清点货物并与销售票进行核对，避免错收款或错付货物。

进销手续和货款核对工作——员工要利用营业空闲时间进行核对进货与销售手续的练习，根据进货单据上的品名、数量、价格，核对销售所剩商品，计价是否正确，检查价格标签与售出商品是否相符，汇总销售数量，与销售货款核对，保证商品数量与货款收入无差错。

总之，员工利用营业空闲时间所做的辅助性工作，是为了更好、更快地为顾客服务，接待好每一位顾客是员工应尽的义务。因此，无论在什么情况下，员工都要把接待好顾客放在各项工作的首位。

（4）交接班工作

① 实行员工售货收款的交接班方法。员工在交接班时，应该对所经营的商品整理、清查、盘点，将销货款和销货票清查并核对，做到销货款、销货票相符，填写在交接单上。把整理清点清楚的商品数量、品名、价格等项目填写在交接单上，并把当班时发生的进货、验收、商品登记以及商品变价等情况记入交接单或交接手册上。

② 实行收款台收款的交接班方法。实行货款分开、集中收款的加盟单店，员工在接班时，只清点商品和发货票及预留发票就可以了。其基本程序和实行员工售货收款的交接班方法相同，只是少了销货款的交换。收银员在交接班时，要清点整理销货款，并与收款单核对正确。

（5）营业结束工作

① 商品的清点工作。员工要清点当日商品数量，计算销货款，并与收获单核对，检查有无差错。要认真核对所售商品与货款是否相符，核对所剩商品与售出商品的销货单是否相符，核对已售商品与收款单是否相符。

② 交款单的填写工作。营业结束后，员工要把当天所收的货款或收款单及货款核对无误后，连同填写好的交款单及时上交财务部门，结清当天的销售款。

③ 登记账簿及报表制作工作。员工把当天的所收货款上交后，还要把当天的进货、销货登入账簿，算出当日的库存，并填写各项营业报表。

④ 商品的增补工作。记账清查完商品后，如果发现某种商品已售完或数量较少，为减轻次日营业前的准备工作量，可适当增补一些商品。畅销商品如果库存无货，应及时向有关人员反映，及时进货，不得影响次日的营业。

⑤ 商品的整理摆放工作。营业结束后，员工除了做好清点、核对工作外。还要把营业过程中，由于顾客挑选商品时摆放错位或拿乱的商品摆放整齐。

⑥ 安全设施的检查工作。员工对所管理的发票、收款单据、个人名章、营业用章、账本等物品要妥善保管，确保安全，要注意熄灯、关掉电源、锁好门窗，保证安全，防患于未然。

⑦ 班后留言。交接班时，员工要把当班时的一些未了事项或价格、商品的变动等情况记录在留言簿上，告诉接班的同事。

⑧ 开好班后会。当员工把当天的工作全部结束后，店内负责人要召开单店会议归纳并写出当天的销售报表，总结当天营业情况，处理当天营业中出现的问题，布置次日的工作，通报顾客对员工的批评和表扬意见，并记入考核簿，作为评选先进员工的依据。

服务型单店在日常运营管理中更加注重“服务性”，坐店服务型单店比流动型单店需要多一些员工。此类单店对岗位人员的技术要求相对高些，在招募员工时更侧重技能性。

2. 单店员工的绩效考核

单店员工的绩效考核有助于单店店长清楚地掌握店内每一位员工的工作绩效。在建立员工绩效考核制度时，一般考虑以下因素：

（1）制定的标准要具有挑战性，且可以达成

具有挑战性的绩效标准，一方面可以配合营业竞赛激励员工达成；另一方面可以激发员工的潜力增加绩效。绩效标准必须是员工的能力所能达成的，因为达不成的标准除了没有意义外，还会削弱员工的士气，产生反效果。

（2）绩效标准的确定要“管理者”和“执行者”双方同意

绩效标准必须经过特许加盟总部及加盟单店店主的共同协商，没有经过双方同意的绩效标准会减低它的效果，因为由某受许人提议的绩效标准不一定能顾及特许加盟体系的整体需求，而由特许加盟总部提出的意见则容易忽略执行细节，造成实际实施的困难，所以一定要综合两方的意见，寻求兼顾双方的平衡点。

（3）标准具体化而且可以评估衡量

绩效标准必须能加以数量化，无法数量化的标准在审核时，会引起许多不必要的困扰及争端。如果衡量的标准是以个人意见或经验来衡量，结果一定会因为不容易计算而使员工产生不满或困扰的情绪。

（4）考核要有明确的期间限制

绩效标准应该附带明确的记录期限，以便评估审核。例如，以每个月的销售额作为绩效评估的标准，一方面可以对以前同时期的数字进行比较；另一方面也可以对未来的同期销售额进行预估调整。

（5）制定的标准可以调整

绩效标准必须能配合特许加盟企业进行适当的调整，例如，针对新产品拓展业务考核，原有的绩效标准必须能配合新产品的特性。

（6）考核结果简单易懂且便于计算

若牵扯到奖金，则必须有一个容易计算的公式，以减少因为计算困难所产生的纠纷。

（7）确定的绩效标准有助于持续性改善

必须要能对下一次的评估有对比的效果，这样才有意义。如果没有持续比较的功能，只能适用于专案类的特殊事件，并不适合一般的营运绩效标准。

总之，通过考核，可以掌握员工的劳动状态、工作效果、业务水平及管理水平，是控制员工素质水平及工作质量的重要手段，同时对员工的使用及培养提供依据；还可以调动员工的工作积极性、充分激发员工的工作潜力，提高加盟单店的服务质量。

任务 6.3　进行单店运营管理损益分析

特许加盟是一种获得与保持顾客的商业战略，也是一种营销体系和分销方法。特许加盟的力量来自于特许人和受许人在互有市场共享义务的情况下发挥团队的合作精神。而在特许加盟体系中，单店的获利模式和损益分析是最核心的问题，此项活动无论对特许人还是受许人来说都是一种创造性的活动，它关乎整个特许加盟体系的成败。只有当体系成长的速度比产品和服务的市场需求增长得更快时，才能达到体系的最佳发展状态。

6.3.1 单店运营成本的控制

1. 成本要素

单店运营管理成本一般应包括商品销售成本或原材料成本、店铺租金、人员成本（人员工资、劳保、福利、奖金、服装、员工餐等）、折旧费（装修、家具、设备）、经营费用（权益金、促销费）、水电费用、费用摊销（加盟金、注册费等）以及其他费用等。

2. 成本控制

在任何加盟单店的运营中，成本的控制在很大程度上决定了这个单店能否实现其经营目标。例如，某餐饮特许加盟单店的成本控制流程，如图 3.7 所示。

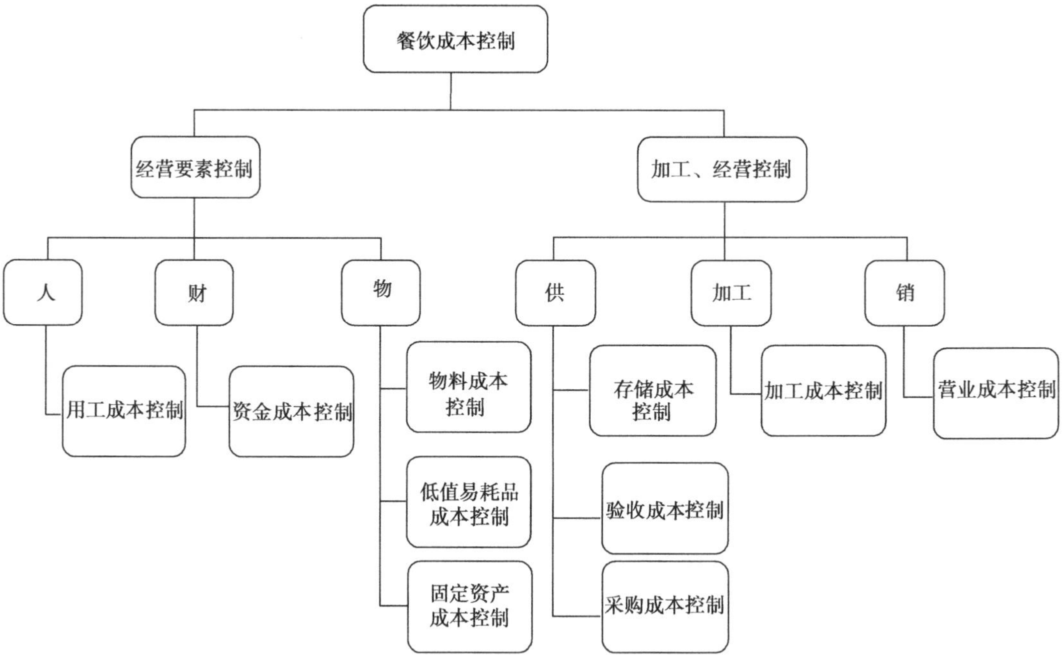

图 3.7 某餐饮特许加盟单店的成本控制流程图

（1）成本要素分析（见表 3.7）

表 3.7 餐厅成本要素分析

费用项目名称		比　重
食品成本	食品原材料	45%
	燃料费	1%
	物料用品	1%～3%
	低值易耗品摊销	5%

续表

费用项目名称		比　重
人工成本	工资（基本工资、奖金、津贴）	15%～25%
	福利	3.5%
	水电费	2%
	管理费	1%
其他支出费用		5%
合　计		78.5%～90.5%

（2）餐饮成本率的计算

① 成本率的作用。在成本控制方面有两项作用：一是方便对两期或两期以上的成本率进行比较，二是方便对两个或两个以上的加盟店进行比较。

② 餐饮成本率的主要计算公式：

总成本率＝总成本/总营业额×100%

食品成本率＝食品成本/食品销售额×100%

饮料成本率＝饮料成本/饮料销售额×100%

人工成本率＝人工成本/总营业额×100%

6.3.2 单店运营管理损益分析

在进行加盟单店的运营管理损益分析时，最常用的方法是损益表分析法。

以某餐饮特许加盟单店为例，它的损益表如表 3.8 所示。

表 3.8 某餐饮特许加盟单店的损益表

项 目 名 称	金额（元）	备　注
营业总收入		
食物销售量		
饮料销售量		
减：产品销售成本		
食品销售成本		
饮料销售成本		
其他收入		
总费用		
可控制费用		
薪资		
员工福利		
员工餐		
直接营业费用		
音乐及娱乐		

续表

项 目 名 称	金额（元）	备 注
广告及促销		
水电		
行政事务费用		
维修费用		
支付租金前的收入		
租金		
未提折旧前的收入		
折旧费用		
缴付利息前的利益		
利息费用		
税前利益		
税收		
营业净利润		

1. 损益表项目分析

损益表中各项目的含义及分析如下。

① 营业毛利，是从销售额里扣掉食物与饮料的成本之后的收入。

② 其他收入，指的是除餐厅收入之外，其余例如香烟或零售其他食品的收入。

③ 总收入＝营业毛利＋其他收入。

④ 可控制费用，指直接与餐厅运营的效益和管理有关的费用。

⑤ 薪资，包括所有员工薪资和计时员工薪资。

⑥ 员工福利，包括餐厅依照国家规定为餐厅服务的员工办理如医疗保险、社会养老保险等，并缴纳相应的费用。

⑦ 运营费用，是指直接提供给顾客的相关服务费用，如餐桌的装饰点缀和餐具等。

⑧ 音乐娱乐费用，因为餐厅提供音乐和娱乐项目，所以这两项费用应列入考虑中。

⑨ 能源费用，指运营所耗用的水、电及天然气等费用。

⑩ 行政事务费用，主要指办公文具用品、邮资和电话费等。

⑪ 维修费用，包括店内各种设施、电器的维修费用。

⑫ 税前利润＝全部收入－全部可控制费用。

⑬ 租金或运营成本，包括租房、房地产及各类保险费用。

⑭ 折旧前的利润，指将房租或营业成本从利润中扣除。

⑮ 净利润，指扣除营业所得税以后的所得。

2. 损益表的制作

根据项目数据制作的月损益表如表 3.9 所示。

表 3.9 某特许餐饮加盟单店运营管理损益表

项目	金额（元）
月营业总收入	90 000
月商品销售成本	45 000
月员工工资＋奖金＋福利	6 000
店铺月租金	6 000
月折旧费	1 500
经营费用	1 000
开店费用摊销（三年）	500
办公及其他费用	2 000
水电费	1 000
月营运成本总计	63 000
月毛利	27 000
月所得税（假定＝月毛利×10%）	2 700
月纯利	24 300

实务借鉴

案例一 赛百味的发展代理

赛百味（Subway）是快餐业中的国际知名品牌，它在全球约有 22 000 家餐馆，将近 16 000 家开设在美国，这使它成为了美国同行业中规模最大的企业。它在加拿大和澳大利亚等都享有绝对的市场优势。从世界范围内的单店数目上看，赛百味仅次于麦当劳。然而，使得赛百味与众不同的是，它的所有单店中只有一家是直营店，其余都是加盟店。现在，赛百味的加盟商中，有的只开设一家餐馆，有的则开店过百。单店数量是衡量一个特许经营体系规模大小的基本指标。赛百味能达到如此之大的规模并保持有序的运营，得益于其高效的扩展策略和完善的监督管理体制。

赛百味的创新之处在于引入了发展代理。一位发展代理必须首先是受许人，这一点与区域主加盟商是类似的，但是发展代理不与区内其他受许人发生特许契约关系，只是负责开发区域市场，督导区内众多受许人，从这一工作特点上看，它更像是区域总监，不同之处在于，发展代理不是特许人公司职员，他和特许人之间并不存在行政隶属关系，赛百味的发展代理如图 3.8 所示。

在赛百味的特许加盟体系中，特许加盟总部下设区域总部，分管世界范围内的各个地区，汇总信息，统筹安排。各大区又被划分成为若干个小一级别的区域，每个区域配有一名发展代理，具体负责区域市场开发和对区内各受许人的监督管理。现在全世界已有大约 200 个赛百味发展代理。在这个体系中，特许人不会直接监管受许人，而是通过区域总部、发展代理逐层监控。发展代理有一定的决策权，在其区域内可以直接处理许多针对受许人的管理事务，只有在遇到重大事项时，才向上一级汇报。这样一来，特许加盟总部不必亲历亲为，亦可掌控全局、运筹帷幄。这种设计既强化了特许加盟总部对整个体系的遥控，又细化了日常督导事务上的区域分工，运用到赛百味这样的大型特许经营网络中是非常奏效的。

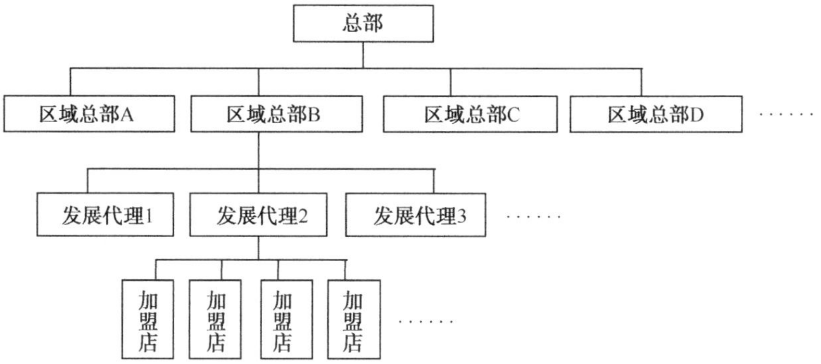

图 3.8　赛百味的发展代理图

一个受许人要成为赛百味的发展代理，首先必须经营加盟店半年以上，在这 6 个月的考察期间，他的加盟店运营必须完全符合特许加盟总部的各项条件。这就意味着每个月特许加盟总部都会派代表到单店中去视察，确保其卫生状况和运营情况都符合规章标准。当运营情况通过审核以后，该受许人就要做出一份商业企划并把它呈交给特许加盟总部。计划内容包括：其所在区域内的赛百味单店数量不得少于区内最大竞争对手的店铺数量。赛百味对发展代理的选择和确定常常要经历一个较长的过程，而且发展代理必须参加设在赛百味特许加盟总部的相关培训。以北京区赛百味发展代理白氏夫妇为例，当他们申请做北京地区发展代理的时候，北京已有 50 家麦当劳，所以他们当初的发展代理合同要求他在 7 年内开设 51 家赛百味，经过论述认为有利可赚，签下合同至今发展态势良好。

赛百味受许人是由特许加盟总部统一筛选的。有意加盟的人首先要填写一份申请表，位于美国康涅狄格州的赛百味特许加盟总部将会对该申请做出审批，然后向各个“准受许人”提供公告。赛百味的公告文件是一份繁长厚重的文本，尽可能显示关于赛百味的一切信息。准受许人收到这份文件后必须签收以显示他们已经获悉，在签收后至少 10 个工作日后，他们才能正式加盟，目的是为了确保准受许人有充足的时间阅读理解这份文件。同时赛百味建议准受许人向律师和会计师咨询，以便更好地理解文件内容。这些做法可以有效地防范日后法律纠纷。10 个工作日过去以后，准受许人就可以正式加盟并支付加盟金了。赛百味中国区的加盟金是 1 万美元，可以用美金或人民币支付，该特许加盟合同持续 20 年。缴纳加盟金以后，受许人还未真正具有开店的资格，他们要参加为期两周的培训课程。赛百味在全世界有 5 个培训中心，其中一个就在北京，在那里以普通话授课。受许人必须通过课程考核，否则不能开店。

开店的首要工作是寻找店址。合同中明确指出寻找店址是受许人的义务。然而，发展代理常常会在这一环节中给予协助。在北京的 17 家赛百味餐馆中，大约一半是由发展代理进行选址的，另一半则是由受许人自己寻找地址的。

一旦找到了合适的店面，发展代理会收到店面计划书，并把它传真到特许加盟总部，由特许加盟总部将相关资料输入计算机并规划整个餐馆的布局，目的是要让店面得到有效使用。餐厅的具体格局，包括库房、前台以及就餐座椅的位置都会显示在设计图上。一旦初步的规划被通过，就需要有一份更为详细的蓝图。与此同时，一份租赁合约的复印件会被寄到特许加盟总部接受审批。租约获得批准，而且店面详细蓝图也被设计出来以后，下一步是由受许人订购餐馆设备。现在赛百味在北京的加盟店的设备购进都实现了本土化。

开店后，发展代理仍会持续地监督受许人，每月都对销售量利润率及卫生情况进行监控。每隔两三个月，发展代理都会召开受许人大会，讨论店长们认为值得注意的事项，会议的焦点涉及方方面面，包括定价问题、菜单名目、供应项目等。在各区域内，品牌推广与原料采购等是统一进行的，这不仅有利于保证品牌质量，也是对各加盟店顺利运营的强有力的支持。这些工作都是在特许加盟总部的督导下进行的。

发展代理的另一项职责是领导当地加盟商建立营销委员会，并对全过程进行监督。在北京的 17 家赛百味中，发展代理选出了一个由 5 名成员组成的加盟店广告基金委员会。该委员会也是独立于特许加盟总部的。每个赛百味受许人不但要向特许加盟总部支付费率为 8%的特许权使用费，而且要按 3.5%的费率支付广告基金。该基金存入当地银行，由 FAF 委员会投票决定如何使用，力求在区内有效地推广赛百味这一品牌。每年，北京所有的受许人都会聚集到一起，选举产生新的 FAF 委员会。

原料采购的工作同样是由一些与特许加盟总部相独立的机构来完成的。在全球多个地方都有赛百味的独立采购合作社，这些采购社属受许人所有。最近亚洲区的采购社也开始在区域范围内搜购食品和纸制品，尽可能以最低价完成购买。可以说，广告基金委员会和独立采购合作社运作当中的规模效应是单店独立操作所无法达到的。帮助受许人实现成本最小化，既是对他们的支持，也是控制，因为这样统一了广告、品牌形象和货源，同时，对这些服务的依赖增大了加盟商脱离体系的成本。

案例二　肯德基餐厅的开店管理

在肯德基，餐厅的开店是指准备营业产品、清洁，为顾客做准备的那段时间。

作为餐厅经理，开店时的主要工作目的如下：第一，确保餐厅及工作人员安全；第二，准备适量并符合高质量标准的产品；第三，启动可维持适量的产品生产量的设备，并完成必需的清洁；第四，准时开店。

1. 开店的责任

开店有很多事情要做，作为肯德基的餐厅经理，要规划、组织、检查许多不同的事情，其中包括人员、产品、设施和服务。

① 人员。在开店过程中，要对服务员的安全和保全工作负责。并需要让服务员们知道，你希望他们做什么，然后让他们对自己的工作负起责任。经理的工作就是安排好人员，督导他们，使餐厅准备好正点开门。

② 产品。单店店长必须保证全部产品都严格按肯德基的标准预备。这表明单店店长不仅要按正确的程序指导单店的员工，而且要让他们知道做多少。单店的第一批顾客应该享受到热的、新鲜的、进门便可以享受的美味食品。

③ 设施。店长要保证单店的餐厅干净，并维护好，设备运转正常。这包括从清洁的厨房地面，卫生间的洗手液到确保垃圾箱都装好垃圾袋这样的每一件事，及时的巡视可以使店长对餐厅的状况有新的了解。

④ 服务。店长的工作是保证每个人在各自的岗位上齐心协力地工作，从而使每个顾客得到100%的满意。单店的第一批顾客需要得到与其他任何阶段顾客同样的服务水平。

2. 开店经理的工作

① 巡视餐厅，确认餐厅的安全。

② 看留言本。

③ 依据标志，开启适当的灯光。

④ 为服务员安排工作。

⑤ 贴出产品生产管理控制表及损耗表。

⑥ 在冷热井中放入温度计，9:00 以后测温。

⑦ 清点金库安排存款。

⑧ 早班盘点注意与晚班盘点的差异，并留意保质期，先进先出并查看货物汇总表，了解物料使用状况。

⑨ 检查开店状况，保证开店程序正确，做出当日值班计划。

⑩ 检查收银机确实归零，替服务员开机。

⑪ 开店前 5 分钟进行全店检查，确定一切状况符合开业标准。

⑫ 打开室内照明灯、空调、餐牌灯及霓虹灯等其他正式营业时应开启的灯光。

⑬ 准时开门营业。

试分析：

（1）赛百味和肯德基成功的共同之处是什么？

（2）上述两个案例中，两家企业的管理特点各有哪些可借鉴之处？

模块小结

本模块着重介绍了特许加盟总部在整个特许加盟体系中的重要位置、作用以及特许加盟单店的相关静态及动态运营情况。首先，根据特许加盟总部的管理运营流程，对特许加盟总部的运营成本进行了详细分析，具体介绍了加盟金、权益金、保证金设计的原则、根据及设计方法，以此对特许加盟总部的年度总运营收入计划进行实际估算。其次，以特许超市加盟单店为实例，阐述了特许加盟单店的运营管理流程；介绍了单店在进行顾客关系维护管理时所应掌握的方法和技巧；分析了单店在选址时应遵循的原则及选址步骤以及单店管理中的损益分析问题。

本模块的重点首先是理解特许加盟总部和加盟单店的关系，掌握总部运营管理成本的测算，对加盟金、权益金、保证金有清晰的认识；其次是对特许加盟体系中的单店运营管理尤其是对于单店的人员招聘和培训工作有比较全面的把握和了解。本模块的难点在于如何对加盟单店进行损益性财务分析，如何通过单店的各种费用数据估算单店的总营业收入。本模块试图通过学习使学生和广大读者对于加盟单店的运营管理损益分析有清晰的思路和比较科学的方法。

能力自测

1．特许加盟总部如何设计加盟金？受许人如何判断加盟金是否合理？请举例说明。
2．特许加盟总部的授权流程是怎样的？
3．在特许经营体系中，“督导”人员可有可无吗？
4．有的特许人收取零加盟金和权益金，是否合理？
5．特许企业加盟经营期限怎样设置才合理？有何根据？
6．商品分销型单店有何特点？
7．服务型单店有何特点？
8．加盟商品分销型特许加盟体系和服务型特许加盟体系，对加盟商的要求有何区别？
9．单店的选址重要吗？为什么？如何进行单店选址？
10．单店的运营管理损益分析主要包括哪些内容？

模拟实训

1．对应批发型单店、零售型单店、坐店服务型单店和流动服务型单店，各举出两个实例。
2．考察并搜集某一加盟单店3个月的营业数据，对该店进行运营管理损益分析。
3．查找3个以上特许经营企业的收费标准，讨论其中的合理与不合理成分。

模块四

特许加盟体系的推广

【学习目标】

通过学习，学生应该能够在特许加盟推广和招募的职业情境中：了解特许加盟体系推广的重要意义，掌握特许加盟招募文件的制作规范和推广招募方案设计的要点。通过实务练习与操作，实现特许加盟体系推广所要求的能力目标。

【核心能力】

根据掌握的特许加盟体系推广策略，达到能够利用各类渠道完成推广任务并独立完成撰写招募文件与方案的能力。

【模块导引】

在构建了特许加盟总部和单店运营模式、掌握了特许加盟总部与单店运营管理流程之后，如何将这一成果进行巩固和推广就成为下一步业务活动的主要任务。为了使该业务活动具有明确的方向性和目的性，首先应该组织参与特许加盟推广项目的人员进行相关理论和操作规程的学习活动；其次确定拟实现的能力目标，包括进行特许加盟发展和推广的规划，按照逻辑顺序梳理招募文件的写作框架并制作招募文件，运用各种媒体、展会、因特网、店面等渠道进行特许加盟的推广和招募，根据特许企业特点设计推广招募方案并写出设计报告，等等。因此，现在面临的第四个职业活动就是如何进行特许加盟体系的推广。

项目 7 特许加盟体系推广规划与渠道策略

任务 7.1 制定特许加盟体系推广规划

特许加盟体系的推广，是指特许加盟总部为实现其特许加盟企业的总体战略发展目标，依据特许加盟总部年度经营计划，在特定的市场区域和特定的时间期限内招募一定数量的加盟商并开设一定数量的加盟店而组织和开展的一系列活动。

7.1.1 特许加盟体系推广的步骤

特许加盟体系推广一般由两大阶段组成：准备阶段和实施阶段。准备阶段包括：建立推广活动组织→建立样板店→设定加盟条件→准备加盟商招募文件。实施阶段包括：招募信息发布及咨询→遴选加盟商→签订特许经营合同→培训加盟商→加盟店开业。

在进行特许加盟推广前，首先要明确特许加盟推广战略目标，即在一定的时期内（通常是 3～5 年）特许加盟体系所需达到的店数规模、营业收入和市场份额等目标，其次是要制定特许加盟推广规划，第三要进行好市场选择。

1. 特许加盟体系推广的战略目标

特许加盟推广战略目标的制定，第一，要基于特许加盟企业的整体战略目标来进行考虑；第二，要根据市场竞争的状况来考虑，发展战略目标的设定，决定了发展速度的快慢。在有的行业，为了竞争的需要，必须在尽可能短的时间内建立起网站，快速占领市场；第三，特许加盟发展战略目标的制定还需要结合特许加盟企业自身实力、控制能力等因素。有不少特许加盟企业，发展速度非常之快，但是却无法对庞大的特许加盟体系进行支持和管理，最后“来也匆匆、去也匆匆”，很快被竞争对手击垮。

2. 特许加盟体系推广规划的制定

特许加盟体系推广规划的重点，是需要考虑特许加盟体系资源配置和运营效率。特许加盟的成功，需要总部建立强大的支持和管理系统，包括物流配送、培训督导等方面。特许加盟的市场区域过于广阔，而物流配送等支持系统跟不上来，那么特许加盟店很容易遭受失败。所以很多成功的特许加盟企业采取在区域市场集中开店的策略以获得资源配置和运营效率方面的优势。

集中开店就是在某个重点区域内以密集开店的方式，迅速达到规模效益的目的。在一个区域内开店越多，分摊到每一家分店的宣传费用越低，这将有效地节省总部的宣传费用，提高宣传效果，更利于提高企业形象上的相乘效果。

在同一地区开设十几家甚至上百家加盟店，会很容易树立总部及其品牌的形象，提高知名度，提高总部对加盟店的服务质量。如果各个加盟店之间距离太远，督导人员花在路上的时间则较长，会降低到各店的巡视频率，对加盟店的服务质量也会随之降低。

集中开店还能提高总部的配送效益。便利店的营业面积通常有限，必须零库存经营，因此要求总部配送中心采取多种类、小数量、多批量的配送方式，在同一地区内加盟店越多，分摊到加盟店的运输费用就越低。

3. 特许加盟体系推广的市场选择

并非所有的市场都适合特许加盟企业进入。在考虑特许加盟发展时，需要考虑市场需求和市场成熟程度、市场竞争状况以及相关资源配置与运营效率等情况，并在此基础上进行市场选择。

所谓市场需求，就是特许加盟企业在选择市场时，首先需要考虑准备进入的市场是否有这方面的消费需求以及消费能力。肯德基和麦当劳在开始进入中国时，主要是在大城市开店，考虑的就是市场对西式快餐的接受程度和消费能力，如果一下子就发展到二三线城市，那么很容易遭受失败。

所谓市场成熟程度，就是特许加盟发展要考虑到，有的特许加盟企业可能适合市场发展的早期进入，有的可能适合市场发展到一定程度后进入，如果这样就会省去市场培育的过程。

竞争状况也是进行市场选择需要考虑的重要因素。选择不同的市场，意味着选择了不同的竞争对手，如果自身不具备竞争的优势，那么进入这个市场以后，很可能会失败而归。比如，同样是经营西式快餐的德克士，早在1996—1998年间，曾一腔热血与麦当劳、肯德基在一线城市进行正面对抗，短短两年间就在13个大城市建立了54家直营店。但由于品牌影响力太小，运营成本居高不下，德克士持续亏损。在这种情况下德克士不得不忍痛关闭北京、上海、广州等地区分店。随后德克士吸取教训，采取“农村包围城市”的战略，面向麦当劳、肯德基无暇顾及的国内二三线城市进军，从而获得了成功。

7.1.2 特许加盟体系推广的准备

1. 建立推广组织

推广组织可以是特许加盟总部的一个部门或者是一个项目小组，其主要任务是进行该企业的特许加盟推广活动。它包括招募加盟商及帮助加盟商进行选址等开业前准备。

2. 建立样板店

如果特许加盟企业想通过特许加盟的方式扩大企业规模，建设一个成功的样板店是至关重要的。样板店是特许加盟总部为推广特许加盟体系而建立的特许加盟直营店。样板店在特许加盟体系推广中有两个重要作用：示范作用，为加盟单店的运营管理提供样板；为加盟商提供培训场所。（详见任务4.3 建立样板店）

3. 准备加盟商招募文件

（1）特许人基本信息披露文件，主要包括以下内容。

① 特许人的名称、住所、法定代表人、注册资本额、经营范围以及从事特许经营活动的基本情况。

② 特许人的注册商标、企业标志、专利、专有技术和经营模式的基本情况。

③ 特许经营费用的种类、金额和支付方式（包括是否收取保证金以及保证金的返还条件和返还方式）。

④ 向被特许人提供产品、服务、设备的价格和条件。

⑤ 为被特许人持续提供经营指导、技术支持、业务培训等服务的具体内容、提供方式和实施计划。

⑥ 对被特许人的经营活动进行指导、监督的具体办法。

⑦ 特许经营网点投资预算。

⑧ 在中国境内现有的被特许人的数量、分布地域以及经营状况评估。

⑨ 最近2年的经会计师事务所审计的财务会计报告摘要和审计报告摘要。

⑩ 最近5年内与特许经营相关的诉讼和仲裁情况。

另外，特许人及其法定代表人是否有重大违法经营记录以及国务院商务主管部门规定的其他信息。

（2）广告类文件

广告类文件主要包括宣传册及新闻通稿，其中常见的是《加盟商指南》手册。

（3）特许加盟授权类文件

特许加盟授权类文件主要包括特许加盟合同、单店手册、供货手册、设备或设施租赁手册、其他特许加盟合同附件、特许加盟授权书。

任务 7.2　制定特许加盟体系推广的渠道策略

特许加盟企业应根据特许加盟推广战略，充分利用各种渠道和机会进行特许加盟推广，以吸引尽可能多的潜在加盟商。特许加盟推广的渠道和方式有很多，例如：在相关报纸、杂志、电视等媒体上投放广告；参加特许加盟展会或相关行业展会、专业展会；召开加盟说明会，发布特许加盟招商信息； 建立特许加盟项目网站，并通过因特网发布、传播加盟信息；委托咨询顾问机构、行业协会、代理机构等第三方进行代理招商；通过邮件形式进行特许加盟推广；鼓励特许加盟企业内部员工加盟创业；利用直营店和加盟店店面进行推广，等等。

7.2.1　利用媒体进行推广

媒体广告是特许加盟推广的常见方式。虽然如此，但如果没有很好的媒体广告选择、评估和策划，很可能事倍功半。

1. 了解各类广告媒体特性

进行广告媒体选择时，首先需要了解不同媒体类型的特征。通过了解不同类型媒体的特性，特许加盟总部就可以找到适合自己进行特许加盟推广的媒体类型。按照载体的不同，广告媒体可以分为平面媒体、电视媒体、广播媒体、户外媒体、新媒体（网络媒体）等。表 4.1 所示为几种主要广告媒体的特性，可以作为选择媒体广告时的借鉴。

表 4.1　几种主要广告媒体的特性

媒　体	优　势	局　限
报纸	时效性、灵活性强，当地市场覆盖面大，可信度高	保存时间短、复制质量差、读者传阅率低
电视	综合视觉和听觉符号、感官吸引力强、受众注意力高度集中、传播面广、受众人数多	绝对成本高、广告拥挤、展露时间短、受众选择余地小
广播	成本低、受众总量大	只有声音效果、比电视注意程度低、展露时间短、受众选择余地小
杂志	地理和人口选择性强、可靠、声誉好、保存时间长、复制质量高、读者传阅率高	广告版面购买前置时间长、时效性差、刊登位置不保证
直接邮寄	受众有高度可选择性、灵活性、信息传播高度个人化、同一媒体内无广告竞争	成本较高、邮寄广告过于容易引起受众反感、获得邮寄名单比较困难
户外广告	展露时间长、成本低、竞争强度低	受众可选择性差、广告创造性受到限制

2. 进行广告媒体综合评估

在对具体的媒体进行评估时，一般有以下几个重要指标。

（1）发行量

媒体的发行量主要对大众媒体而言，是衡量媒体的规模和影响面大小的一个重要尺度。对于报刊媒体来说，发行量指的是每星期发行（包括零售和订阅）的总分数；对于电视和广播媒体来说，发行量指的是收看或收听的受众总量。

（2）媒体受众

媒体受众指接受某种媒体，并且通过这种媒体获取信息的人，包括直接接触者和通过传阅接触者。

（3）有效受众

所谓有效受众，是指接触媒体的并具有广告诉求对象特点的受众。在评估特许加盟推广招商的媒体选择时，媒体的有效受众就是有可能成为受许人的潜在加盟商，这是媒体选择评估时的一个非常关键的因素。有不少特许加盟企业在选择媒体的时候，只考虑媒体的知名度和发行量，却忽略了分析该媒体到底有多少有效受众，因此经常出现花了不少钱，却没有起到好的推广招商效果的情况。

（4）千人成本

千人成本是指某一媒体发布的广告接触 1 000 个受众所需要的费用，一般的计算公式是广告费用除以媒介的受众总量再除以 1 000，这个尺度可以明确地显示出在某一媒介发布广告的直接效益，因此常常作为评估媒介的重要量化标准。为了获得最低成本、最大效益，一般选择千人成本最低的媒体。

3. 发布广告的有效频度

关于广告发布的有效频度，人们普遍相信“广告需要不断强化才能防止受众忘却”的观点，特别是 Krugman 博士的“三次理论”更受追捧。他的核心观点是消费者第一次看广告时知道是什么商品，第二次看广告时则了解商品的特征，第三次接触时对于商品是否符合自己的需求就可以明确了解，以后再看多少次，效果都是一样的。诚然，广告发布的频度，是影响广告效果的一个极其重要的因素。但是有效频度还与项目情况、市场状况、媒体选择、广告创意等多种因素相关（见表 4.2）。因此，在考虑广告发布时，还需要综合考虑这些因素，以获得最佳的推广效果。

表 4.2 影响广告发布的最低有效频度的变数

商品或项目	新产品或新项目	新产品和新项目过去没有广告积累，因此最低有效频度的值会高于已有广告铺垫的产品
	复杂性	复杂的产品和项目需要较多的说明，因此最低有效频度的值高于简单的产品和项目
	市场占有率	市场占有率越高的产品和项目，有效频度的值越低
市场状况	市场区隔	市场细分越准确、策略越正确，广告需要的最低有效频度的值越低
	细分指标	心理细分的市场细分标准可以降低最低有效频度的值
	竞争状况	消费者的品牌忠诚程度越低，需要的最低有效频度的值越高；消费者群体平均年龄越低，需要的最低有效频度的值越低；竞争品牌广告活跃时，需要的最低有效频度值越低
广告媒体	内容	广告内容越有吸引力，需要的最低有效频度值越低
	单位	广告版面越小、时间越短、时效性越差，最低有效频度的值越高
	受众的媒体关注满意度	受众的媒体注意度越高，最低有效频度的值越低
	媒介组合	媒介组合越合理，最低有效频度的值越低

7.2.2 利用展会进行推广

专业展会的意向加盟者相对集中，能够有效展示特许加盟企业和其项目形象，方便与潜在加盟者现场进行沟通，是特许加盟推广招商的常用方式。但是，并不是参展就一定能够获得良好的推广效果，任何一次参展，都需要审慎的评估和精心的策划，才可能达到预期的目标。

1. 参展者的自行评估

特许加盟企业在确定是否适合采取展会的形式进行特许加盟推广时，通常需要从以下三个方面对自身情况进行评估。

① 特许加盟项目的定位。譬如一个关于农村养殖的项目或者小型农资产品特许加盟的项目，其招商对象一般是农村养殖户或个体经营户，那么可能就不太适合通过在城市举办展会进行推广招商。

② 特许加盟项目推广阶段和计划。例如在特许加盟导入期，特许加盟模式还不成熟，所发展的加盟店也有一定的尝试性，这个时候一般不适合通过展会进行大规模招商。

③ 结合特许加盟推广的目标市场，来考虑参加哪些区域的展会。例如计划启动华北市场，最好考虑参加华北市场的展会，而不是去参加华东的展会。

2. 展会的选择评估

因为参加一个展览需要投入大量的人力和财力，并不是所有的展会都适合特许加盟企业参加，因此在参展前，要对展会的情况进行较为全面的评估，以获得良好的效果。一个错误的参展选择，对企业来说是一个巨大的浪费。

（1）展会的主题定位

适合特许加盟招商的展会大致可以分为特许展会、创业投资展会、行业展会三种类型。特许展会的参展观众意向相对明确，专业素质相对较高，是特许加盟推广主要选择的展会类型；创业投资展会也可以考虑参加，但是因为涉及面比较广，参展观众也相对分散；行业展会的好处是不仅可以吸引对本行业具有一定经验的人员或机构加盟，还可以在参展的同时与行业的上下游企业进行沟通。

（2）展会的影响力度

现在的展会越来越多，展会的品牌化程度也越来越高。毫无疑问，展会品牌影响力越强，展会招商效果越好。评估展会影响力，除了明确展会的主题定位，还需要了解展会的主办方和承办方、展会的规模、展会地点、展会举办过多少届以及往届展览的情况、展会召开前针对目标观众投放的广告情况等。

（3）展会的管理与配套服务

一个好的展会，在展会的管理、服务上都具有很高的专业性，这一点在与展览的组织机构进行联系沟通时以及从他们提供的参展说明书或参展手册中就可以看出来。专业的招商展会往往还提供场地服务，如果想强化展会推广招商效果，这是一个很好的选择。

（4）参展方式及费用情况

不同的展会的参展费用由于定位、规模以及地点的选择不同而有所不同。了解参展的费用情况，有利于对参展的投入产出进行量化的预测分析。

3. 选择好参展展位

不同的展位可能带来不同的效果。一般可以根据组织方提供的信息来选择大小合适的展台。展位选择除大小外，还要考虑其他一些关键因素。例如：

（1）展位

最好的展位一般是展厅入口的第一个（或第一排）展位，其次是沿着主通道两侧的展位，再有就是端头展位。所谓端头展位就是在比较大型的展会中展位可能分成很多排，每一排两端的展位就是端头展位，它们就像超市端头货架的位置，能吸引更多的注意力。

（2）借势

借势，是指借助外界的力量来达到推广自己品牌的目的。例如，选择紧挨着某一个知名品牌的展位，这个大名鼎鼎的“邻居”可能会给你带来很高的人气。

4. 做好参展前的准备

（1）准备好宣传材料

既然是为了招商而参展，参展前就需要准备足够的宣传资料和相关的沟通工具，如宣传册、招商手册、观众登记表、加盟申请表、名片及相关的项目资料。

（2）做好展台的布置

一个漂亮的展台比一个空荡的白色台板更吸引人。很多情况下，展台设计和布置可以交给专业的设计公司做，但即便如此，参展企业也需要对整个设计和布置进行把关。展台的设计需要考虑一些基本的环境因素，包括人流情况、展厅高度、走道地板颜色、走道的宽度及有关展台设计和布置的其他要求或限制。另外，展台的设计与布置还需要考虑一些细节，如灯光、文字、展示台的摆放布局等。展台的设计与布置应突出重点，将需要重点突出的商品或物品展示在展台中最醒目的地方。

（3）做好展前的培训

据调查，国内的参展企业有 90%以上缺乏对展览现场工作人员的展前培训。在展会上现场人员的不佳表现将给企业带来负面的影响，而这些不佳的表现实际上通过展前的培训就可以避免。展前培训包括基本礼仪与着装要求、特许加盟基础知识、项目介绍以及加盟政策、现场沟通技巧、常见加盟问答和展会现场特殊情况处理等内容。

（4）参展前的预热工作

和零售卖场一样，氛围营造对展览的效果有比较大的影响。因此，在展览之前，可以为展览做一些铺垫性的预热工作，如邀请意向加盟商来展览现场进行观摩，进而咨询，将参展计划告知那些可能对自己的特许加盟项目感兴趣的人，通过相关媒体发布特许加盟招商计划等。

5. 展会现场的管理与沟通

（1）展会现场的组织管理

成功的展会活动需要良好的组织管理，需要对展会现场的工作进行分工协作。一般来说，一个展台需要有推广人员、展示人员、展台经理几个不同的分工。展台经理是展台现场的负责人，负责展台现场内外的一切组织工作；推广招商人员负责吸引观众并向观众推介特许加盟项目；有的项目可能需要专人（演示人员）向观众演示。

（2）展会现场的沟通技巧

展会开始前，需要做好各项准备工作，比如产品的展示陈列、加盟宣传材料的发放等。在展会现场，推广人员应主动跟观众交流，简练、概括地介绍项目的特点。如果对方表现出想进一步了解的意向，可以邀请其坐下来详谈。在了解到对方的背景和需求，并介绍项目各方面情况后，最好是能对沟通的关键要点做一个总结，并填写沟通情况的记录表，给对方提供相应的加盟项目资料以便对方进一步了解，也可以预约对方在展会后的某一天进一步面谈。每谈完一个，便对沟通的过程做一个回顾的评价，看看哪些环节需要改进。在每一天展会结束后，全体工作人员也需要对当天的情况进行总结评价，一起探讨更好的方法和技巧。

（3）提高展会招商效果的方法

如加盟商现身说法、现场签订意向协议、举办加盟说明会等都能在一定程度上提高展会的招商效果。

6. 展会的善后工作处理

（1）对意向加盟者的追踪

展会结束后一周内，应与意向加盟者取得联系，并向他们提供进一步的资料信息，或者邀请对方到总部或样板店来进行参观以及进一步的沟通，其后进入正常的加盟资格审查、谈判的程序，直至签约的程序。

（2）对展会效果的评估

展会结束一周之内，有必要对展会的整体情况进行评价。包括对展会的投入与收效情况、参展的技巧等进行总结，这样的总结将是下次参展获得更大成功的基础。

7.2.3 利用网络进行推广

1. 利用互联网推广

根据中国互联网信息中心的统计，截至 2012 年 12 月月底，我国网民规模达 5.64 亿，互联网普及率为 42.1%；截至 2012 年 12 月月底，我国手机网民规模为 4.20 亿，网民中使用手机上网的用户占比由上年底的 69.3%提升至 74.5%。由于互联网具有便利、高效、无时空限制、低传播成本等特点，互联网已成为特许加盟企业塑造和传播特许加盟品牌以及加盟商招募的重要渠道。目前中国数千个特许加盟体系中，绝大多数特许加盟总部都在互联网上建立了自己的站点，“上网找投资项目”不仅仅是一种时尚，也已成为一种实实在在的信息获取方式。

2. 网络推广方法和策略

（1）特许加盟网络建设

作为外界了解特许加盟体系的窗口，建立特许加盟企业网站十分有必要，目前全国近 3 000 个特许加盟企业的总部几乎都建立了自己的网站。网站建设是通过因特网进行特许加盟推广的一项基础性的工作。特许加盟企业网站的建设特别需要注重网页的设计和内容的规划。特别是网站首页的设计，如同店面的门面，既要美观有亲和力，又要方便访问者查找相关内容。一个好的网站，常常是图文并茂、设计精美、引人入胜的。通过网站，能了解特许加盟企业或特许经营项目的相关信息，获得对特许加盟品牌的体验。

（2）搜索引擎排名

随着因特网技术的发展，谷歌、百度等搜索引擎，是在因特网上进行特许加盟推广的一个极佳的方式。据悉，超过 80%的网络用户习惯通过搜索引擎来寻找所关注的产品服务或其他商业信息，其中 90%的人只查看搜索引擎结果页面的第一页。因此，特许加盟企业或项目网站最好能在搜索结果的首页或靠前的页面中显示。如果不能出现在搜索引擎的第一页或靠前的页面中，信息排名落在竞争者之后，访问者首先访问的是竞争企业或项目的网站，这样就容易错过推广招商发展的机会。

要使特许加盟企业或项目推广的信息能够出现在引擎的首页或靠前的页面，可以通过付费或网络技术优化的方式来实现。因为潜在加盟者主要习惯通过输入关键词来搜索信息，所以付费排名关键在于关键词的选择，选择潜在加盟者最可能使用的关键词，意味着更容易被搜索到，当然，有的搜索引擎对热门关键词的收费可能比普通关键词收费高。网络技术优化排名除了关键词的选择外，还需要其他网络技术的设计，因此一般需要通过专业网络技术机构或专业人员来协助。

（3）付费广告

前面所述付费搜索排名是网络付费广告的一种。除此之外，还可以选择一些潜在加盟者经常登录的专业网站或门户网站投放广告来进行特许加盟推广。专业网站一般有两大类型，一是行业网站，如餐饮、美容行业网站等，二是连锁或特许加盟专业网站，如“连锁中国（www.lenso.cn）”等。专业网站的特点是目标精准，而且费用相对较低。而搜狐、新浪等大型门户网站的广告，可以选择在首页也可考虑在其相关专业频道投放广告，大型门户网站的特点是访问量大，但是费用也非常高。不管是专业网站还是大型门户网站，不同的广告投放方式如按钮、文字链接，或不同的广告位置如首页或二级、三级页面，其广告效果和费用也有很大的差异，在广告投放时，需要结合推广费用和效果预测进行评估选择。

（4）其他推广方式

特许加盟推广的本质是增加与潜在加盟者的接触点和互动沟通机会，而因特网创造了非常多的推广空间，如百度推广等。因特网最重要的特点是其互动性，能让潜在加盟者直接与特许加盟企业的推广部门联系，其优势是传统的广告无法比拟的。那些免费的推广空间，由于不受时间和地域的限制，更受到访问者的欢迎。常见的免费推广方式包括：①友情链接推广。所谓友情链接，就是与相关网站进行互相链接，访问者可以通过友情链接来进入特许加盟推广的网站，以此来提高特许经营网站的浏览量；②电子邮件推广。电子邮件推广已经成为了一种非常盛行的营销推广方式了。通过各种渠道获得潜在加盟者的 E-mail 地址，并给他们定期发送有关特许加盟项目的电子邮件，具有不错的效果；③微博、博客、论坛、MSN、QQ 推广等。

7.2.4 利用店面进行推广

1. 店面推广的可信度

单店店面是特许加盟品牌体验的窗口和传播渠道，特许加盟体系的运营管理状况等几乎都能够在单店店面中得到反映。当一个特许加盟体系拥有众多的店面，这些店面本身就是一种非常好的宣传和推广。事实上，很多的特许加盟品牌很少投入广告，靠店面同样能获得良好的品牌效应。谭木匠和星巴克就是这方面的典范。谭木匠主要是将精力倾注于独特的店面设计以及精益求精的产品设计，吸引了不少的国内外投资者和潜在加盟者。星巴克进入中国发展至今，几乎没有做过媒体广告，也没有做过大型的营销推广活动，而是依靠其独特的选择技巧和独特的消费体验获得口碑。

如今，店面推广更具有可信度。加盟者更倾向于通过对特许加盟品牌旗下的店面进行考察来决定是否加盟。很多加盟商都是通过店面体验成为了加盟投资者，他们在加盟前是某个特许加盟品牌的忠诚的消费者，正是由于在特许加盟体系某个店里的消费体验，通过接触和了解，产生对该特许加盟品牌的认同进而产生加盟投资的动机。在全国数千个特许加盟体系中，这类加盟商的比例越来越高。

2. 店面推广的基础性建设

正是由于店面在特许加盟推广过程中的重要作用，不管是直营店还是加盟店，单店管理尤显重要。从消费者和加盟投资者的角度来看，一般来说，单店店面管理的基础性建设应包括如下方面。

（1）店面形象系统建设

店面的形象如同人际交往的“第一印象”，是否能够给消费者和潜在加盟投资者留下良好的印象显得非常重要。店面形象系统不仅仅包括店面招牌、员工着装、店面装修，还包括店内布局规划、商品陈列等店内整体环境的每一个细节。

（2）商品与服务品质管理

商品和服务是单店经营的核心，因而其商品和服务品质管理是其管理的重点。很难想象，一个商品品质不佳或服务不周的店面能够吸引忠诚的顾客，更不要说让顾客产生加盟投资的动机了。

（3）店面的赢利能力

一个不能赢利的单店很难持续经营，也很难激发起潜在投资者的加盟投资愿望。如果加盟店不能赢利，店面的各种负面信息均会显现出来，可以想象对消费者或者潜在加盟者有什么样的影响了。

（4）店面的企业文化建设

一个特许加盟体系不仅要让加盟店能够赚钱，更重要的还需要建立起优秀的企业文化。优秀的企业文化不仅能提升特许加盟体系的运营效率，还能加强加盟商对特许人的认同感。缺乏沟通和良好的特许加盟关系，加盟商可能对特许人产生诸多抱怨和不满，当这些抱怨和不满传递给顾客或潜在加盟者时，往往会产生致命的后果。

此外，还可以在特许加盟体系的店面招牌上打上特许加盟招募咨询电话、在店内放置特许加盟推广宣传材料、在顾客服务手册资料上增加特许加盟的附属信息、组织或鼓励潜在加盟商对店面进行参观考察等。总之，通过店面进行特许加盟推广的方法策略很多，各个特许加盟企业可以利用各自的优势，因地制宜地进行尝试和创新。

项目 8　特许加盟招募的实施流程

任务 8.1　设计特许加盟招募方案

加盟招募方案涉及很多内容，包括广告类文件，比如宣传册及新闻通稿等，其中常见的是《特许加盟计划书》、《特许加盟指南》（或《特许加盟招商手册》）；授权类文件，比如加盟申请表、特许加盟合同、各类特许加盟手册、特许加盟授权书。

8.1.1 设计特许加盟计划书

一般而言，特许加盟招募时，首先要撰写和发放招募计划书，招募计划书是特许人制作的，向不特定的潜在投资者发出的，介绍特许体系基本情况、项目介绍、项目优势、投资赢利分析、加盟条件、加盟程序的书面材料。

装饰材料特许加盟行业的加盟计划书示例

1. 投资预算

（1）商品周转金。

（2）装修费概算。室内（墙壁装饰、木制装修、电器、地板、安装电话、传真、计算机）、室外（招牌、门头、墙壁涂饰、玻璃装饰、灯箱）。

（3）设备概算（各种展示牌、办公桌椅、展示架、货架）。

（4）房租、加盟费、保证金、总投资。

2. 赢利优势

（1）提供经营管理技术、服务品质训练、市场策略、人力资源等方面的特许手册八套，包括赢利要素的基本条件及方案。

（2）分布合理的多处生产基地，快捷物流配送；全国统一价位体系支持，提供更大限度的利润空间及服务优势。

（3）品牌知名度及认知能力支持，厂家资源直接支持，涂装技术队伍直接输出，开创国内销售、涂装一条龙的赢利机会。

（4）计划性、不间断地进行多媒体全国范围的广告宣传，多方位地进行促销活动，为争取更多客户创造有利条件。

（5）现代客户管理模式，客户服务平台系统支持。

（6）100%产品调换制度，现代物流配送管理，无滞销产品风险。

（7）雄厚资金支持，按规定为受许人提供一定额度的放账支持，以缓解受许人的资金紧张局面。

（8）配套化产品货源支持，提供更多商品赢利空间。

3. 加盟程序

（1）书面申请。拨打专设的特许加盟业务电话，提供咨询。初步考核后填写加盟申请表。

（2）资格审查。包括：本行业的市场环境及开发潜力；完善的品质保证和相关业务知识，相应的资金实力及资信状况；能否依照该行业的特许加盟经营模式；正确承担风险的态度和承受能力。

（3）签订意向书。实地考察后，双方签订加盟意向书，提供必备的资料，商圈调查，获利评估。

（4）店址选择。一定规模的连片住宅小区；建材市场，家装市场内；大型厂矿、院校；主要干道（附近有较多办公区和商业区）；新型城镇等相关重要位置。

（5）签订合同。按拟订经营管理及发展规划，双方正式签订加盟合同，制定销售规划。

（6）开业筹备。店面装修，统一门面形象；管理及销售人员进入实际运作状态；设备配置完备；由总部给予验收。

（7）开业庆典。办理工商、税务有关经营证照；举行开业庆典仪式；开业运营跟踪指导。

（8）正式运作。对加盟店的服务质量、工艺标准进行鉴定、评估；随时帮助其解决加盟店出现的技术管理问题；对加盟店进行培训和再培训。

8.1.2 设计特许加盟指南

特许加盟指南是为潜在加盟商提供加盟指导的文件，一般包括对特许加盟方式和特许人基本情况的介绍、特许加盟经营模式的阐述、对受许人的优势、对于加盟商的政策及服务支持、特许加盟的体系结构、加盟店投资回报分析、加盟的流程等几大方面。

1. 特许加盟方式及特许人基本情况介绍

一般要按照我国的《商业特许经营管理条例》规定，阐明特许加盟的内涵。特许人应该是拥有注册商标、企业标志、专利、专有技术等经营资源的企业，他们要以合同形式将其拥有的经营资源许可其他经营者（受许人）使用，受许人按照合同约定在统一的经营模式下开展经营，并向特许人支付特许加盟费用的经营活动。在特许加盟活动中，明确提出加盟金、特许权使用费等的缴纳方法，以及加盟意向书的填写和签订等核心和重点问题。

2. 特许加盟对受许人的好处

特许加盟对受许人的好处较多，如可以获得市场机会，可以节约经营成本，可以获得技术及管理的支持，可以获得商业区域的保护，可以创造品牌优势，可以获得专业领域的领先地位等。

3. 特许加盟模式的阐述

特许加盟可以实现几个统一：统一的经营理念，统一的店面形象，统一的服务标准，统一的商品配送，统一的营销策划，统一的财务管理，统一的信息系统，统一的督导系统。

4. 特许人对加盟商的培训支持

培训是特许企业成功的核心，是特许人发展计划的非常重要的组成部分，从某种意义上可以将其视为将成功模式复制运营的尝试。所以，在指南中要将开业前培训、开业中培训、开业后培训，以及员工培训、会议研讨培训、企业生产/运营方法培训、各种支持培训等整合到培训计划中，使特许人得到大量的收入流，赢得更多的加盟商。而且加盟商在运营过程中遇到的多数问题均可以通过适当的培训加以解决。

5. 特许人向加盟商提供的管理支持

管理支持即在加盟店开业后的日常业务中对经营突发问题进行指导和帮助。比如选址指导，要考虑许多因素，其中财务因素最为重要，通常特许人都会为受许人提供几种不同类型的店址方案供加盟商参考；比如装修帮助，特许人可以为加盟商提供全面的装修设计方案，然后由加盟商在当地寻找合适的装修商进行装修，特许人对店面装修验收合格后方可投入使用，目的是保证品牌形象的一致性和带来的品牌效应优势。

6. 特许人向加盟商提供的营销支持

特许人一般为加盟商提供三大类营销支持，包括授权开业的系列服务、广告支持和其他营销推广。比如为报纸等媒体撰写营销文章、为顾客提供样品和宣传册、全国或地区性的电视广告、与影视及体育活动等项目相关的宣传、制作印有特许人标志的 T 恤、帽子及小礼品等。总之，特许人既要协助加盟商进行当地的市场调查和可行性分析，还要给予加盟商选址和店面装修的合理建议，同时帮助加盟商培训员工和管理人员，协助加盟商制订加盟店开业典礼、广告促销及公关策划方案等。

7. 成为加盟商的条件

首先要认同特许人的经营理念，认同该行业的发展，认同特许加盟这种商业经营模式，并且具有一定的资金实力、经营管理能力、良好的服务意识和团队精神。

8. 投资及运营成本

投资主要包括固定投资项目，诸如加盟费、装修费、设备费等；前期投资，诸如每年的房租、盘店费用、办公杂费、广告投入、培训费、特许权使用费、品牌和履约保证金等。运营成本主要包括固定运营成本和变动运营成本。固定运营成本包括房租、水电费、油费、伙食费、员工住宿费、内部管理费、环卫费及日常维修费等；变动运营成本包括员工工资、产品、税金及附加、易耗品等。通过各种成本计算，概算营业利润，以此进行投资回报分析。

9. 加盟流程

潜在加盟商在全面了解特许人情况后可以按一定流程加盟特许体系。一般要提出加盟意向，填写加盟申请表；递交相关材料，比如经营状况、投资计划、平面图等；特许加盟公司审核；签订意向协议书，并缴纳保证金；特许加盟公司派员考察；签订特许加盟合同；公司提供统一店铺营建和装潢方案；店员招募及培训；货品陈列；正式营业。

8.1.3 设计特许加盟招商手册

招商手册是特许方为了扩大本企业的知名度，用于吸引潜在受许人增加对企业的兴趣和了解，最后成为企业受许人的宣传性文件。招商手册一般在签约前向公众和潜在受许人发出，一般由公司简介、企业文化、产品服务、特色优势、加盟条件、加盟程序、联络通信及其他公开资料等内容组成。

1. 招商手册的设计要求

（1）主题突出

招商手册必须非常鲜明地把公司的主题展现给潜在受许人，必须马上能够让潜在受许人第一眼就能了解到招商手册的主题。突出主题可以运用多种方式来展示，例如，放大文字，或者是加深颜色，或者是采用奇特的手法进行描述，等等。由于手册的目的是招商，那么手册的印制必须庄重，以便加深潜在受许人对公司的良好印象。

（2）语言简洁

招商手册是吸引潜在受许人产生兴趣的媒介，因此，招商手册无须很多复杂的阐述，只要把企业的要点进行简单的描述即可，通过简单的语言把企业的重点描述出来，潜在受许人如果需要详细了解，就必须进行实地考察或者详细面谈。这样就增加了潜在受许人实地考察的概率和最后加盟公司的概率。

（3）图片为主

很多时候，客户对于一个企业的了解只停留在肤浅的层面，很难通过单纯的文字表达起到让客户深刻了解的目的，那么，招商手册就必须依靠增加一些企业的图片，特别是一些门店的图片的方法，达到与客户共鸣的效果。

（4）展示优势

任何一个成功的特许加盟企业肯定具有很多成功的优势，在招商手册中，必须把这些优势向客户展示出来，以此证明加盟本企业的重要性，提高潜在受许人对加盟本企业的认可程度。

（5）逻辑清楚

在招商手册中，各类型企业应该根据自身的情况，并按照一定的逻辑顺序来安排相应的内容，但是所有内容的安排必须围绕一步一步让潜在受许人产生兴趣的目的来统筹，这是编写招商手册的关键所在。

2. 招商手册的内容设计

（1）企业介绍

在招商手册中，这是必不可少的一部分，企业的介绍中，重点运用一些通俗的语言和数字化的语言进行描述，增强潜在受许人对企业的直观认识，这能够给潜在受许人留下深刻的印象。企业介绍可以企业的发展壮大过程为标准，落脚点放在企业未来的宏伟规划上，特别是对未来潜在加盟市场的开发上，这样才能吸引潜在客户的注意。企业介绍部分主要包括以下内容。

① 特许人名称及历史简介。

② 特许人的特许加盟体系的优势及可提供的技术支持。

③ 企业经营理念、企业文化及宣传口号。

④ 现有加盟店情况、准备招募的受许人数量及地区。

⑤ 对合格受许人的要求及常见问题的解答。

（2）加盟类型及授权期限

在招商手册中，应该简单介绍加盟的类型，现在特许加盟企业所推广的加盟形式主要有区域加盟、单店加盟、自愿加盟、保底加盟、合作加盟等。在招商手册中，绝大多数企业会把各种加盟形式的加盟金额及标准明确提出来。当然，有一些品牌知名度比较高的企业考虑到商业秘密的问题，他们有时候并不明确写明加盟金的具体数额，这些企业一般是国际知名企业，他们往往会对很多申请受许人进行严格筛选之后，才会透露具体加盟金等核心秘密。但在招商手册中，必须把加盟授权期限明确提出来，以便让潜在受许人能够做一个粗略的投资预算。这部分内容还应包括特许加盟相关费用介绍及加盟业务办理的流程。

（3）赢利模式介绍

任何一个企业都有自己的赢利模式，可是对于加盟连锁企业而言，其赢利模式往往还有很多其他企业所不具备的特点。一些特许加盟总部为了加强对受许人的控制，往往会通过合同契约的形式占有或享受受许人一定的利润，这样就造成了受许人对于赢利模式的认可程度的问题。受许方对于特许方这些规定是否认可，对于绝大多数企业而言应该在招商手册中明确说明，以免造成双方的纠纷和分歧。此外，特许加盟企业的赢利模式还涉及怎样获取利润的问题，特许加盟企业类型越来越多，已经远远超出了之前单纯的特许加盟总部和加盟店之间的特许体系，比如在中介服务行业，生产资料行业，特许企业的品牌代理特许经营等很多新的行业，潜在受许人对他们的赢利模式还存在认识上的局限，因此，在招商手册中应该给以明确的阐述，一般应附有单店投资回收预算表，便于潜在受许人对单店投资汇报进行分析。

（4）双方权利义务关系阐述

由于是招商手册，重点可能不会放在对双方权利和义务的描述上，但是对于能够帮助提高潜在受许人对企业产生兴趣的权利和义务还是应该进行一些简单的介绍，比如在保底加盟中，特许方对于受许方赢利的最低保障，这对于潜在受许人是具有很大吸引力的。在阐述过程中，必须要严格遵守诚信的原则，可以挑选主要权利义务介绍，但绝不能夸大事实。

（5）图片和联系方式

在招商手册中，图片应该占据较大的篇幅，因为这是一种较为直观的表达形式，通过众多的图片，对于那些不十分了解项目状况的受许人而言，可以产生直观而深刻的印象；对于那些大体了解项目状况的受许人而言，图片能够起到帮助他们回忆以往的场景，迅速引起共鸣的目的。通过图片，其实就是通过对已经发生的事情进行阐述，就是“用事实说话”，这是最能说服受许人的一种有效方式。在招商手册中，最后应该留下公司的联系方式，如果公司有网址，可以留下公司网址，让受许人通过网络对公司有一个全面的了解。图案部分应包括：特许人的商标和商号等标志；特许人已有的单店形象，即不同角度的视图和照片；单店的营业现场、特色产品、设备及服务照片；特许加盟体系或某个单店曾经获得的各种荣誉证书或牌匾等；成功受许人的相关资料及照片。

8.1.4 设计信息披露文件

信息披露制度又称公示制度或公开披露制度，最初产生于资本市场，并逐渐运用到相关领域。信息披露的原因在于防止欺诈、促进公众的整体利益和促进投资分析。

特许加盟的信息披露，就是特许人与加盟者在签订、履行特许加盟合同的过程中，依照有关规定，以一定的方式向对方提供有关的信息。《商业特许经营管理条例》全面建立了特许加盟的信息披露制度，其核心包括三个方面。

1. 全面全程的信息披露

所谓全面的信息披露，是指特许人应当充分、真实、准确地向受许人披露信息，不得作虚假的信息披露。全面披露可以使受许人全面地了解特许人及其系统的情况，从而可以客观地作出是否投资特许加盟的判断。

所谓全程的信息披露，是指特许人与受许人签订、履行合同的整个过程中，都有披露信息的义务。全程披露可以保证受许人随时掌握情况，更好地防范风险。

通过信息披露，使特许加盟的信息公开化、透明化，保障了受许人的知情权，使受许人可以在充分、真实、准确了解特许人及其系统的情况下，基于其独立于客观的判断作出投资选择，而不是轻信特许人的宣传。

2. 独立公正的审计报告

特许人所作的信息披露，必须包括经会计师事务所审计的财务报告内容和纳税等基本情况。独立公正的审计报告，可以保证受许人准确了解特许人的经营与财务状况，防止特许人随意夸大特许加盟的利益。

3. 虚假信息披露的法定赔偿

由于信息披露不充分、提供虚假信息致使受许人遭受经济损失的，特许人应当承担赔偿责任。只有将法律上的义务与法定的赔偿责任相联系，才能保证义务人履行法定义务，才能保证权利人的司法救济权得到实现。

知识拓展

商务部商业特许经营信息披露管理办法

（商务部令 2012 年第 2 号）

第一条　为维护特许人与被特许人双方的合法权益，根据《商业特许经营管理条例》（以下简称《条例》），制定本办法。

第二条　在中华人民共和国境内开展商业特许经营活动适用本办法。

第三条　本办法所称关联方，是指特许人的母公司或其自然人股东、特许人直接或间接拥有全部或多数股权的子公司、与特许人直接或间接地由同一所有人拥有全部或多数股权的公司。

第四条　特许人应当按照《条例》的规定，在订立商业特许经营合同之日前至少 30 日，以书面形式向被特许人披露本办法第五条规定的信息，但特许人与被特许人以原特许合同相同条件续约的情形除外。

第五条　特许人进行信息披露应当包括以下内容。

（一）特许人及特许经营活动的基本情况。

1. 特许人名称、通信地址、联系方式、法定代表人、总经理、注册资本额、经营范围以及现有直营店的数量、地址和联系电话。

2. 特许人从事商业特许经营活动的概况。

3. 特许人备案的基本情况。

4. 由特许人的关联方向被特许人提供产品和服务的，应当披露该关联方的基本情况。

5. 特许人或其关联方过去2年内破产或申请破产的情况。

（二）特许人拥有经营资源的基本情况。

1. 注册商标、企业标志、专利、专有技术、经营模式及其他经营资源的文字说明。

2. 经营资源的所有者是特许人关联方的，应当披露该关联方的基本信息、授权内容，同时应当说明在与该关联方的授权合同中止或提前终止的情况下，如何处理该特许体系。

3. 特许人（或其关联方）的注册商标、企业标志、专利、专有技术等与特许经营相关的经营资源涉及诉讼或仲裁的情况。

（三）特许经营费用的基本情况。

1. 特许人及代第三方收取费用的种类、金额、标准和支付方式，不能披露的，应当说明原因，收费标准不统一的，应当披露最高和最低标准，并说明原因。

2. 保证金的收取、返还条件、返还时间和返还方式。

3. 要求被特许人在订立特许经营合同前支付费用的，该部分费用的用途以及退还的条件、方式。

（四）向被特许人提供产品、服务、设备的价格、条件等情况。

1. 被特许人是否必须从特许人（或其关联方）处购买产品、服务或设备及相关的价格、条件等。

2. 被特许人是否必须从特许人指定（或批准）的供货商处购买产品、服务或设备。

3. 被特许人是否可以选择其他供货商以及供货商应具备的条件。

（五）为被特许人持续提供服务的情况。

1. 业务培训的具体内容、提供方式和实施计划，包括培训地点、方式和期限等。

2. 技术支持的具体内容、提供方式和实施计划，包括经营资源的名称、类别及产品、设施设备的种类等。

（六）对被特许人的经营活动进行指导、监督的方式和内容。

1. 经营指导的具体内容、提供方式和实施计划，包括选址、装修装潢、店面管理、广告促销、产品配置等。

2. 监督的方式和内容，被特许人应履行的义务和不履行义务的责任。

3. 特许人和被特许人对消费者投诉和赔偿的责任划分。

（七）特许经营网点投资预算情况。

1. 投资预算可以包括下列费用：加盟费；培训费；房地产和装修费用；设备、办公用品、家具等购置费；初始库存；水、电、气费；为取得执照和其他政府批准所需的费用；启动周转资金。

2. 上述费用的资料来源和估算依据。

（八）中国境内被特许人的有关情况。

1. 现有和预计被特许人的数量、分布地域、授权范围、有无独家授权区域（如有，应说明预计的具体范围）的情况。

2. 现有被特许人的经营状况，包括被特许人实际的投资额、平均销售量、成本、毛利、纯利等信息，同时应当说明上述信息的来源。

（九）最近2年的经会计师事务所或审计事务所审计的特许人财务会计报告摘要和审计报告摘要。

（十）特许人最近5年内与特许经营相关的诉讼和仲裁情况，包括案由、诉讼（仲裁）请求、管辖及结果。

（十一）特许人及其法定代表人重大违法经营记录情况。

1. 被有关行政执法部门处以30万元以上罚款的。

2. 被追究刑事责任的。

（十二）特许经营合同文本。

1. 特许经营合同样本。

2. 如果特许人要求被特许人与特许人（或其关联方）签订其他有关特许经营的合同，应当同时提供此类合同样本。

第六条　特许人在推广、宣传活动中，不得有欺骗、误导的行为，发布的广告中不得含有宣传单个被特许人从事商业特许经营活动收益的内容。

第七条　特许人向被特许人披露信息前，有权要求被特许人签署保密协议。被特许人在订立合同过程中知悉的商业秘密，无论特许经营合同是否成立，不得泄露或者不正当使用。特许经营合同终止后，被特许人因合同关系知悉特许人商业秘密的，即使未订立合同终止后的保密协议，也应当承担保密义务。被特许人违反本条前两款规定，泄露或者不正当使用商业秘密给特许人或者其他人造成损失的，应当承担相应的损害赔偿责任。

第八条　特许人在向被特许人进行信息披露后，被特许人应当就所获悉的信息内容向特许人出具回执说明（一式两份），由被特许人签字，一份由被特许人留存，另一份由特许人留存。

第九条　特许人隐瞒影响特许经营合同履行致使不能实现合同目的的信息或者披露虚假信息的，被特许人可以解除特许经营合同。

第十条　特许人违反本办法有关规定的，被特许人有权向商务主管部门举报，经查实的，分别依据《条例》第二十六条、第二十七条、第二十八条予以处罚。

第十一条　本办法由中华人民共和国商务部负责解释。

第十二条　本办法自2012年4月1日起施行。原《商业特许经营信息披露管理办法》（商务部令2007年第16号）同时废止。

任务8.2　招募与遴选受许人

受许人也即合格的加盟商。由于特许加盟体系的不同对受许人的要求不尽一致。一般来讲，特许人应针对本体系运营的实际需要，将那些特许加盟经营意识好、有一定财力和管理经验的受许人作为招募的对象进行遴选，并在实际招募工作中挖掘有发展潜力的潜在受许人。

8.2.1 招募受许人

1. 制定加盟条件

特许人招募受许人，通常以具有相同或类似经验者为主，但也会有针对招募缺乏经验但却具有潜力的受许人加以培训的计划。特许人提供给受许人的资料，应尽可能详细，以便受许人明确加盟的真实信息。比如加盟条件书，加盟关系、责任归属、权利义务说明，预测营运收入、预估费用及支出说明，加盟金、担保金、利润分配、费用归属、投资项目、毛利保证等成本明细说明，配送物流、信息、培训、辅导服务的项目内容。

如何制定加盟条件，这是一项政策性相当强的工作，工作人员应当多做调查研究，并多方征求意见。加盟条件主要是对受许人的要求，有人也将之称为招募标准。制定招募标准即对加盟商的资格进行要求，是能否招募到合格加盟商的前提，制定招募标准时可从潜在受许人的以下几个方面进行考虑。

① 信誉（个人品德、商誉等）。

② 资金实力。

③ 经营经验（本行业经营经验、其他行业经营经验、无经营经验）。

④ 加盟动机（有强烈的个人创业欲望，欲借助特许经营创立一番事业；有一定的闲置资金，欲投资于回报高于银行利息的生意；退休后希望能有寄托）。

⑤ 文化素质（高中以上、大专以上、本科以上）。

⑥ 家庭关系（配偶、子女等）、身体健康状况。

⑦ 心理素质（承受压力、自我约束、拼搏奋进等方面）。

⑧ 个人社会关系、人脉资源状况。

⑨ 个人能力和资历。

⑩ 个人基本情况（年龄、性别、家庭所在地、户籍、国籍等）。

2. 特许加盟招商信息的发布与咨询

（1）特许加盟招商信息的发布方式

特许加盟招商信息发布的方式有全球性、全国性、地方性的特许加盟展会；本组织的网站；相关行业平面媒体；特定地区的广播电视媒体；特定地区加盟商招募新闻发布会；行业协会、商会、特许经营顾问咨询机构等中介机构及其网站；现有的直营店、加盟店、合作伙伴、关系户等推荐；电话、信件邮寄、E-mail 等。

（2）特许加盟招商的咨询方式

特许加盟招商的咨询方式有与加盟申请人面谈或通过电话、传真、E-mail 等接洽；向加盟申请人发放《加盟指南》和《加盟申请表》，并指导其正确填写；邀请和安排加盟申请人参观样板店，安排专人详细讲解；设立加盟招募热线电话，由经过培训的专门人员接听或接收信件、传真、电子邮件等信息资料；建立加盟申请人信息资料数据库等。

特许加盟总部对于受许人（加盟商）的招募流程和方法如图 4.1 所示。

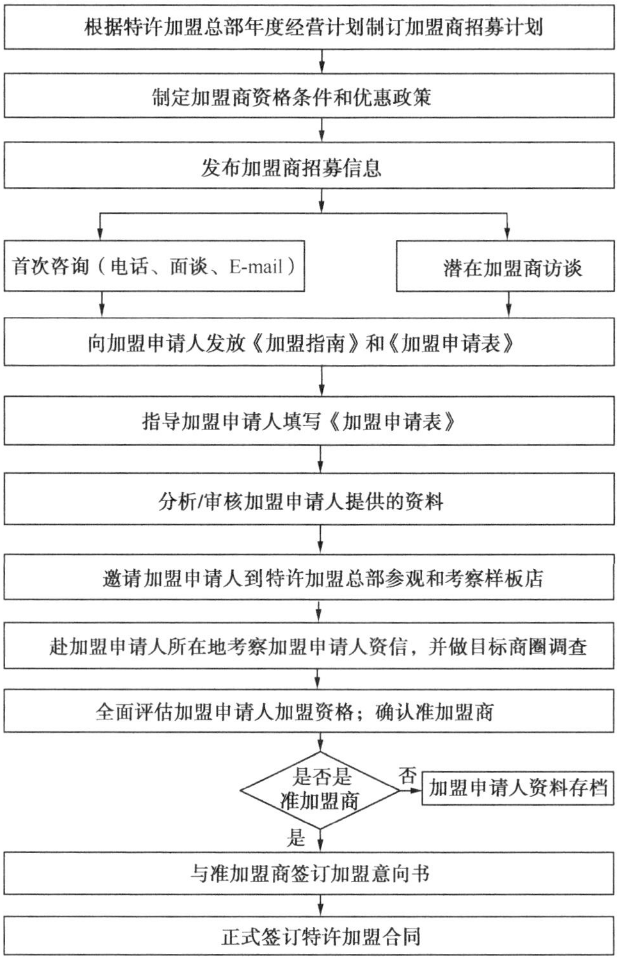

图 4.1　某特许加盟企业总部招募工作流程图

8.2.2　遴选受许人

1. 受许人遴选工作内容

受许人遴选工作是与潜在加盟商进行大量沟通的阶段，也是宣传和推广本特许加盟体系的好机会。一般受许人遴选工作的内容如下。

① 分析/审核加盟申请人提供的资料。

② 邀请加盟申请人到特许加盟总部参观和考察样板店。

③ 赴加盟申请人所在地考察加盟申请人资信，并做目标商圈调查。

2. 受许人遴选工作要求

特许加盟总部遴选受许人应主要从工作经验、工作态度、性格取向、个人资历、财务能力五个方面进行考虑。在特许人考察受许人（加盟商）的同时，受许人也在考察特许人，因此必须做好以下工作。

① 清楚地向加盟申请人传达企业的理念、文化以及加盟条件、加盟优惠政策。

② 样板店的规范操作及店面陈列要到位。

③ 去加盟申请人所在地考察要细致耐心。

④ 在可能的情况下，一个地区至少要选择两个以上加盟申请人作为候选对象。

⑤ 把加盟申请人的资料输入数据库。

某餐饮特许加盟企业在受许人遴选过程中使用的加盟申请者评估表如表4.3所示。

表4.3 某餐饮特许加盟企业加盟申请者评估表

项目	比重（%）	评级					得分
		极好	良好	普通	略可	不佳	
1. 理念及文化	(20)						
A. 对盟主文化及经营理念的认同	10	10	7	5	3	1	—
B. 投资理念	5	10	7	5	3	1	—
C. 对特许经营加盟的了解	5	10	7	5	3	1	—
2. 工作经验	(20)						
A. 业务经验	5	10	7	5	3	1	—
B. 曾拥有生意	5	10	7	5	3	1	—
C. 工作资历	5	10	7	5	3	1	—
D. 稳定性	5	10	7	5	3	1	—
3. 工作态度/性格取向	(20)						
A. 沟通能力	5	10	7	5	3	1	—
B. 组织力	5	10	7	5	3	1	—
C. 进取心	5	10	7	5	3	1	—
D. 自我肯定	5	10	7	5	3	1	—
4. 个人资历	(20)						
A. 财务商业信用	5	10	7	5	3	1	—
B. 诉讼记录	5	10	7	5	3	1	—
C. 介绍人	5	10	7	5	3	1	—
D. 婚姻状况	5	10	7	5	3	1	—
5. 财务状况	(20)						
A. 资产净值	10	10	7	5	3	1	—
B. 融资或借贷能力	5	10	7	5	3	1	—
C. 财务展望	5	10	7	5	3	1	—
加权总分：							

3. 加盟资格的审定与评估

全面评估加盟申请人的加盟资格，确认准加盟商，是一项评估带有决策性质的活动，因此要求做好以下几点。

① 组成评估工作小组负责对加盟商资格的全面评估工作，小组成员应包括招募经理、主管、财务主管、总部营运经理等。

② 采用打分制评估方法，具体评估指标应包括组织状况、资本信誉、业务拓展、管理能力、市场运作、社会关系、经营方案、与特许加盟总部的关系等。

③ 从若干加盟申请人中筛选可以确认的准加盟商，填写准加盟商申报表报主管领导批准。

④ 特许人与准加盟商签订加盟意向书。

知识拓展

受许人的加盟风险分析

受许人加盟一个特许体系就像从特许人手里买到一件商品，这个特殊的商品就是特许权。那么这件商品的质量好坏、服务如何对受许人来说至关重要，因此，在选定进入的行业之后，必须对特许人进行深入的分析和慎重的选择，以达到规避风险的目的。

从事任何一项投资都会有风险，与独立投资的小商店相比，经营特许加盟店虽然具有较低的风险和稳定成长的利润等好处，但它并不是没有缺点。投资特许加盟店可能会存在下列风险。

1. 已付出的加盟金无法索回

在大部分的投资合同中都很清楚地说明由投资者付给特许加盟企业的品牌授权金和其他购买设备的费用是无法退回的，除非特许加盟企业有严重的违约行为，投资者才能依据有关法规，通过法律途径，索取全部或部分的赔偿。在一般情况下，如果投资者想结束营业，只能将原有的设备或店面转卖给别人或特许加盟企业，不过其出售的价钱会比原先的投资低很多。

2. 特许加盟企业有权终止表现不良的加盟单店的经营业务

由于很多人为因素或是商店选址不当等原因，都有可能导致加盟单店的经营状况不佳。不过特许加盟企业通常是以加盟单店无法履行合约上的要求为理由，来终止表现不佳的加盟单店的合约的。例如加盟单店无法付出定期权益金，无法达到合约中规定的最基本营业额，或是无法达到特许加盟企业所要求的产品品质或服务水平。特许加盟企业毕竟是一个营利性的团体，它如果无法从加盟单店取得利润，就可能会以任何一种有利于它的法律途径，来终止它与特许加盟单店的关系，并收回单店的经营权。

3. 特许加盟企业对加盟单店的限制

在投资合约上，特许加盟企业会有许多规定要求加盟单店遵守，而且这些规定并不是原则性的限制，通常会包括很多细节，如单店的管理、员工的制服、店面的设计与维护、产品的采购及对特许加盟企业的付费方式等。在投资者签字之前，一定要对所有的规定有全盘的了解，否则日后若未能履行双方已认同的规定，如省略管理步骤、擅自更改店规、自行增减服务项目等，不但会遭到特许加盟企业的制裁，还有可能因此丧失经营权。

4. 过度依赖特许加盟企业导致业务衰败

特许加盟单店虽然依附于其所属特许加盟企业，但并非只是消极地依赖特许加盟企业总部，它还是可以主动地去争取业务发展的机会的。许多加盟单店由于过度依赖特许加盟企业，加上沟通不良，很容易因为延误时机而丧失很多赢利的机会。特许人虽然对下属的特许加盟单店有很多限制性的规定，但通常都会给予加盟单店一定的自由度。例如，加盟单店可以依据冬季和夏季的日照时间长短来调整营业时间；加盟单店也可以依照地方性的节庆，适时地举办促销活动。加盟单店只要不过度依赖特许加盟企业，并且不破坏加盟单店的一致形象，是可以突破特许加盟企业的限制的，并以自己的经营能力，创造出很多的利润。

5. 专业不同而带来的危机

有不少特许加盟单店之所以经营失败，原因是这些特许单店的经营者未曾有过商业上的销售经验和缺乏管理能力，因此就无法正确地执行特许加盟企业总部所规范的管理方式，无法有效地拓展相关业务。

6. 恶性的连锁反应

特许加盟体系内部各家特许加盟单店之间的利益是相互影响的，良好的形象能使大家都得益；相反，特许加盟企业形象万一无法维护或被疏忽时，则全部加盟单店都会受到影响，致使生意一落千丈，这就是恶性连锁反应。恶性的连锁反应可能造成特许单店短期的亏损，长期而言，也可能对整个品牌的形象造成伤害，使得特许加盟单店失去原有的市场。

任务 8.3　填写特许加盟推广文件

8.3.1　特许加盟申请表

加盟申请表通常做成附页或可裁减的形式，以便潜在受许人填完后邮寄或传真给特许人。加盟申请表的基本内容一般可以包括以下几方面。

① 申请人基本资料：姓名、性别、年龄、婚否、籍贯等。

② 申请人联系方式：E-mail、电话（办、宅）、传真、手机等。

③ 申请人详细地址、邮政编码。

④ 申请人是否已有单店，若有，则此申请表里应包括该店的一些基本情况，比如营业面积、店址、人员数、经营业务、房产情况（产权者还是租用者）、赢利状况等。

⑤ 申请人欲以何种方式加盟，亦即加盟后企业的性质：私营、合资、股份制、国营等。

⑥ 申请人学习和工作简历。

⑦ 申请人欲加盟信息：计划的店址、计划的签约时间、准备的投资额、加盟后的商业计划等。

⑧ 特许人的调查：你从何种渠道知道本特许经营体系的？你对特许人的希望是什么？各特许人可以根据自己的情况进行上述主要内容的增删。

附：加盟申请表

×××品牌服饰加盟店经营申请表

一、申请加盟地区：____________省____________市______________区

二、申请人背景：姓名__________性别__________年龄__________

居住地____

现公司名称________________地址______________________

现任职务________________联系电话______传真__________

三、申请人/公司过往经验、曾经营过哪种生意________________________

经营起止时间	公司名称	主要业务	年销售额	平均赢利率

四、资金与管理

1. 阁下希望以何种形式投资此店铺：□独资 □合资（另外股东是______________，占_______%）

2. 阁下会否亲自管理此店铺：□会 □不会（管理人将是____________________）

3. 阁下有能力开业前投入的资金：

□400 000元以下

□400 000元～500 000元

□500 000元～600 000元

□600 000元～700 000元

□700 000元以上

其中自有资金__________；借贷资金___________；另一合股资金___________

五、市场分析

1. 申请地区非农业人口_______万

2. 人均月收入_______元

3. 当地最高销售、客流量最大的百货大楼（商场）是______________________

年销售额_______元，该商场地址：______________________

4. 请按销售额高低顺序列出当地最佳开店路段，以及预算月销售额

（1）开设路段：____________________________；每月销售_______元

（2）开设路段：____________________________；每月销售_______元

5. 阁下现申请店铺地址：________________________面积：__________________

每月租金_______元

8.3.2 选址调查及评估表

开店赢在选址。选址应该选在哪儿、要如何衡量选址正确与否十分重要。表 4.4 是一份选址调查评估表模板，供参考。

表 4.4 选址调查评估表

选址地点交通概况	地点	
	交通状况	□主干道 □次干道 □支道 □有隔离带 □无隔离带 路宽________米、距站牌________米、公交车________路
	地址属性	□商业区 □半商半住区 □住宅区
店铺结构概况	室外	主楼高________层、楼龄________年、店铺________楼、门面宽________米、高________米、招牌宽________米、高________米、门前空场________平方米
	室内	室内平面形状 □正方形 □长方形 □不规则 使用面积________平方米、深________米、宽________米、高________米 卷闸门 □有 □无，玻璃门窗 □有 □无，洗手间 □有 □无
租赁条件概况	先前租户从事________行业、租期________年、租金________元/月、押金________元、免租期________天；租金调幅：□租期内不调 □每年上调________%；转手费________元	
商圈分析概况	邻铺概况	左右两边五家店铺依次为左________、________、________、________、________、右________、________、________、________、________； 晚上关门时间平均为：________时，空铺左________家、右________家
	第一商圈（半径 500 米）	约有住户________户、约________人、人均收入________元，16～40 岁约占________%、上班族约占________%、从商人员约占________%、当地居民约占________%、学生约占________%、游客约占________%
		人流统计（以每 5 分钟计算）： 周一至周五上午 9:30～11:30________人、双休日________人； 13:30～15:30________人、双休日________人；17:00～19:00________人、双休日________人；20:00～22:00________人、双休日________人
	第二商圈（半径 500～1 000 米）	约有住户________户、约________人、人均收入________元，16～40 岁约占________%、上班族约占________%、从商人员约占________%、当地居民约占________%、学生约占________%、游客约占________%
	第三商圈 半径 1 000～1 500 米	约有住户________户、约________人、人均收入________元，16～40 岁约占________%、上班族约占________%、从商人员约占________%、当地居民约占________%、学生约占________%、游客约占________%

续表

第一商圈内店铺营运分布概况竞争对手分析（半径500米内）	店铺营运分布概况	大型超市□有　□无、日平均客流约________人、距选择店________米、学校□有　□无，有________家（其中小学________所，学生约________人、距选择店________米；中学________所，学生约________人、距选择店________米；大学________所，学生约________人、距选择店________米
	竞争对手分析	竞争店□有□无，有________家、第一家距选择店________米、营销模式________、规模________平方米，经营品种________、营运状况□优　□一般　□差；第二家距选择店________米、营销模式________、规模________平方米，经营品种________、营运状况□优　□一般　□差

※ 共五项，每项标准分为20分，总分为100分。

※ 由总部评分，低于80分为不合格，80～90分为良，90分以上为优。

8.3.3 受许人对产品和市场的评估

虽然大部分的特许加盟单店的成功率高于一般的独立商店，但是，经营特许单店仅依靠由特许加盟企业所提供的企业形象和品牌，是难以获得利润的。如果所选定的业态以及所经营的产品不能满足消费者的需要，即使加盟商拥有一个很知名的商标，仍是无法获利的。因此，在决定选择一家特许加盟企业之前，投资者一定要先决定自己要经营的是哪一家特许加盟单店；其次，再考虑开店的地点是否适合这家商店的服务性质。这实际上要求加盟单店的经营者对产品和市场要有充分的了解。

1. 对产品和市场的评估条件

① 加盟商所想要销售的产品是否具有很高的品牌知名度？它的知名度能维持多久？消费者对它的接受力如何？

② 加盟商对此产品及消费者是否有足够的了解？产品的成本是多少？利润是多少？目前的消费者是多少？潜在的消费者是多少？

③ 加盟商是否了解此产品的市场价格？是否比其他品牌的价格更具有优势？有没有其他更便宜的次级产品或功能相近的替代产品？

④ 这个产品是卖给一般的消费者，还是卖给特定的消费者？如果是卖给特定的消费者，在您的商圈内有没有足够的消费群？

⑤ 特许加盟企业的产品对使用者有无危险？如果发生危险，会导致加盟单店歇业吗？有没有法律来保障？

⑥ 加盟商是否知道将有同类的品牌介入同一商圈？这是否会对即将进行的投资造成威胁？

⑦ 国家或地方政府对特许加盟企业所销售的产品有没有限制性的规定？目前的有关法律是否正在修正中？

⑧ 在加盟商所选择开店的商圈范围内有多少家竞争店？他们的营业情况如何？加盟商有没有能力加入这个市场并创造更多的利润？这个市场是否已经饱和，有没有多余的空

间可以创造利润？

⑨ 目前的市场会不会有所改变？未来发展是否稳定？未来对产品的需求如何？

⑩ 加盟商的开店地点是否适合销售所选特许加盟企业的产品？商圈内的治安问题如何？路人的动向是否有利于产品销售？单店周围有无足够的停车空间？

⑪ 加盟商单店所在商圈的人口及住户数量是多少？即将加盟的特许加盟企业的产品是否符合当地人的需要？当地人的生活习惯和消费习惯又是如何？

⑫ 加盟商是否知道在其所在商圈内是否有新的公共建设项目即将进行？此商圈未来发展情况如何？会有哪一类投资将要进入？会不会影响加盟商的营业？到时候将如何应变？

2. 获取加盟信息的渠道

（1）咨询专业机构

目前国内比较权威的专业机构有商务部、中国连锁经营协会、各省市连锁经营协会、北师大国际特许经营学院、FDS 世界特许经营发展组织等。可从以上机构获得特许加盟的相关资讯资料。

（2）参加专业展会

国内外定期召开的连锁加盟博览会、研讨会和信息发布会等，是人们了解特许加盟最新动态和特许加盟企业进行招商的主要途径。国内较权威的连锁经营展览、研讨会主要有中国连锁经营协会每年主办的“中国特许展”，环球资源每年在北京、广州、上海巡回主办的国际特许经营展览暨研讨会，广东省连锁经营协会每年主办的“广东特许经营展览会”。目前全国各地的连锁/特许经营展览会越来越多，每年都有 30 多个类似的展览会和研讨会。

（3）留意财经报刊的招商广告

留意财经报刊的招商广告，如《连锁与特许》杂志、《商界》招商专刊、《赢周刊》连锁经营专刊、《中国商报》连锁经营版等。

（4）浏览专业网站

国内较完善、内容较充实的特许加盟专业网站有中国特许经营网、21 世纪特许经营网、中国连锁经营协会网。此外还有国际特许经营协会网、美国企业家杂志网、世界特许经营发展服务组合网、国际特许经营杂志网等。

（5）直接拜访特许加盟总部或其他加盟店

特许加盟企业为招募更多的加盟商，经常发布招商信息，对特许加盟感兴趣的个人可以以电话、电子邮件、上门拜访等方式与特许加盟企业进行交流，收集特许加盟方面的知识。若有幸成为准加盟商，还有机会参加企业的培训辅导等。还可以到特许加盟专卖店进行实地考察来获得更多的信息。

3. 选择特许加盟体系时应考虑的因素

选择一个适合自己的特许加盟事业是要经过很多工作准备后的结果。从本质意义上看，该特许加盟体系是否适合加盟商关键要看该加盟商和所加入的特许加盟体系能否完全融合在一起。

（1）加盟商是否对这个行业感兴趣

我们说市场上“无处无连锁”，各行各业都有特许加盟企业，为广大投资创业者提供机会。在加盟动机上如果只是为了获取利润，那么在经营过程中遇到困难时，难免会缺乏勇气和毅力。

（2）准备进入的特许加盟企业的企业文化和经营理念是否能接受

特许加盟系统是一个企业文化系统，若选择加盟，必须按照特许人的经营理念来经营管理，不可以自己善做主张。所以在加盟前，加盟者要充分了解该特许加盟体系的文化理念，考虑是否能够接受，是否能够认同并照其执行。

（3）把加盟特许企业看作一项投资

大部分加盟者都是创业者，但之所以选择加盟特许企业，而不是自己特立门户，是考虑投资风险的问题。但特许加盟也并不是保温箱，加盟任何系统，都存在不同程度的风险。一旦加盟商加盟某个特许系统，承担的风险便随之产生：首付加盟金、保证金、设备采购、前期培训等。选择加入系统完善的特许加盟体系和较新的特许加盟体系各有利弊。加入完善的知名的特许体系，风险相对较小，但要支付较昂贵的加盟金和权益金，以及面对日常总部严格的督导工作。选择加入较新的特许体系，可以支付较少的加盟金和权益金，但同时承担着较高的经营风险。

4. 比较、评估特许人并进行行业定位

为了避免选择的盲目性，加盟商要尽可能多地收集特许人的相关资料，从而为自己的最后决策提供依据。比较常见的评估方法是采取加权计分法，如表 4.5 所示。

表 4.5　某特许加盟体系加权计分评估表

项　目	A 公司	B 公司	C 公司	D 公司
1．商标及商号是否注册				
2．商标及商号的注册时间				
3．公司注册资本金				
4．是否上市				
5．年营业额（连续 3 年）				
直营店				
加盟店				
合计				
6．公司成立时间				
7．特许加盟连锁开始时间				
8．第一家加盟店开张的时间				
9．目前系统内的总店数				
直营店				
加盟店				

续表

项　　目	A公司	B公司	C公司	D公司
合计				
10. 公司未来的开店计划（区域及数量）				
年度开店计划				
3年内开店数				
5年内开店数				
11. 在同行业的地位				
12. 公司的经营理念和企业文化				
对顾客				
对加盟商				
对供应商				
对公司员工				
对加盟店员工				
13. 公司的远景及目标				
14. 公司的核心竞争力				
15. 公司员工人数、素质、学历				
员工总数				
高级主管				
中级主管				
开发部门				
督导				
直营店				
其他				
16. 对加盟店选择的标准				
17. 有无教育培训制度				
18. 有无教育培训中心				
19. 签约前，是否提供书面资料介绍及合约主要内容				
20. 合约的条款是否公平				
21. 选址是否专业				
22. 开店投资金额				
加盟金				
前期培训费				
保证金				
设备购买及装修费用				
原材料采购费用				

续表

项　　目	A 公司	B 公司	C 公司	D 公司
开业宣传及开办费				
运营周转资金要求				
其他费用				
23．开店后，费用支出				
权益金及收缴方式				
促销费用				
24．总部对加盟店提供的服务				
单店选址评估及指导				
单店经营计划				
店面设计及装潢				
员工代招募、代培训				
单店开业广告				
开业时有哪些支持				
后期运营指导				
25．督导寻访指导制度				
26．督导寻访频率及周期				
27．对特许加盟总部的印象				
礼貌、态度				
专业程度				
接待、沟通				
整体印象				

总之，加盟商在选择加盟行业时，不可单凭个人兴趣偏好或特许人的宣传资料做决定，一定要对于该特许行业将来的发展是否具有潜力，做认真分析和论证后再作决定。

任务 8.4　筹备与策划加盟店开业事宜

8.4.1　加盟店开业的筹备

做任何事情都需要一定的资源作支撑。作为一个成功的受许人，也同样需要具备一些基本的资源，这些资源是受许人进入特许加盟体系的资格，也是保证受许人能够顺利、成功地发展特许经营的保障。其中，加盟商开店的资金的多少以及来源是制约特许加盟发展的因素之一，只有筹措好开店资金和确定了加盟店的地址后，方能签订正式的加盟合同直至最后开业。

1. 资金资源

在受许人能够从特许加盟体系中获得足够的回报之前，受许人自己必须先期具有一定的资金资源，这是最基本的条件。

（1）资金准备与用途

第一，在准备进入特许加盟体系之前，受许人所进行的理论学习、市场调查、现场拜访不同的特许人、顾问咨询等，都需要花费一定的资金。

第二，在确定加入一个特许加盟体系的时候，加盟商首先必须支付特许人一个初始或入门的一次性费用——加盟金，而对有的特许人而言，这个数值可能会很大。如果特许人要求受许人支付别的费用，如特许品牌保证金等，那么受许人还会有更多的支出。

第三，在签订了特许加盟合同后，受许人还要继续投资而非从已经获得的赢利中支付一些费用，包括接受特许人的培训、筹建单店、装潢、装修、设备、工具、必要的公关、首期铺货、宣传等。

第四，即使受许人的加盟店成功开业了，在加盟店的收入足够应付营运成本、受许人的日常开支和赚取一定利润之前，受许人也还需要一定的资金作支撑，并且在投资完全回收之前，受许人会一直承受资金的压力。

所以，受许人在决定加入特许经营体系之前，首先必须考虑的就是自己是否有足够的资金来应对在特许经营开始给予回报之前的这段时间。

（2）资金的筹措渠道

一般而言，有以下几种方法可以帮助加盟商筹集资金。

第一，个人积累。创业者将自己的工资及家庭收入积累起来，积少成多，然后投资创业。为了创业，创业者必须节俭，缩减各项开支。这种方法比较慢，且需要创业者养成良好的储蓄习惯，这种方法适合小本创业。

第二，家庭成员共同筹措。这种方法在目前创业者筹措资金时使用较多。和家庭其他成员协商借款，并按照银行利率进行还款，甚至可以适当提高利率。不但可以使创业者方便快捷地筹集资金，家庭成员也可以得到比银行高的利息。

第三，向社会借贷。创业者向社会上的朋友借贷筹集资金。这种方法需要借款人有良好的信誉，也可以找担保人或用房产证、股票等做抵押，以解除朋友们的后顾之忧。

第四，向银行贷款。一般来讲，向银行贷款需要一定的抵押，但确实可行。向银行贷款，借款人遇到的最大的障碍就是担保，无法提供担保，就无法得到贷款。

第五，通过集资的方法筹集。创业者从创业开始便实行股份制，选择好的合作伙伴。集资分为内部职工集资和外部客户集资。内部职工集资可增强职工的责任感，人人都有风险和压力，激励大家实干；外部客户集资主要是让客户提前预支贷款或服务费，以后用所提供的产品及服务相抵。

第六，争取特许加盟总部的优惠政策。为了有效而快速地扩大市场覆盖面，吸收更多的加盟商，特许加盟总部常常会有一系列的优惠待遇给加盟商。这些优惠待遇有的是免收部分费用，有的是赠送设备等，虽不是直接的资金扶持，但对于缺乏资金的创业者来说，等于是获得了一笔难得的资金。

2. 个人资源

对于受许人而言，还要在个人资源方面具备一些适合成为受许人的条件，方可筹备开业。比如：要有创业的激情和足够的耐心；要有相关的知识与经验以及为顾客服务的平和性格；还要有坚忍不拔的意志；具备接受特许人战略的能力、受到指正时温和接受的能力、容忍不同观点与接受多数人意见的能力；高度信任特许人。

3. 环境资源

第一，就政治环境而言，如果受许人想在某地建立加盟单店，而当地的政治局势混乱，那么显然这种单店是不适宜开设的。另外，如果某地政府或当局对某特定特许人的事业进行限制，那么受许人加盟这样的特许人企业也就会有一定的风险。

第二，就经济环境而言，会直接影响受许人加盟店的类型。正如高档商品的单店在贫困的地区开设不合时宜一样，在一个经济起飞快的地区，加盟一些房地产、餐饮、家政服务、非生活必需品零售、娱乐之类的特许经营企业，则可能会大有赚头。

第三，就社会文化环境而言，受许人预开设的单店必须不能和当地的社会文化有冲突，否则就会很快遭到很严厉的抵制。

第四，就技术环境而言，受许人能否跟上特许人技术的变化、发现市场机会，是决定其赢利大小的因素之一。

第五，就人口环境而言，人口的规模和密度、地理分布、人种、种族、宗教结构、流动趋势、年龄构成、人口分布和构成、教育程度、家庭规模和结构、人口的出生率、结婚率、死亡率等自然变动、机械变动和社会变动等都为受许人将来的顾客提供了一个巨大的选择空间，这个常常成为受许人市场调查的主要内容之一。

第六，就自然环境而言，如原材料短缺、能源成本日益提高、环境污染日益严重、政府对自然资源管理的干预等都会影响受许人的加盟类型和市场机会。

第七，就法律环境而言，各种政府法规、法律法令、组织等对企业及企业运营环境也有重要的影响。

4. 其他基础性资源

一个地方商业环境再好，如果符合特许加盟单店要求的地址已被别人占满，那么建议加盟商最好还是另谋出路或转移至一处能获得符合要求的单店地址的区域，这对于那些有地址特殊性要求的特许加盟事业尤为重要。现实中，有许多受许人加盟失败的其中一个重要原因就是，他们只看到了特许人样板店的赢利，并据此推断自己也肯定能赢利。于是，在完全符合特许加盟单店要求的地址并不存在的情况下，他们退而求其次，强行开设了单店，结果以失败告终。

8.4.2 加盟店开业的策划

加盟商是否要举行加盟单店的开业庆典，可根据新店的营业规模来决定。如果营业规模较小，主要是做一些社区服务方面的生意，那就不必过于郑重其事地搞一个庆典，可采取在店门两侧摆设花篮，进行优惠酬宾等形式，都会得到良好的效果。如果新店的营业规模较大，商圈范围较广，且所在行业属于“眼球经济”的一部分，吸引潜在消费者的注意力对于发展业务有重要作用，那就必须制订细密的开业策划方案，举行一个较为隆重的开业庆典。开业策划方案一般有以下几方面内容。

1. 开业活动目的

① 通过开业前、中、后的宣传，提高门店开业信息的传播范围，提升门店的认知度，更大地影响潜在顾客的消费心理，创造顾客群。

② 通过活动的刺激和对顾客的良好服务，最大限度地提高开业业绩，提升门店赢利，提高加盟信心，为后续的经营打下良好的基础。

③ 通过标准化的店面形象，标准化的服务规范，优良的服务质量，热情的服务态度等来打动顾客，树立门店的良好形象，宣传企业品牌，提高品牌的知名度和美誉度。

2. 开业活动主题

比如：热烈祝贺某某特许加盟某某号店隆重开业。要确定好庆典的主题、风格、形式、规模和日期。

3. 开业活动宣传

（1）单页发放

店门口必须有人不间断地发放；附近小区必须采用“扫楼”式发放到各家各户；附近繁华商业地带必须发放；附近 800 米以内均需发放到位；可以采用报纸夹页方式发放；联合相关行业及渠道发放等。要求时间要长、范围要广、方式要活。

（2）海报宣传

在城管和主管部门同意的情况下取得张贴的权利，在门店外、附近小区、街道等醒目位置进行海报的张贴宣传。要求尽可能多贴，过后视损毁情况补贴。

（3）广播巡游宣传

以本店为中心，以机动车或非机动车为工具进行沿路巡游宣传。广播录音内容主要阐述开业时间、门店地址、服务项目、活动内容等，要求循环播放。

（4）当地广播电台、当地报纸、当地电视台等广告宣传

选择好本店周围顾客群受众广的电台调频、报纸版面、电视频道，要求考虑投入产出比和播出时间。有条件的还可以利用车体广告，在车身喷绘张贴宣传广告字样，达到长期宣传的目的。

（5）店门外造势宣传

店门外可树立气拱门或用气球扎成拱门，上挂主题条幅，从街沿穿过拱门到店门口铺红地毯，店门口放置花篮、小旗子，同时还可以在店外鸣放烟花或请乐队演奏等方式进行宣传。

4. 开业活动内容

① 编制开业庆典工作程序表。

② 确定主要参加的成员、邀请嘉宾。

③ 庆典现场布置。

④ 预算费用开支。

⑤ 免费服务、办卡优惠、买产品送礼品活动。

⑥ 制作加盟商开业备忘录、开业周反馈表、开业月反馈表、物料发放明细表等。

加盟商开业备忘录示例

参与方：　　　　加盟商：　　　　开发经理：　　　　市场督导部代表人：

为了更好地服务加盟商，提高工作效率，进一步增强沟通，达成共识，提高加盟商开业的成功率，特约定如下事项。

1. 开发专员与加盟商已就下列事项达成共识

（1）加盟商已确定店址：____________________________，如因加盟商原因需重新选址，造成的公司一切费用由加盟商承担。

（2）加盟商在签约后开业前，必须组织人员在公司规定的时间和地点进行培训，培训人员应至少______名，培训时间__________天，如果人员不到位、未经培训或培训员未经公司考核合格，加盟店不准开业。在员工培训过程中，经公司考察认定，参加培训人员不适合从事此类行业的，要求加盟商更换培训人员。

（3）加盟商店面装修必须按照公司统一规定的标准进行，未经同意，不得随意更改。

2. 市场督导部与加盟商已就以下事项达成共识

（1）加盟商已确定开业时间：_________________________。

（2）加盟商将派_____人参加公司统一培训，到公司参加培训时间为_______________至____________。

（3）加盟商开业前必须向公司提出书面申请，待公司验收合格后方可开业。

（4）加盟商已收到《加盟商管理手册》，并统一按该手册执行相关规定。

（5）加盟商已收到《××公司特许加盟门店统一开业活动方案》，同意按此方案进行开业活动。

3. 其他事项

市场开发经理已将加盟商相关资料（包括各种合同附件）交接给市场督导部。

三方会签：　　　　　　　　　　　　　　　　　　日期：

实务借鉴

“佳美”超市登陆H市的开业策划

一、策划目标

消费者对即将登陆本市的佳美超市不甚了解。因此，佳美超市进驻该市一定要产生轰动效应，让它树立该市商界领跑者的形象，在消费者心中树立品牌意识，产生品牌效应。

要向该市市民传达一个全新的消费观念：佳美超市是本市购物、休闲、娱乐的最佳去处，同时通过新闻报道，让“佳美”两字深入人心，为超市树立美誉做好铺垫。

二、宣传策略

（1）在开业前期20天，全面启动电视、报纸、电台三大主要传播媒体，将佳美超市即将盛装开业的信息告诉市民。考虑到媒体效果，将最先启动电台宣传，这一媒体对学生和喜欢听广播的消费者（如老年人）十分有效，且影响面较广。

（2）在开业前一个星期，全面启动报纸和电视台广告，形成一个全方位宣传报道的姿态。

（3）印刷一定数量的宣传单，把佳美超市的经营品种、开业时间以及开业期间的促销活动告诉消费者，与消费者进行面对面的宣传。

（4）在城区主要干道上悬挂横幅。如果情况允许，在主要十字路口悬挂氢气球，内容主要是与企业形象宣传和开业促销有关的信息。

（5）开业当天邀请一支乐队演奏，为开业助兴，吸引客源。演出曲目要求积极向上，具有较强的感染力。

（6）租赁一部汽车，并进行装饰，以新的、炫目的形象在市区主要街道来回穿行三天，同时在车上进行广播宣传，将开业信息和佳美超市的概况传达给消费者。

三、广告文案重点

（1）广告诉求要点：佳美超市是一家集购物、娱乐、休闲于一体的大型超市，价格贴近消费者，服务好，商品质量值得信赖，是本市首家推出“生鲜食品”的超市。

（2）广告诉求主要对象：30～55 岁的家庭主妇，18～30 岁的青年人和 60 岁以上的老年人。

（3）广告诉求的次要对象：6 岁以上的小孩，15～18 岁的青少年。

（4）广告文案说明：佳美超市进入本市，首先要让市民了解其商品价格贴近消费者，商品贴近生活，服务质量好，首家推出生鲜食品，因此价格、质量、生鲜食品是广告的诉求重点。

四、报纸新闻系列报道的线索

（1）走进超市。要介绍超市为何物，其中要告诉市民佳美超市将登陆本市，同时也要插入佳美超市的成功做法，如价格低、服务好、质量高、经营生鲜食品等。面对如此激烈的竞争，如何打造自己的营销空间，扩大市场占有率？大超市挺进大中城市，小超市路在何方？零售业的竞争为什么会如此激烈？道理很简单：零售业进入市场阻力小，市场门槛低，相对容易在管理中出效益。但随着竞争的加剧，赢利空间在日益减少，超市的微利时代已经到来。在此情况下，小超市不具备品牌形象、人力资源和管理优势。管理跟不上来的小超市已经不能适应市场，只有走加强管理和规模经营之路才能生存发展。因此，报道以《超市新气象》为参考标题，从佳美超市的规模、理念、经营战略等方面进行报道。

（2）佳美超市引领本市超市新潮流。佳美超市的进入将对本市超市行业产生革命性的影响，掀起一股新的超市旋风。有如下三个具体表现。

首次提出“顾客永远是对的”、“保证顾客满意”的经营理念，并通过科学的管理制度和方法保证这一理念落到实处，使超市竞争摆脱单纯的价格竞争和商品竞争，上升到服务竞争和品牌竞争，提升竞争品位。

首次在该市的超市中推出生鲜食品，结合当地政府提出的“菜篮子”工程，把嘈杂、脏乱的生鲜市场变成整洁、卫生、方便的生鲜区搬进超市，将改变广大市民的消费习惯。

首家推出特价快讯商场广告（Direct Mail，DM），开创了“天天平价，天天省钱”的低价时代。DM 是洋超市惯用的促销手段，佳美超市吸取国外超市的先进经验，为该市的超市营销带来新的潮流。

五、开业广告投放计划

为打造佳美超市形象，应注重全方位广告宣传，包括电视、报纸、电台、户外广告等。

1. 具体投放计划

（1）4 月 12～26 日：增加新闻报道，深度宣传企业形象，分三篇报道推出，总投入 5 000 元左右。

（2）4 月 13～28 日：广播电台广告启动，在市广播电台播放，投入 2 000 元左右。

（3）4 月 22～27 日：电视广告启动，时长 20 秒，分 5 个时段插播，连续滚动播放一个星期，投入 1.4 万元左右。

（4）4 月 27 日：报纸广告启动，投放在《H 市晚报》，版面为 1/4 版，投入在 1 万元左右；《H 市报》，版面为 1/2 版，投入在 3 000 元左右。

（5）4 月 28 日：开业，各媒体同时推出关于开业的新闻。

2. 户外广告

（1）3 月 13 日起：在超市正面挂出“4 月 28 日佳美超市隆重开业”的巨幅广告。

（2）4 月 27～30 日：在超市所在街道上布置 20 个氢气球，营造喜庆热烈的气氛。

（3）4 月 27 日晚：50 条供应商的祝贺条幅在超市正面的楼层上凌空垂下，显示公司与供货商融洽、团结的关系。

试分析：“佳美”超市登陆 H 市的开业策划是否全面、准确？

请思考：如果是你做此企划，准备改动哪些方面？

模块小结

本模块主要介绍了开展特许加盟体系推广活动的步骤和办法。首先，站在特许人的角度介绍特许加盟体系推广的含义，分析特许加盟体系推广活动的流程，介绍一般特许人对加盟商评估的方法。其次，站在受许人（加盟商）的角度介绍开展特许加盟体系加盟活动的步骤和方法，如受许人如何自我评估，如何进行准确行业定位，如何对特许加盟体系进行正确评价与选择。最后，针对加盟商如何做开店筹资、如何对其单店进行开业典礼等做了详细的说明。

通过本模块的学习可以使学生和广大读者对特许加盟的进入和选择有个详细的了解。特别是对于缺乏资金和经营经验的创业投资者来说，通过本模块的学习，可以帮助他们了解更多有关创业的加盟思路，并使其在选择进入特许加盟企业前有清醒的认识，避免盲目投资，糊涂经营。

能力自测

1. 一般来讲，特许加盟体系的推广步骤是怎样的？
2. 在进行特许加盟体系推广的可行性分析时，要进行哪几方面的分析？
3. 样板店是必须建立的吗？请说明理由。
4. 若要建立样板店，请问其投资者是谁？经营者是谁？
5. 加盟商在选择特许加盟企业时要进行哪些研究和考察？
6. 对“只要有钱就可以加盟，只要加盟就一定赚钱”这种说法，你同意吗？
7. 有哪些信息内容是特许人必须向加盟申请人披露的？
8. 加盟商的单店开业时一定要“轰轰烈烈”吗？

模拟实训

1. 访问特许经营网站。
2. 假设你是一个加盟商，请做一个选择特许加盟体系的可行性分析报告。
3. 寻找一个特许加盟项目，为该特许加盟总部做一个特许加盟推广的可行性分析报告。

模块五

特许加盟合同及其法律实务

【学习目标】

通过学习，学生应该能够在特许加盟相关法律体系的框架下，在特许加盟合同设计的职业情境中：了解特许加盟合同类型及设计原则，熟悉特许加盟主合同和辅助合同的内容、区别与要点，掌握特许加盟合同主要条款的制作规范以及特许加盟合同所规定的主要权利、义务。通过理论学习和实务操作，实现特许加盟合同和法律实务所要求的能力目标。

【核心能力】

根据特许加盟合同的设计要求和制作规范，达到具有独立撰写特许加盟合同和各类相关协议的能力。

【模块导引】

在掌握了特许加盟推广业务活动的主要任务之后，为了使特许加盟业务具有法律规范和法律保障，首先，必须按照特许加盟合同的样本及其特殊性要求，掌握合同主要条款的设计原则和设计内容；其次，必须根据特许双方达成的一致意见，进行主合同及辅助合同的签订；最后必须对知识产权等法律问题有所了解和掌握，在特许加盟活动中进行知识产权的保护。因此，现在面临的第五个职业活动就是如何进行特许加盟合同的撰写。

项目 9　设计与签订特许加盟合同

任务 9.1　设计特许加盟合同

特许加盟合同是特许人和受许人之间签订的用于规定双方权利义务、确定双方特许加盟关系的法律契约。它包括特许加盟合同主合同（狭义的特许加盟合同，也是人们通常理解意义上的特许加盟合同）和特许加盟辅助合同。特许加盟主合同规定特许加盟双方的主要权利、义务，特许加盟权的内容、特许期限、特许地域、特许费用、违约责任、合同解除等所有重要内容。特许加盟辅助合同一般包括商标使用许可协议、软件许可与服务协议、市场推广与广告基金管理办法、保证金协议等。

9.1.1　特许加盟合同的设计原则

特许加盟合同设计应遵循的原则一般包括自愿原则，平等、公平原则，合法原则和诚信原则。

1. 自愿原则

自愿原则是指当事人依法享有在缔结合同、选择交易伙伴、决定合同内容以及在变更和解除合同、选择合同补救方式等方面的自由。自愿原则包含以下含义：根据自己的意愿自主决定是否订立合同；自由决定签约对象；在法律许可的范围内自由订立合同条款，变更、补充有关内容；双方可以协议解除合同，发生争执时，当事人可自愿选择解决争执的方式。只要不违背法律，行政法规的强制性规定，合同当事人有权自愿约定合同的各方面内容。

2. 平等、公平原则

平等原则是指合同当事人在交易活动中法律地位平等，权利义务对等。这一原则的含义是合同当事人，无论是法人和其他经济组织，还是自然人，只要他们以合同主体的身份参加到合同关系当中来，他们之间就处于平等的法律地位，没有高低从属之分，法律给予他们一视同仁的保护。所谓公平原则，是指合同当事人在交易活动中，以公正平允为交易准则，它是法律基本的价值目标。任何违背当事人意愿以欺诈、胁迫、乘人之危而成立的合同，《合同法》都予以否定性评价。只有真正贯彻平等、公平原则，才能保障特许加盟体系的持续健康发展，实现“双赢”的格局。

3. 合法原则

合法原则是指合同的订立、履行、变更和解除、终止，及其内容和形式应当符合法律规定的原则。特许加盟合同必须符合合法的原则。第一，特许人和受许人订立特许加盟合同的程序、形式内容必须符合相关法律的规定。第二，特许人和受许人在履行特许加盟合同时必须遵守全国性的法律和行政法规。第三，特许人和受许人必须尊重社会公德，不得违背社会公共利益。

4. 诚信原则

诚信原则是指当事人在从事民事活动时，应诚实守信，以善意的方式履行其义务，不得滥用权利及规避法律和合同规定的义务。诚信原则在合同的订立、履行、变更、解除的各个阶段，包括在合同关系终止以后都对当事人有约束力。在合同关系的全过程中，当事人都要讲诚实、守信用，相互协作，以善意的方式履行自己的义务，不得滥用权利。在特许加盟合同中确认诚信原则，有利于保持和弘扬恪守信用、一诺千金的传统商业道德，有利于强化特许人和受许人的合同意识，维护社会交易秩序，并为司法实践中处理特许加盟合同纠纷提供准绳。

9.1.2 特许加盟合同的类型

1. 单店加盟合同

它是特许人赋予受许人在某个地点开设一家加盟单店的权利时，特许人与受许人直接签订的特许加盟合同。

单店加盟合同是最有典型意义的特许加盟合同，包含了特许加盟合同的主要要素。此种合同的一方是特许权的所有者，另一方是特许权的直接使用者，这种合同反映了特许权所有者与使用者直接的权利义务关系。在单店加盟合同中，双方关系相对简单。单店加盟合同适用于特许权所有者直接发展受许人的情况。它的优点是特许者容易实现对受许人的控制，业务发展的利润未分流；缺点是发展速度较慢，对特许人管理和控制能力要求较高。

2. 区域加盟合同

特许人将在指定区域内的独家特许加盟权授予区域受许人，区域受许人可将特许加盟权再授予其他申请者，也可由自己在该地区开设特许加盟经营点，从事特许加盟经营活动。这时特许人与受许人签订的合同就是区域加盟合同。

区域加盟合同的特点：第一，合同主体一方是特许权的所有者，另一方不一定直接使用特许权，可以自己的名义发展受许人；第二，合同包含区域开发的内容；第三，与单店加盟合同相比较，区域加盟合同相对复杂。区域加盟合同适用于跨地域发展和分区域开发特许业务的情况，它的优点是容易实现特许体系的快速发展，部分管理工作由区域受许人完成，特许人能减少许多管理、控制任务；缺点是不易保证特许加盟体系的完整与统一，对区域受许人的依赖过强，且存在利润分流。

任务 9.2 签订特许加盟合同

特许加盟合同是一种特殊的合同，有一些条款是所有合同普遍适用的，但也有一些条款是特许合同所独有的。因为，特许加盟涉及的是经营模式、专利、专有技术、品牌、商标、服务标记及其他商业符号，所以特许加盟合同的内容应该突出它的特殊性。

9.2.1 特许加盟标准合同条款

经过多年的发展，特许加盟合同基本已经定型和模板化。但国内外特许加盟合同还是有较大差别的。目前，国内流行的标准特许加盟主体合同大致可以分为四个组成部分：合同引言、合同中关键用语释义、合同的主体部分以及合同的附件部分。其中，合同的主体部分大致包含以下 22 条内容。

第一条 特许授权的内容。
第二条 加盟店的所在地点。
第三条 特许费用。
第四条 特许人的权利。
第五条 特许人的义务。
第六条 受许人的权利。
第七条 受许人的义务。
第八条 特许人的声明。
第九条 受许人的声明。
第十条 当事人关系。
第十一条 合同权益的转让。
第十二条 特许人保留的权利。
第十三条 合同的终止。
第十四条 合同终止后受许人的义务。
第十五条 违约责任。
第十六条 不可抗力。
第十七条 争议的解决。
第十八条 可分割性。
第十九条 通知。
第二十条 对合同的弃权。
第二十一条 对合同的修改。
第二十二条 其他约定事项。

而合同的附件部分则通常可以包括单店的经营范围及工作程序、单店设计图、特许人的部分手册目录、供货合同、房屋租赁合同、指定供应商名录等。

9.2.2 特许加盟合同样本解析

为了更好地理解特许加盟主体合同，下面具体剖析一份 A 食品公司的特许加盟合同。

1. 特许加盟合同的封面（见图 5.1）

甲方：A 食品有限公司
营业执照注册登记号：×××
注册地址：××省××市××区××街××号

邮政编码：××××××
法定代表人：×××
乙方：×××
营业执照注册登记号：×××
注册地址：××省××市××区××街××号
邮政编码：××××××
法定代表人：×××

合同编号××

特许加盟合同

A食品有限公司

年 月 日

图 5.1 特许加盟合同封面

2. 合同样本正文解析

一、引 言

1. A 食品有限公司是国内成功的食品生产企业之一，是“A”商标的持有人。A 食品有限公司开发了以 A 公司为标志的统一设备、产品、店铺运作形式等统一的特定经营技术系统，通过不断改善和实践，A 公司商标和服务标志，表示 A 公司的标签、招牌、著作权等一系列的营业象征的统一性已被消费者和社会广泛认识，并由此确立了信誉。

2. “A” 商标已于××××年××月××日在商标局合法注册。

3. 甲方与乙方本着互相协作和信任的原则，就使用由甲方开发和完善成形的 A 公司系统和形象，开发食品零售店事业，以稳定和扩大双方的经营事业，获得利益，特签订本合同。乙方同意甲方规定的 A 公司系统的形象设计和企业理念，愿意按照以下各条规定，经营由 A 公司商标表示的食品零售加盟店。

[**解析**]“引言”部分主要说明的是特许人的大致背景、特许权内容，声明特许人的商标是已经注册过的合法商标以及本合同的意图。

二、释 义

本合同以下条款中，除个别文字需另做解释外，下列词语具有如下含义。

1. “A 公司经营技术资产”：由 A 公司开发、完善成形，用于食品零售店经营的具有统一性的独自的经营技术系统，是 A 公司的注册商号、商标、标志和与服务标志、模式、样式、店铺管理方式、商品陈列方式、会计系统、专业教育研修程序及营运有关的不可分的统一系统。

2. “A 公司店铺”：使用属于 A 公司所有的经营技术资产及商标的食品零售店。

3. “A 公司商标”：A 公司的商标和服务标志及表示 A 公司的标记、记号、招牌、标签、样式及其他一切营业象征。

4. “A 公司形象”：加盟店因使用 A 公司经营技术资产和商标，而使其统一性被公众广泛认识，获得了信誉，并在定型的统一形象下营运。

5. 甲方：拥有 A 系统并享有 A 系统的独立使用权，且有权许可他人使用 A 系统的法人，在本合同中指 A 食品有限公司（简称 A 公司）。

6. 乙方：与甲方签订本特许加盟合同而被授予本合同规定的方式，在核准地点使用 A 系统，且已领取有效食品零售营业执照的经营实体，在本合同中指×××。

7. 业务：为本合同之目的，乙方经甲方授权使用 A 系统，以本合同及其附件所规定的内容及方式经营的 A 商标的食品零售业务。

8. 非独占许可：甲方根据本合同授予乙方的一项权利，根据该项权利，乙方可以根据合同规定的方式，在核准的地点使用 A 系统经营特许业务。该项权利不是排他的，即甲方可以在核准的地点使用及附近区域授予他人享有与乙方同样的权利，但甲方应遵守本合同的相关规定。

9. 生效日：本合同经甲乙双方签署的日期。如甲乙双方签订日期不一致，以后一个签署日期为准。

[**解析**]“释义”部分说明下文中的一些缩略词的准确全称，如合同里常用的“甲方”、“乙方”、“特许人的商标”、“非独占许可”、“特许业务”、“合同生效日”等。

第一条　特许授权的内容

1.1　特许加盟权的授予。

甲方同意根据本合同规定的条款及条件授予乙方在本合同有效期内，在本合同核准地点内经营 A 商标的食品零售业务而使用 A 公司经营技术资产的非独占许可的使用（以下简称特许权）。

上述 A 公司经营技术资产被规定在作为本合同附件的 A 单店营运管理手册及 A 单店 VIS（视觉识别系统）手册中。乙方同意接受甲方的上述授权。

1.2　名称与使用。

1.2.1　乙方应以 A 加盟店为商号经营 A 商标的食品零售业务，且未经甲方事先书面同意，不得在本合同规定的核准地点使用其他名称。

1.2.2　乙方标示上述 A 加盟店时，包括办公室标牌、营业场所标牌、文具、名片广告材料，应严格遵照 A 单店 VIS（视觉识别系统）手册的规定。

1.3　商标的使用承诺。

1.3.1　甲方承诺在本合同执行期间，乙方可以在 A 公司的加盟店中使用 A 公司商标、服务标志及表示这些的标志、记号、样式、标签和招牌。

1.3.2　乙方不得在 A 公司加盟店以外使用本合同中甲方同意乙方使用的商标。

1.3.3　乙方要使用甲方商号的一部分或作为加盟店商号的一部分使用甲方商标，须事先征得甲方的书面承诺。

1.3.4　本合同终止或解除后，乙方不得以任何理由再使用 A 公司商标。

1.3.5　事先未得甲方书面承诺，乙方不得在登记商号中出现 A 公司字样。未经甲方同意私自注册了此类商号则须无条件消除。

1.4　使用范围和使用方法。

1.4.1　乙方只能按甲方承诺的范围和方法使用 A 公司商标及经营技术资产，同时必须以 A 公司经营技术资产为基础，按统一形象经营店铺。

1.4.2　乙方使用 A 公司商标和经营技术资产时，不得有以下行为。

1. 降低A公司形象，损害A公司商标和经营技术资产的行为。

2. 除为A公司店铺经营而向加盟店职工传授A公司经营技术资产及甲方有特别指示外，向第三者泄露、传授A公司经营技术资产的行为。

3. 乙方为第三者模仿A公司商标和经营技术资产，或帮助第三者模仿的行为。

1.5 合同期限。

1.5.1 除依据本合同的规定提前终止合同外，本合同的期限为5年，自甲乙双方在合同上签字之日起开始生效。

1.5.2 合同期满前60天，经甲乙双方书面同意，本合同可以展期。甲方有权选择在乙方满足以下条件时，与乙方签订展期合同。

1. 乙方在合同期满之前60天向甲方提交书面申请展期合同。

2. 乙方所欠甲方的所有债务都已经清偿。

3. 乙方完全履行本合同，并不存在任何违反本合同的行为。

1.5.3 展期合同在本合同期满甲乙双方同意，签订甲方规定的特许加盟合同书后成立。展期合同为本合同期满终止后接续成立的新合同。但加盟店无须支付特许加盟合同书规定的加盟金，本合同的保证金可充作更新合同的保证金，此种情况下，乙方不得要求甲方归还保证金。

［**解析**］本条款说明该特许权的授予对象、内容、时间期限，使用范围、方法等限制，以及合同续签等事项。

第二条 加盟店的所在地点

2.1 乙方仅在××省××市××区××街××号（以下简称核准地点）设立并经营A加盟店，开展其根据本合同获得的特许业务。非经甲方事先书面批准，乙方不得在任何其他地点经营本特许业务。

2.2 乙方不得在核准地点从事任何非本特许业务活动。乙方在核准地点以外从事本特许业务以外的其他业务均不得使用A公司经营技术资产。

2.3 在合同有效期内甲方不得在加盟店半径500米（直径1 000米）范围内自己或让第三者经营其他A公司店铺。

2.4 加盟店核准店址的变更。

2.4.1 因地理环境变化和其他原因，乙方希望变更在核准区域内的店铺时，应提前30天向甲方提出书面变更申请。说明新地点的地址、变更原因、其他可能影响甲方做出批准或不批准决定的因素。

2.4.2 甲方认为变更要求的理由可以成立，应立即做出答复，并必须对选择新店址给予必要的帮助，如店址地理环境的调查等。

2.4.3 乙方应支付甲方进行上述所列调查等的费用。

2.4.4 移至新址后，A加盟店仍应符合本合同及A单店营运管理手册及A单店VIS手册对其面积、内外观的要求。

［**解析**］本条款说明加盟店的具体地址与要求，以及加盟店地址的变更办法、程序、条件等。

第三条 特 许 费 用

3.1 加盟金。

3.1.1 乙方于签订合同的同时向甲方支付加盟金 15 万元。

3.1.2 加盟金中 3 万元为接受教育、研修的费用；12 万元用于为加盟店开业而接受甲方经营技术资产、商标使用权等特许费价格及支付甲方用于为加盟店开业而进行的地理条件调查的费用，开业指导的费用。

3.1.3 不论是本合同期满，还是中途解约或其他理由，都不归还加盟金。

3.2 保证金。

3.2.1 作为合同签订后甲方与乙方之间发生债务及乙方忠实地执行合同的担保，乙方须在本合同签约时向甲方预交 3 万元的保证金。

3.2.2 甲方可以用此保证金的全部或一部分，充抵乙方拖欠的债务。乙方在接到甲方的充抵通知后，须马上向甲方支付与被充抵数额相同的现金，补充保证金。

3.2.3 保证金不计息。

3.2.4 除用于充抵甲方债务外，乙方不得对保证金作其他任何处理。

3.2.5 不论乙方在法律上或本合同上有无解约权、解除权，如因其退出合同等行为，而导致事实上本合同无法继续执行及因乙方不履行本合同义务而被解约时，甲方具有要求赔偿损失的权力，可以没收乙方 3/4 的保证金充抵违约金。在加盟店撤除所有表示 A 公司的招牌、工作物品和其他营业象征一年后归还剩余的 1/4 的保证金。

3.2.6 除前项解约外，合同期满或双方解除合同后，在乙方撤除表示 A 公司的全部招牌、工作物品等其他营业象征一年后，甲方应归还乙方全部保证金。

3.3 特许金。

3.3.1 在本合同执行期间，作为使用 A 公司商标、经营技术资产和接受 A 公司帮助、指导的价格，乙方须向甲方支付相当于年毛利额 10%金额的特许金。

3.3.2 前项“年毛利额 ”为年销售总额减去年进货额的剩余。“年销售总额”指 11 月 1 日至下一年 10 月 31 日期间，乙方在本合同下进行营业所发生的销售额，包括现金和信用销售（信用销售无论是否已兑付）加上乙方自家消费的商品零售额（自家消费商品零售额中不包括乙方被盗商品零售额及腐坏商品、过期商品零售额）的合计金额。

3.3.3 根据各年度 10 月 31 日决算书及相关簿记凭证计算每年的特许金。

3.3.4 甲方按每月毛利额 10%的金额，于下一个月的 10 日前向乙方索要每月的特许金。乙方最迟至该月末或持现款到甲方指定的场所，或汇入甲方指定的银行账户。汇款手续费由乙方负担。

3.3.5 按年计算的年特许金同每月支付的特许金的 12 个月总计数之间出现差额，由当事者双方核清解决。

3.4 广告宣传分担金。

乙方须向甲方支付作为 A 公司总体进行的促销活动产生的费用的实际负担金额。

3.5 拖欠损失金。

乙方未在规定期限内支付甲方规定的加盟金、加盟保证金、特许金、广告宣传分担金等债务时，按每超一日加付10%的比例向甲方支付拖欠损失金，直至付清为止。

［解析］本条款主要说明受许人应缴纳的特许加盟费用的名称、内容、数额、缴纳的具体办法以及未缴的惩罚措施等。

第四条　甲方的权利

甲方在本合同项下的权利包括但不限于以下方面。

4.1　为确保A加盟店的统一性和产品服务质量的一致性，甲方有权对乙方的经营活动进行监督。

4.2　如果乙方侵犯甲方合法权益，破坏A公司形象，甲方有权终止本合同。

4.3　按本合同约定收取本合同及附件中约定的各种费用。

［解析］本条款主要说明特许人对于受许人的监督和收取相应特许加盟费用等的权利。

第五条　甲方的义务

5.1　甲方要为乙方选择店址进行地理位置状况、交通状况、人口密度、所在地区发展前景等建店可行性专门调查。

5.2　在开业前及本合同执行期间，甲方必须向乙方传授与A加盟店有关的食品销售的知识和经营技术。包括但不限于向乙方提供A单店营运管理手册及A单店VIS手册。

5.3　加盟店开业前后5天，甲方须向乙方派遣本部开发部人员进行开业指导和经营指导。

5.4　在本合同有效期内甲方要定期和不定期地以书面和其他方法对乙方进行进货管理、销售管理、商品管理、商品知识、卫生管理、职工管理、会计处理、店铺经营管理、店铺保安等各方面的指导，提供有关信息，帮助乙方实施标准管理。

5.5　除经营者会议召开周外，甲方每周向乙方派遣营运部项目负责人进行经营指导。

5.6　在本合同有效期内，向乙方提供特许业务所需的货品、设备及其他文件。

5.7　甲方要计划和实施，以维护A公司全体利益为目的的宣传、广告等促销活动。

［解析］本条款主要说明特许人在受许人开业前后所应尽的义务，比如培训、开店指导、商品配送、广告宣传等。

第六条　乙方的权利

乙方在本合同项下的权利包括但不限于以下方面。

6.1　乙方有权依本合同规定，在合同约定的期限和核准地点使用A公司经营技术资产从事A商标的食品零售业务。

6.2　乙方有权依本合同规定接受甲方提供的A加盟店开业前的培训。

6.3　乙方有权在本合同有效期内获得甲方提供的A加盟店经营指导和培训。

6.4　乙方有权依本合同规定接受甲方提供的特许业务所需货品及其他设备。

［解析］本条款内容主要包括受许人有权使用特许人授予的特许权、获得特许人提供的支持、指导和帮助的权利等。

第七条　乙方的义务

7.1　支付费用。

乙方应及时向甲方支付本合同的第三条规定的各项费用及按本合同或甲乙双方的其他约定应由乙方支付给甲方的任何其他款项及费用，并不得有任何条件或限制，或有任何抵消或折扣。

7.2　经营管理及指导。

7.2.1　加盟店在开业前必须派遣店主和两名可以代行承担责任的职工参加甲方规定的教育研修，获得经营 A 公司加盟店必需的知识和技术。

7.2.2　开业后，如甲方有研修指示，乙方也必须按指示要求派遣店主和两名可以代行承担责任的职工再次参加前项规定的进修教育，获得必需的知识和技术。乙方向总部支付本项教育进修所需的一切费用。

7.2.3　乙方必须参加一年两次的定期总会及总会召开月以外的定期经营月会和临时经营者会议。甲方应提前一周通知开会日期。

7.2.4　乙方在接受甲方营运指导时期，经经营者或店主同意，允许甲方派遣的营运部人员进入店堂内检查加盟店的全部经营情况。

7.2.5　乙方在接受甲方指导期间，允许甲方的代理人及甲方人员检查与加盟店的商品库存、店铺经营、现金存款、原始票据等有关的各种资料。

7.3　店铺开发的相关事项。

7.3.1　为维护 A 公司形象的统一性，乙方的店铺结构，内外装修装饰要符合甲方规定的标准。

7.3.2　为维护 A 公司形象的统一性，乙方同意委托甲方指定的有此资格的建筑设计事务所负责店铺的新建、增建、改建的内外装修装饰等的设计和督查。

7.3.3　乙方同意新建、增建改建、内外装修装饰等改造工程的施工者，由甲方从经营建筑设计事务所公正的资格审查的施工企业中招标决定。

7.3.4　为维护 A 公司形象的统一性，乙方同意店铺的设备、装置、用具、招牌等的规格符合甲方规定的样式。

7.3.5　为了通过集中采购以降低成本，获得利益，乙方同意从甲方指定处购买营运必需的设备、装置、器具、用品、招牌等物品。

7.3.6　对于营运必需的包装材料、发票、封口纸、提货袋、标签及其他附属材料、消耗品，乙方同意使用甲方指定的产品，同意从甲方指定处购买。

7.3.7　乙方同意向“A 公司商业协同组合”租赁甲方开发的售货机，并按规定程序操作。

7.4　促销。

7.4.1　乙方要按规定参与甲方组织的各种促销活动。

7.4.2　乙方要单独或与其他加盟店共同进行宣传、广告、展示等促销活动，必须事先向甲方提出书面申请，说明活动的内容和进行的方法，征得甲方同意后才能实行。

7.5　进销价格的设定。

7.5.1　乙方要努力做到按甲方推荐的商品进货，按甲方建议的零售价格销售。

7.5.2　如甲方建议的零售价格与本地区实际情况不符，乙方要向甲方告明情况，甲方应根据形象的统一性要求和乙方所处地区的实际情况综合考虑，向乙方提出与其实际情况相符的价格建议。

7.5.3　乙方要从非甲方推荐的进货单位采购时，应事先书面向甲方说明理由，征得甲方书面同意。

7.6　物品的保养、维修。

7.6.1　乙方要确实保养好店铺建筑、设备及其他供营业使用的一切物品，维护 A 公司形象。必须经常清洗、检查店铺建筑外观，养护内外装饰和其他用品，使之保持清洁和完备状态。

7.6.2　乙方如不能充分做好前项规定的保养工作，且在受到甲方相关警告后的 5 日之内仍不见改善，甲方可委托第三者做保养事宜，所需费用由乙方负担。

7.6.3　乙方同意，在甲方认为有必要时，甲方人员可随时进入店铺建筑、停车场，检查店铺、设备的保养状况。

7.7　账簿等的制作。

7.7.1　为使甲乙双方准确把握加盟店的经营状况，乙方要按甲方指定的格式制作和保留以下文本:

1. 传票。

2. 营业报告书（每天制作）。

7.7.2　乙方每周向甲方递交一次一周的每日营业报告书。

7.7.3　甲方和甲方任命的注册会计师可随时在营业时间调查第一项所列的账簿，乙方应主动向甲方提供传票等文件，协助调查。

7.8　盘点。

乙方要定期进行库存、销售款、收到支票、汇票及消耗品的盘点清查，准确把握经营状况，及时报告甲方。

7.9　决算文本。

7.9.1　乙方应在甲方指定的注册会计师的指导下制作税法要求的会计年度决算申报书。

7.9.2　乙方在每年向税务署等官厅递交税法要求的最终申报书及其附件时，应同时一并递交甲方。修改最终申报书时也同样。乙方收到税务署要求更改或确认事业收入的修改通告后也必须将通告同时递交甲方。

7.9.3　乙方的最终申报书及决算书与按营业报告书为依据制作的决算书之间发生不一致时，乙方应以营业报告书为准，修改决算书，如因此而损害了甲方的应得利益，则须做出合理赔偿。

7.10　专心营业义务。

7.10.1　乙方在本合同执行期间，必须全力以赴提高该店的营业成绩。

7.10.2　除非得到甲方书面同意，否则乙方不得从事其他营业。

7.10.3　乙方须严守甲方指定的营业日、营业时间从事经营。

营业日为每周七天制，无休息日。开店时间为上午 7 点以前，闭店时间为晚上 11 点以后。每天营业时间应在 16 小时以上 24 小时以下。婚、丧、葬祭日及类似的特别日可休息。

7.11　守密义务。

7.11.1　乙方不得向第三者泄露甲方按本合同规定提供给乙方的经营技术资产秘密及有损甲方利益的情报。

7.11.2　乙方有责任保证其职工不向第三者泄露前项秘密。

7.11.3　前两款规定的乙方的守密义务在本合同期满后仍然有效。

7.11.4　甲方按本合同规定提供给乙方的经营技术手册和其文件文本归甲方所有，出借给乙方后，乙方须负责保存，合同终止后即刻归还甲方。

7.12　商誉的保护义务。

7.12.1　乙方不得损害甲方和A公司其他加盟店的声誉、信誉，不得妨碍甲方和其他加盟店的业务。

7.12.2　乙方发现第三方对A公司经营技术资产有侵权行为后，应立即告知甲方，并对甲方针对侵权行为所采取的措施进行配合。

7.13　纠纷报告义务。

7.13.1　乙方的加盟店营运中发生诉讼、争执或其他纠纷，须及时报告甲方。

7.13.2　如乙方的加盟店营运中发生纠纷，甲方以维护A公司事业为目的，可随时指示乙方付诸法律，或采取其他措施。乙方应遵从甲方决定。

7.14　商品、服务的质量管理。

为维护加盟店售出商品的质量和服务的均一性，提高A公司形象，乙方的营业方法必须遵守甲方提供的经营手册规定的要求和标准。

[**解析**]本条款内容主要包括受许人按规定支付特许加盟费用、按特许人VIS及手册规定建设单店、按特许人约定运营单店、维护特许人的商标及声誉、遵守特许人单店手册的运营规定、接受特许人的监督与管理、保守商业秘密、与特许人的商标侵权作斗争等义务。

第八条　甲方声明

甲方兹声明下列陈述确属真实无误。

8.1　甲方是A公司经营技术资产的拥有者、A公司商标的所有者，受法律保护。

8.2　甲方承诺在本合同执行期间，乙方可以在A公司的加盟店中使用A公司商标、服务标志及表示这些的标志、记号、样式、标签和招牌。

8.3　甲方有权自行使用并授权乙方使用A公司经营技术资产。甲方有权向第三方转让本合同项下甲方的权利和义务。

8.4　甲方签订本合同的行为不违反，也不构成不履行甲方作为当事人的其他任何合同或承诺。

8.5　代表甲方签署本合同的签约人已经过甲方授权。本合同经双方代表签署，即构成对甲方有约束力的义务。

[**解析**]本条款主要是再次申明特许人对其知识产权的所有权、使用权和处置权，并申明特许人签订本合同的行为与签订其他合同的行为关系以及对签约人的授权等。

第九条　乙方声明

乙方兹声明下列陈述确属真实无误。

9.1　乙方承认A公司经营技术资产是只属于甲方所有的经营技术资产，受法律保护。

9.2　乙方承认，A公司商标为A公司统一的营业象征，属甲方所有。

9.3　乙方理解并认同甲方指定的高水准及统一的质量、外观及服务标准对于维护A商标价值的重要性和按照A公司经营技术资产经营A加盟店的必要性。乙方特此声明有能力也愿意遵守该标准。

9.4　乙方是在核准的地点合法设立并经营A加盟店的经营实体。乙方已经领取到在核准地点所在地有关部门批准从事本合同项下特许业务所需的营业执照、资质资格证书等所有有关文件，从而可以合法从事本合同所规定的特许业务。

9.5　乙方并无任何意图出售，或试图出售，或转让A加盟店的全部或部分股份，乙方也不存在正在进行解散，计划清算的程序。

9.6　乙方在签署本合同之前已经认真阅读并充分理解甲方向其提供的所有有关A公司经营技术资产和有关甲方的文件。

9.7　乙方签订本合同的行为不违反，也不构成不履行乙方作为当事人的其他任何合同或承诺。

9.8　乙方确认，除在甲方交付乙方的各种材料中列明的事项外，甲方本身或甲方的任何全权代理人或代表人未曾做出任何其他性质的声明、承诺、担保或保证诱使乙方签署本合同。乙方承认，A加盟店的成功依赖于乙方的努力。乙方声明，其有意愿管理或督导乙方的A加盟店的业务。乙方确认，甲方或任何他人皆未担保或保证乙方的A加盟店的业务的经营必然赢利。

9.9　乙方已仔细阅读本合同并充分了解其中条款的内容及重要性，并共同声明，其各自均有能力也有意愿遵守该规定。

9.10　乙方完全了解应于甲方规定的期限内缴清其应缴的费用，若未于甲方所规定的期限内缴纳，且经甲方根据本合同催告后，仍未于甲方规定的期限内缴清其应缴的费用，甲方可以在书面通知乙方后终止本合同。

[**解析**] 本条款主要是申明受许人作为一个经营实体的合法性，申明加盟意图、对单店地址、遵守手册、对签约人的授权、对合同的认识等方面。

第十条　当事人关系

10.1　本合同当事双方为各自独立的事业者。双方之间不存在任何共同投资、代理、雇用、承包关系。乙方不具有代行甲方或因甲方而发生任何行为的权利。乙方员工不是甲方的员工，也不是甲方代理人。甲方对其劳动关系及员工行为不承担任何责任。

10.2　乙方的A公司加盟店的经营由乙方自主、独立承担责任，经营决策是乙方自行判断、自主运作的行为。

10.3　未经甲方的许可，乙方不得为第三方的债务提供担保。

[**解析**] 本条款说明，受许人是且应为一个独立的缔约方，且本合同中任何规定不得解释为在特许人和受许人之间建立代理人、联营关系或共同投资人关系。除非本合同另有规定，特许人或受许人皆不得以对方的代理人或代表人的身份开展活动，或承担对方的各项债务及相关财产责任。未经特许人的许可，受许人不得为他方的债务提供保证。

第十一条　合同权益的转让

11.1　乙方未经甲方的事先书面许可，不得将本合同或本合同中规定的任何权利或利益，以任何方式转让、转移或分割给任何第三方或与第三方共享，不得将此用做担保和其他处置。

11.2　未经甲方事先同意的任何转让、共享或分割均属无效。甲方有权拒绝乙方转让本合同的权利或权益的要求。

11.3　如甲方认为乙方已不能再继续营业，或因明显的困难而有可能发生营业中断时，为保持加盟 A 公司加盟店的运营，甲方可以临时接替营业。待甲方确认乙方可以重新经营后，应及时把营业权归还乙方。

上述甲方接替经营期间发生的收益和损失均归属乙方，甲方代行营业所产生的费用由乙方负担。

11.4　如乙方希望出让或出租加盟店时，甲方有权优先接收加盟店建筑或接替、承租。

11.5　如遇上述情况，甲方和乙方可以通过协商，规定让渡价格和租赁金。协商意向不能成立时，可用不动产研究所鉴定的让渡价格和租金作价交易，鉴定费用由乙方负担。

［**解析**］本条款说明受许人转让该合同时的条件、程序、缴纳给特许人的费用等有关特许加盟合同的转让事宜。

第十二条　甲方保留的权利

12.1　乙方承认并同意，甲方对依本合同授予乙方使用的 A 公司经营技术资产、A 单店营运管理手册、A 单店 VIS 手册、商业秘密以及其他专有财产保留一切权利包括但不限于所有权及权益。

12.2　乙方确认并同意，甲方有权随时修改和补充其按照本合同授权乙方使用的 A 系统，包括修改和补充 A 单店营业管理手册、A 单店 VIS 手册中规定的各种标准、规格与其他要求事项。乙方应依本合同规定自行负担相应的修改和补充费用，并遵守有关修改和补充事项。在本合同有效期间内，对 A 系统所做的任何及所有改进应归甲方所有，并以其名义就该改进部分取得相应的知识产权。

12.3　甲方就其并未明确属于乙方的 A 系统的各项部分保留其一切权利。

［**解析**］本条款主要阐明并确认特许人关于其特许权内容的权利，比如在受许人承认及同意的条件下，特许人有权随时修改和补充其按照本合同授权受许人使用的特许加盟体系模式，以及在本合同有效期间内，对特许加盟体系所做的任何及所有改进应归特许人所有并以特许人名义就该改进部分取得相应的工业产权或知识产权等。

第十三条　合同的终止

13.1　本合同规定的期限届满时，合同自然终止，除非乙方选择展期合同。

13.2　协商解约、中途解约。

13.2.1　只要甲乙双方协商达成书面协议，可随时终止本合同。此时甲方收取一半的保证金，剩余一半在乙方撤除所有表示 A 公司的招牌、物品和其他营业象征一年后归还。

13.2.2　乙方提前 3 个月通知甲方解约，并付清了特许金、广告分担金和其他由甲方代行负担的一切债务，同时明确放弃归还保证金的要求时，本合同在乙方预告期满后便告终止。这里乙方不能用保证金充抵代由甲方负担的债务。

13.3 乙方发生如下各项中的任何一项行为时，甲方可对乙方规定期限，以书面形式劝告乙方终止或改正其行为。超过指定期限仍无改善时，甲方可单方面解除本合同。

1. 乙方没有忠实地实施甲方为改善营业而提出的劝告指导。

2. 乙方按本合同规定向甲方递交的营业报告书、决算书等其他文件不真实。

3. 乙方拖欠须交甲方的特许金和预付金及其他债务。

4. 乙方拖欠甲方推荐的进货单位及甲方指导对象的债务。

5. 乙方的其他违约行为或不履行本合同规定的义务。

13.4 乙方发生以下各项中的任何一项行为时，甲方可不进行预告而解除合同。

1. 乙方受到临时查封、临时处分、拍卖处分、滞纳税处分、破产、审查、特别清产核资等处分，使接受合同展期申请的甲方同提出申请的乙方之间的经济信赖关系破裂，或乙方自己宣布破产、协议出卖或整顿店铺、特别清算与申请新企业。

2. 债权者开始受理资产、负债的全面管理和整顿。

3. 受到银行的拒绝受理汇票的处分。

4. 乙方未得到甲方的事先书面同意而私自出让营业权。

5. 乙方未得到甲方的事先书面同意而私自出让本合同规定的全部或部分权利，或设立担保权或对加盟店进行其他处置。

6. 乙方向他人泄露 A 公司的经营秘密，或让他人使用或向他人提供信息手册等资料。

7. 乙方损害了甲方、A 公司加盟店的名誉、信誉，妨碍了甲方和其他加盟店的业务。

8. 发生乙方店主死亡、法人解散、营业终止、与他人合并或其他对营业权产生影响的股东构成变更、剧烈的组织变动、企业管理层变动等情况，而使乙方同甲方间的经济信赖关系破裂。

9. 向债权者出让全部或重要的部分财产，或把加盟店财产用作让渡担保。

10. 乙方店主或乙方代表受到拘留或其他刑律处罚。

11. 乙方店主或乙方代表被宣告为禁业者或准禁业者。

12. 乙方退出 A 公司事业者或将营业委托他人，从全部经营或实际重要部分退出或放弃加盟店经营超过 10 日以上。

13. 乙方的加盟店建筑丧失。

14. 乙方的加盟店建筑使用权丧失。

15. 法院、政令要求乙方的加盟店终止营业。

16. 乙方的加盟店在签订本合同 1 年以后仍未开业。

13.5 如甲方发生以下各项中的任何一项事由，乙方可对甲方规定 2 周以上期限，以书面形式敦促甲方确实停止该行为，履行规定的义务。如甲方在规定期限内仍不履行规定义务，乙方可单方面解除本合同。

1. 无正当理由，甲方不提供 A 系统的使用权。

2. 其他违反本合同或不履行本合同规定的义务。

13.6 发生如下各项中的任何一项事由，乙方可不作预告单方面终止合同。

1. 甲方申请自己破产、特别清算、清算，或被法院宣布破产、特别清算和清算。

2. 甲方损害了乙方名誉、信誉，或妨碍了乙方的事业开展。

3. 甲方退出A公司特许加盟事业者的地位，或放弃该事业。

4. 法令、政令规定甲方废止加盟事业。

5. 乙方的加盟店建筑丧失。

6. 乙方的加盟店建筑使用权丧失。

7. 法令、政令规定乙方的加盟店终止营业。

13.7 因任何一方违约导致合同终止的，违约方仍应按照第十五条规定，向另一方承担赔偿损失等违约责任。

13.8 本合同的终止不能免除任何当事人于该终止前产生于合同有效期内的责任，也不影响由本合同明确规定的本合同终止后仍然有效的条款的效力和履行。

13.9 除非本合同另有规定，乙方应向甲方支付的款项，不应当以本合同或以本合同有关的争议为理由，被预扣或抵作甲方因被起诉对损失负有赔偿义务的款项。

[**解析**] 本条款主要说明不同的合同终止方法的缘由及相应的程序、结果措施等，既包括特许人的终止，也包括受许人的终止；既有正常的终止，也有非正常的终止。同时本条款还对在合同的不同终止情况下特许人和受许人各自应负的责任进行说明。

第十四条　合同终止后的义务

14.1 招牌、商标等的撤除。

14.1.1 不论合同期满还是中途解约，本合同一旦终止，乙方就立即并永远失去了A公司商标和经营技术资产的使用权。

14.1.2 在前项的场合，乙方必须自行撤除A公司招牌，从建筑物和其他设备、用品上消除A公司商标、服务标志和特定名称等一切营业象征。

14.1.3 如乙方不主动撤除，甲方或甲方代理人可以自行进行撤除作业，并要求乙方负担因此所产生的一切费用。

14.2 物件的归还和债务清偿。

14.2.1 不论任何理由，本合同终止时，乙方均须立即并永远放弃使用甲方授予的一切物品的使用权，并在7日内将物品归还甲方。

14.2.2 本合同终止时，除本合同特别规定者外，当事者双方均须及时结清所欠对方的一切债务。

14.2.3 乙方在本合同终止后，须及时清偿欠甲方推荐的进货对象的债务。

14.3 乙方同意，在本合同期满或提前终止后的5年内，乙方不在核准地点或任何A加盟店所在地点周围10千米内设立食品销售机构，经营本合同中所定义的特许业务。并不得以任何直接或间接的方式带走A加盟店的客户或业务。

[**解析**] 本条款主要说明本合同因故（包括期满或提前终止）终止时，受许人应尽的义务以及未尽义务时的惩罚办法。受许人的义务包括应清偿欠特许人的所有特许费用、立即并永远停止使用所有特许人体系的工业产权或知识产权、在规定期限内将含有特许人标记的物项退还特许人、尽快并永远停止以特许人加盟店名义进行对外活动等。

第十五条 违 约 责 任

15.1 甲方违约的责任包括但不限于以下方面。

15.1.1 甲方违反本合同规定的，乙方有权书面通知其在 30 日内纠正，如甲方拒不纠正，乙方有权终止合同并要求甲方赔偿因违约而使乙方遭受的实际损失。

15.1.2 甲方违约给乙方造成损害时，不论本合同存在与否，均须向乙方赔偿损失。

15.2 乙方违约的责任包括但不限于以下方面。

15.2.1 如乙方违反竞业禁止规定，甲方除按照本合同的规定要求乙方纠正或终止合同外，有权按乙方违反竞业禁止所得的金额向乙方索赔损失。

15.2.2 如乙方在履行合同中出现其他违约事项，应当限时纠正，继续履行合同，并向甲方赔偿因其违约而使甲方遭受的实际损失。

15.2.3 乙方违约，甲方因此而解除合同时，乙方须向甲方支付相当于最近 1 年特许金额 2 倍的损失赔偿金。

15.2.4 无论乙方在法律上或按本合同规定有无解除权、解约权，因其退出合同等行为造成事实上合同不能继续时，乙方必须向甲方赔偿相当于最近 1 年特许金额 2 倍的损失赔偿金。

15.2.5 本合同剩余期限不足 2 年时，15.2.3 和 15.2.4 规定的损害赔偿额，按剩余月数乘以最近 1 年特许金的月平均数计。

［**解析**］本条款主要说明特许人和受许人各自在不同情况下违约时所应承担的责任。

第十六条 不 可 抗 力

16.1 不可抗力指本合同各方无法预见、无法控制、无法避免且在本合同签署之日后发生并使任何一方无法全部或部分履行本合同的任何事件。不可抗力包括但不限于爆炸、火灾、洪水、地震及其他自然灾害及战争、征收、没收、政府主权行为、法律变化或未能取得政府对有关事项的批准或因政府的有关强制性规定和要求致使双方无法继续履行合同以及其他重大事件或突发事件的发生。

16.2 如果发生不可抗力事件，受影响的一方应当以最便捷的方式毫无延误地通知另一方，在不可抗力事件发生的 15 日内向另一方提供该事件的详细书面报告及经当地公证机关开具的不可抗力发生的有效证明。受到不可抗力影响的一方应当采取所有合理行为消除或减轻不可抗力事件对履行本合同的影响，双方应协商决定是否终止或推迟本合同的履行，或部分或全部地免除受影响方在本合同中的义务。

［**解析**］本条款主要是对“不可抗力”进行定义，并说明在发生不可抗力事件时各方应采取的措施以及发生不可抗力时合同的部分或全部义务可能被免除的有关规定。

第十七条 争议的解决

17.1 双方对本合同规定的及未规定的事项发生的一切争议、纠纷或索赔均应首先本着发展事业的愿望，坦诚地协商解决。

17.2 如果双方通过协商未能解决争议，任何一方当事人均不得在其后的仲裁程序和其他任何程序中援引对方当事人在协商中提过、建议过、承认过以及愿意接受过的任何陈述、意见、观点或建议作为其请求、答辩或反请求的依据。

17.3　本合同发生纠纷交付法庭审理时，甲方所在地法院为初审专属受理法院。

［**解析**］本条款主要说明双方在发生争议时的解决原则、办法、程序等。

第十八条　可 分 割 性

如果本合同的某一条款或若干条款在任何方面无效、非法或无法执行，这些无效、非法或无法执行的条款或部分将视为从未包括在本合同中。其他条款的效力不变，同时具有法律效力，并可执行。

第十九条　通　　知

19.1　本合同项下应发出的任何通知或其他文件应以中文形式书写，可以通过专人递送、挂号信、传真或快递服务方式按下述地址送达或发给要送达的一方。

19.1.1　甲方：

地址：××省××市××区××街××号

邮编：××××××

传真号：××××××××

收件人：×××

19.1.2　乙方：

地址：××省××市××区××街××号

邮编：××××××

传真号：××××××××

收件人：×××

19.1.3　如任何一方变更其通信地址，应提前7日将其新通信地址书面通知对方。

19.2　任何通知或文件的送达时间按以下方式确定：

1. 如通过专人递送，为实际送达时。

2. 如通过邮寄，为交付挂号邮寄后7日。

3. 如通过快递服务发出，为该服务受理后3日。

4. 如通过传真，为传出传真的传真机打印出指明传真已全部发送至接收的传真号码的传输结果报告时。

［**解析**］本条款主要说明在本合同项下应发出的通知的格式、时间、方式等要求，以及特许人和受许人各自的接收通知的具体地址的邮编、传真号、收件人以及地址变更的应对事项等。

第二十条　弃　　权

任何一方对于对方任何违反本合同规定的弃权不应当视为对任何后续违约或其他类似违约的弃权。

［**解析**］本条款主要说明特许人和受许人对于弃权的约定。

第二十一条　修　　改

对本合同的任何修改应当以书面形式，并由双方当事人签字。

［**解析**］本条款说明合同修改的条件、内容及程序等要求。

第二十二条　其 他 事 项

22.1　本合同的适用法律是由双方协商同意的《中华人民共和国经济合同法》和《商业特许经营管理办法》，并参照有关实体法。

22.2　以上合同正本两份，当事者双方署名盖章后各执一份；副本若干份。

22.3　本合同的附件是本合同不可分割的组成部分，与本合同具有同等法律效力。本合同附件若与合同规定不一致的，以合同为准。

［**解析**］本条款包括附件说明、本合同适用法律、合同有效期、份数、解释权等。

甲方:	乙方:
法定代表人（授权代表）	法定代表人（授权代表）
地点:	地点:
时间:	时间:

附件

附件 1：A 单店营运管理手册

附件 2：A 单店 VIS 手册

附件 3：A 商标食品供货合同

附件 4：A 加盟店专用物品租赁合同

任务 9.3　签订特许加盟辅助合同

9.3.1　商标使用许可协议

商标使用许可协议的内容是特许人和受许人在平等互利、协商一致的情况下依法设立的，一般应包括下列内容：

① 许可人和被许可人的名称、地址；该名称和地址均为经工商行政管理部门依法登记的企业名称（包括法人或者非法人）和工商业场所地址。

② 许可使用的商标及其注册证号。

③ 授权范围包括商标使用许可的性质；被许可商标的图样，被许可商标使用的商品或者服务的范围；许可使用商标的标识提供方式；许可使用的地域范围和许可期间等。

④ 被许可人的使用限制。

⑤ 为保证商品质量而约定的有关措施，如技术设备、技术指导、技术服务等。

⑥ 许可人保证被许可商标专用权的有关条款，如到期续展，不得在协议存续期间注销被许可商标等。

⑦ 协议中止或解除条件。

⑧ 商标许可使用费金额、计算方法及支付方式。
⑨ 违约责任。
⑩ 法律适用及争议的解决方式。
⑪ 协议应当约定的其他条款。
⑫ 协议生效日期。
⑬ 协议签约日期、地点。
⑭ 许可人和被许可人签字、盖章。

9.3.2 软件许可与服务协议

软件许可与服务协议是许可方（特许人）与被许可方（受许人）本着相互信任、真诚合作、共同发展的原则，在友好协商的基础上共同制订的。协议大致可包括四个组成部分：引言部分、关键术语解释部分、主体部分、附件部分。

1. 引言部分

引言部分主要说明的是许可软件的名称、内容、 所有权，双方订立本协议的意图。

2. 关键术语解释部分

该部分内容说明本协议中用到的一些专业术语的准确定义。

3. 主体部分

主体部分包括 12 项内容。

① 软件许可权的内容包括软件使用许可的性质、使用或者服务的范围、许可期间、使用限制等。

② 许可方提供的服务：包括许可程序和许可资料，安装、初级培训及调整，附加培训，交付，其他顾问性服务，维护等。

③ 期限、试用期、终止、终止前后的权利及义务：说明协议的生效日，软件试用期开始的日期及时限，终止的提出及协议终止前后双方的权利及义务。

④ 费用及支付：说明费用的种类、计算方法及支付方式。

⑤ 保护与保密：说明被许可方在软件的保护与保密方面的规定及违反规定的处罚。

⑥ 改进的权利：说明软件改进权利的归属。

⑦ 性能保证：说明许可方在软件性能方面的承诺及承诺的不适用范围。

⑧ 原创性担保：说明许可方在软件的专利权、商标权、所有权方面所做的声明及出现侵犯版权、商业秘密权及专利权等问题时双方的权利及义务。

⑨ 责任限制：说明在提供信息、资料或服务时出现意外，双方应承担的责任及限制。

⑩ 违约责任：说明许可人和被许可人各自在不同情况下违约时，所应承担的责任。

⑪ 争议解决：说明双方在发生争议时的解决原则、办法、程序等。

⑫ 其他：包括通知的格式、时间、方式，弃权和免责的说明，协议的生效方式，协议解释权以及本协议适用的法律、附件等。

4. 附件部分

附件部分内容包括许可软件的描述和说明以及许可方初始提供的范围等。

9.3.3 保证金协议

保证金协议是为保证受许人履行特许加盟合同，特许人和受许人之间协商达成的由受许人给付特许人一定数额的定金作为担保的协议。

保证金协议一般包括以下内容。

① 合同双方的名称、地址（甲方为受许人，乙方为特许人）。

② 主合同情况。

③ 支付保证金的期限、数额。

④ 协议变更或解除条件。

⑤ 保证金返还的条件、形式。

⑥ 违约责任。

⑦ 免责条款。

⑧ 其他事项。

⑨ 协议生效日。

⑩ 协议双方签字、盖章。

9.3.4 弃权书

1. 全面弃权书

全面弃权书是由受许人在约定续约、经营转让及股本转让时必须签署的书面确认书，它是使受许人不能向特许人提出现在已经存在或潜在的索赔或权利要求的法律文件。所有的受许人与特许人在约定续约并继续执行特许加盟合同时或转让经营合同时或转让他们在加盟店中的资本股份时都必须签署并执行全面弃权书。

全面弃权书一般包括以下内容。

① 弃权人（受许人）的名称、地址，身份证号。

② 弃权的内容（不能向特许人提出所有现在已经存在或潜在的索赔或权利要求）。

③ 风险的承担。

④ 责任免除与赔偿协议。

⑤ 条款的独立性。

⑥ 签署日期。

2. 特别弃权书

特别弃权书是由受许人在停止经营加盟店时签署的书面确认书。

特别弃权书一般包括以下内容。

① 弃权人（受许人）的名称、地址，身份证号。

② 弃权的内容（主要是受许人确认不存在统一特许加盟公告中没有规定的特许人已做出的或受许人可以信赖并依据的收入索取权、事实陈述或保证、担保）。

③ 签署日期。

知识拓展

特许加盟雇员协议

雇员协议包括保密协议和竞业禁止协议，都是以保护特许人的商业秘密为目的的，既要防止出现针对特许人的不正当竞争行为，又要保证受许人依法享有的劳动权利得到实现。竞业禁止协议既可以单独签订，也可以以保密协议的部分条款形式体现。

（1）保密协议

保密协议一般应包括以下内容。

① 合同双方的名称、住址、身份证号（甲方为特许人，乙方为受许人）。

② 保密的内容和范围。

③ 双方的权利和义务。

④ 保密期限。

⑤ 违约责任。

⑥ 争议的解决办法。

⑦ 协议的效力和变更。

⑧ 协议双方签字、盖章。

（2）竞业禁止协议

竞业禁止协议一般应包括以下内容。

① 合同双方的名称、住址、身份证号（甲方为特许人，乙方为受许人）。

② 乙方义务：包括限制范围条款（时间、地域、限制领域等）和禁止劝诱离职。

③ 甲方义务：主要涉及甲方向乙方支付的竞业禁止补偿金。具体标准可由双方约定或执行相关行业或地方的规定。

④ 违约责任。

⑤ 合同的权利义务终止。

⑥ 争议的解决办法。

⑦ 合同的效力和变更。

⑧ 协议双方签字、盖章。

项目 10　特许加盟活动中的法律实务

特许加盟活动中的法律问题主要是知识产权的保护问题，因为特许加盟中所涉及的商标、商号、专利及商业秘密等都属于知识产权的范畴。尽管特许加盟可以为许多商家带来丰厚的利润，但因经营不善而一蹶不振甚至倒闭的也不乏其例。究其原因，除了企业管理不规范之外，更多的是选择特许人或受许人不当以及经营中纠纷处理不及时等原因造成的。因此，有效利用法律武器，是解决后顾之忧的必要手段。

任务 10.1　熟悉特许加盟活动中涉及的主要法律法规

特许加盟在快速发展中存在的突出问题表现在：特许加盟活动不规范，市场秩序较为混乱；特许加盟活动当事人，特别是被特许人的合法权益得不到有效保障；以特许加盟名义进行欺诈等违法犯罪活动时有发生。这些问题不仅阻碍特许加盟的健康发展，扰乱市场秩序，而且容易发展成为影响社会稳定的因素。

1997 年，我国最早颁布了《特许经营管理办法（试行）》。商务部于 2004 年颁布了《商业特许经营管理办法》，2005 年 2 月正式施行。2007 年 2 月颁布了《商业特许经营管理条例》（以下简称《条例》），5 月正式实施。这是中国特许加盟领域的第一部专门法规，《条例》的实施标志着商业特许加盟的发展步入了法制化、规范化的轨道，也成为推动中国特许加盟领域变革和发展的外在动力。

10.1.1 《商业特许经营管理办法》

本办法共 8 章 42 条。第一章总则。内容从 1～6，共 6 条，主要强调规范商业特许经营行为，保护当事人的合法权益，由商务部对全国特许经营活动实施监督管理，各级商务主管部门对辖区内的特许经营活动实施监督管理等内容。第二章特许经营当事人。内容从 7～12，共 6 条，主要强调特许人和受许人应当具备的条件、双方的权利义务。第三章特许经营合同。内容从 13～16，共 4 条，主要强调特许经营合同的内容及主要条款，特许经营加盟费、使用费、保证金等的收取和支付，合同期限及合同的终止等项内容。第四章信息披露。内容从 17～22，共 6 条，主要强调特许人和被特许人在签订特许经营合同之前和特许经营过程中应当及时披露相关信息，应该披露的内容、应该提供的资料以及如何进行商业秘密保护等项内容。第五章广告宣传。内容从 23～26，共 4 条，主要强调特许人在宣传、促销、出售特许经营权时，广告宣传内容应当准确、真实、合法，不得有任何欺骗；在特许经营推广活动中，不得人为夸大特许经营所带来的利益或者有意隐瞒等事宜。第六章监督管理。内容从 27～31，共 5 条，主要强调各级商务主管部门的作用和管理规范，要求各级商务主管部门建立特许人、被特许人信用档案，及时公布违规企业名单，特许人及时向商务主管部门进行合同备案，在特许经营活动中涉及的专利许可和商标使用应按照《中华人民共和国专利法》和《中华人民共和国商标法》的规定办理。第七章外商投资企业的特别规定。内容从 32～37，共 6 条，主要强调外商投资企业以特许经营方式从事商业活动时应向原审批部门提出申请并提交哪些材料、如何在商务主管部门备案等事宜。第八章法律责任。内容从 38～40，共 3 条，主要强调违反各项规定的处罚办法。第九章附则。内容从 41～42，共 2 条，说明本办法自 2005 年 2 月 1 日起施行，原国内贸易部发布的《商业特许经营管理办法（试行）》同时废止等内容。（具体内容详见各大特许经营网站）

10.1.2 《商业特许经营管理条例》

本条例共 5 章 34 条。第一章总则。内容从 1～6，共 6 条，主要强调如何规范商业特许经营活动，促进商业特许经营健康、有序发展，维护市场秩序，国务院商务主管部门负责对全国范围内的特许经营活动实施监督管理。第二章特许经营活动。内容从 7～19，共 13 条，主要强调从事特许经营活动的条件，如何向商务主管部门备案及应提供的资料，特许经营书面合同应包括的内容，特许经营期限的规定，还有特许人向被特许人提供特许经营操作手册、为被特许人持续提供经营指导、技术支持、业务培训服务等内容。第三章信息披露。内容从 20～23，共 4 条，主要强调如何建立并实行完备的信息披露制度，特许人应当向被特许人真实、准确、完整地提供哪些信息以及提供虚假信息的后果等内容。第四章法律责任。内容从 24～30，共 7 条，主要强调特许经营企业非法经营和违反条例的处罚条款以及对商务主管部门的工作人员滥用职权、玩忽职守、徇私舞弊等的处理规定。第五章附则。内容从 31～34，共 4 条，主要强调特许经营活动中涉及的商标许可、专利许可，如何依照有关商标、专利的法律、行政法规规定办理的规定，以及如何加强行业自律，为特许经营活动当事人提供相关服务的相关事宜，说明本条例自 2007 年 5 月 1 日起施行等内容。（具体内容详见各大特许经营网站）

任务 10.2　掌握特许加盟活动中的知识产权保护问题

知识产权是人们对科学技术和文化领域的智力成果以及经营标志和工商业业绩所享有的法定权利。知识产权本质上是一种无形财产权。我国承认并以法律形式加以保护的主要知识产权为著作权、专利权、商标权、商业秘密及其他有关知识产权。

10.2.1　著作权

著作权又称版权，是指由政府提供的对作者以固定的形式表现出的原始作品的财产权利。它保护作者对文学、戏剧、音乐、艺术等智力活动的使用和开发的独占权。特许加盟的著作权许可使用包括两种形式，一是特许人许可受许人在其经营管理过程中运用其著作权，如按照特许人创作的设计方案装修加盟店、发布特许人制作的广告；二是特许人许可受许人分销包含其著作权的商品，如受许人按照特许人创作的计算机软件为客户开发应用系统。

在特许加盟过程中，首先，特许人与受许人签订特许加盟合同时，要求受许人按照特许人的统一要求装修加盟店，未经特许人许可不得擅自改动。其次，特许人与受许人就计算机软件使用签订《软件许可与服务协议》。另外，在特许加盟合同中规定，在合同终止时，受许人立即并永远停止使用所有特许人的系统内容和资料。

10.2.2　专利权

专利权又称专利，是指受《中华人民共和国专利法》保护的发明、实用新型与外观设计。专利权人在法律规定的时间与地域范围内享有专用权。特许加盟权往往都包含若干项专利权或技术秘密，可以说专利是特许加盟系统技术优势的屏障，必须保护。专利保护的客体包括发明、实用新型和外观设计。专利权被授予后，任何单位或个人未经专利权人许可，不得以生产经营为目的制造、销售其专利产品，或使用其专利方法以及使用、销售依照该专利方法直接获得的产品。专利权被侵犯，法庭将要求侵权人停止侵害，负责赔偿。如果证明是故意侵权，则要增加赔偿金额，并支付律师费。

在特许加盟过程中，特许人一方面依据有关法律保护自己的专利，另一方面在特许加盟合同中设立相应的条款、规定，以保护自己的专利权不受侵犯，例如，规定在加盟合同终止时，受许人应立即并永远停止使用特许人体系的外观设计等知识产权。如果特许加盟是以某一专利权或专有技术为核心建立的，特许人应与受许人签订相应的专利授权使用合同。

10.2.3　商标权

商标是指任何能够将自然人、法人或者其他组织的商品与他人的商品区别开的可视性标志，包括文字、图形、字母、数字、三维标志和颜色组合，以及上述要素的组合。经商标局核准注册的商标为注册商标，受法律保护，商标权人在核定使用的商品范围内享有专用权。

特许加盟权中包含的商标，一般是一个主商标，也可能包括辅助性的商标。特许加盟许可使用的商标应当是商品商标、服务商标。注册商标是识别商品来源的主要方式，因而特许加盟权一般都以商标作为特许加盟体系识别的标志，成为特许加盟权的核心。

《中华人民共和国商标法》规定商标权人对其注册的商标享有独占使用权、许可使用权、商标转让权、续展权。他人必须通过签订商标使用许可合同，获得使用注册商标持有人的商标。特许人为保护商标专用权可以采取以下措施。

① 将其正在使用和即将使用的产品商标和服务商标尽快注册，因为只有注册商标才能获得保护。

② 可以注册防御商标，防止他人在其他商品上注册与自己商标相同或相似的商标。所谓防御商标，是指企业将某种商标在其全部产品或者服务上进行注册，以防止他人将其在其他种类的商品上进行注册。

③ 与受许人签订《商标使用许可协议》。

④ 特许加盟合同中约定禁止受许人将许可使用的商标用于与特许业务无关的其他业务，利用许可使用商标申请自己的企业名称或利用特许人的企事业名称注册相应的商标。

⑤ 在特许加盟合同中规定在合同终止时受许人不得继续使用特许人的注册商标及其他的标志；不得与特许人注册商标相同或相近的文字申请登记为企业名称中的商号；不得将与特许人的注册商标或门店装潢相同或相似的标志用于相同或类似的商品或服务中。

⑥ 一旦发生侵权行为，尽快向有关部门进行举报，同时委托律师或公证部门进行调查取证，为索赔打下基础。

10.2.4　商业秘密

商业秘密是指不为公众所知悉、能为权利人带来经济利益、具有实用性并经权利人采取保密措施的技术信息和经营信息。其中技术信息和经营信息具体包括设计程序、产品配方、制作工艺、制作方法、管理诀窍、客户名单、货源情报、产销策略、招标中的标底及标书内容等。

商业秘密的构成要件包括以下三方面的内容：第一，该信息不为公众所知悉，即该信息是不能从公开渠道直接获取的。这是认定商业秘密最基本的要件和最主要的法律特征；第二，该信息能为权利人带来经济利益，具有实用性和价值性。这是认定商业秘密的主要要件；第三，权利人对该信息采取了保密措施。这是认定商业秘密最重要的要件。

在特许人许可受许人使用的特许加盟权中，一般均包含了特许人的商业秘密，如特许人制定的经营手册等。有的商业秘密对特许加盟系统起着核心作用，特别是一些产品的秘密配方或工艺构成了企业的核心竞争力。在特许加盟权中可由特许人同时许可多个受许人合法使用和拥有，因而对商业秘密的保护就更为重要。

商业秘密的保护主要有以下几种方式：第一，在特许人与受许人所签订的特许加盟合同中，要明确约定特许人有关保守商业秘密的要求，以及商业秘密使用人应负的保密义务，不得向他人泄露、披露、公开其获取的商业秘密；不得向他人有偿或无偿转让其掌握的商业秘密；第二，特许人与受许人及其所有雇员都应签订《保密协议》和《竞业禁止协议》。《保密协议》是为了防止其雇员违反合同或违反权利人保守商业秘密的要求，发生侵犯商业秘密的行为。《竞业禁止协议》则是防止受许人学到企业的经营诀窍和技术机密后独立开展特许加盟业务；第三，特许人要对受许人及所有员工进行保密重要性和保密措施的培训，在特许加盟合同终止时或员工离职时，采取措施保证所有机密信息已归还公司；第四，关于侵犯商业秘密行为的处理。轻者工商行政管理机关可以责令其停止违法行为，并可根据情节处以罚款。重者依据《中华人民共和国刑法》认定其构成犯罪，进行法律制裁。

实务借鉴

避风塘公司诉唐某特许加盟合同纠纷案

简要案情

2003 年，避风塘公司与唐某订立特许加盟合同，约定：避风塘公司向唐某授予“避风塘茶楼”特许加盟权、传授加盟店知识等，期限为 5 年，唐某应支付加盟费 15 万元（无论何种情况均不退还），特许保证金 10 万元（非定金性质，在唐某违约等情况下避风塘公司有权没收），并按月支付特许使用费、特许广告费等。合同还约定如一方违约另一方可解除合同，违约金为 30 万元，唐某以该特许加盟合同参与设立的公司对唐某的上述义务承担连带责任。合同签订后，唐某缴纳了加盟费 15 万元及保证金 3 万元。唐某与他人共同出资设立了海通餐饮公司，由海通餐饮公司作为经营“避风塘茶楼”加盟店的载体。之后，因唐某长期拖欠特许使用费和特许广告费等，避风塘公司经催讨未果于 2004 年提起诉讼，要求判令：解除特许加盟合同；唐某支付特许广告费、特许使用费 4171.28 元、违约金 30 万元、特许保证金 3 万元；唐某设立的海通餐饮公司承担连带责任。唐某反诉称因避风塘公司未履行员工培训、广告制作等合同义务，要求继续履行合同，并由避风塘公司承担违约责任。同时，唐某认为特许加盟合同中违约金过高，请求法院予以调整。海通餐饮公司同意唐某的意见，并对承担连带责任没有异议。

审判

原审法院经审理后认为：避风塘公司已依约履行了相关义务，唐某拖欠相关费用的违约行为已构成合同解除条件，避风塘公司有权解除合同，解除合同后应对该合同的后果一并进行处理。遂判决解除双方的特许加盟合同，唐某支付避风塘公司特许广告费、特许使用费 4171.28 元并支付违约金 15 万元，海通餐饮公司承担连带责任；避风塘公司返还唐某特许加盟费 12 万元、特许保证金 3 万元。避风塘公司不服，提起上诉称其不应返还加盟费及保证金、唐某应全额支付违约金等。二审法院经审理后认为：特许加盟费是被特许人为获得特许加盟权而向特许人支付的一次性费用，而合同中关于该费用不予退还的条款符合该费用的性质及行业惯例，且合同系因唐某违约导致解除，故加盟费不应退还。综合本案实际履行情况，因避风塘公司未能提供证据证明其具体损失，原审判决的违约金显属过高，应酌情减少。由于保证金不具有定金性质，应予退还。遂改判撤销原审判决主文中关于避风塘公司退还唐某 12 万元加盟费的条款，同时变更唐某支付违约金金额 15 万元为 3 万元。

评析

本案是一起典型的特许加盟合同纠纷。纠纷产生的原因是特许加盟合同提前解除后，双方对合同解除的后果不能达成一致的认识，这是特许加盟纠纷中一个比较突出的问题，具有代表性。

试分析：结合本案的争议焦点，就其反映的法律问题展开探讨：

（1）特许加盟费是否应退还？

（2）特许保证金是否应退还？

（3）违约金如何确定？

请思考：如何规避特许加盟中的纠纷，纠纷产生后，如何有效解决？

模块小结

本模块介绍了特许加盟合同的重要作用，特许加盟合同的原则与类型，特许加盟合同及有关辅助合同基本内容和条款，并解析了一份标准的特许加盟合同，又对我国的《商业特许经营管理办法》进行了剖析。最后分析了特许加盟活动中的法律问题，并提出了相应的解决办法。

通过本模块的学习可以使学生和广大读者对特许加盟合同的重要作用，特许加盟合同的原则与类型有深入的了解；对我国的《商业特许经营管理办法》有深刻的体会；熟悉特许加盟活动中的法律问题，并能进行有效的解决。

能力自测

1．特许加盟合同的原则是什么？

2．特许加盟合同主体合同的主要条款有哪些？

3．特许加盟辅助合同主要有哪些？

4．在特许加盟活动中，特许人和受许人有哪些权利？应分别承担哪些责任和义务？

5．特许人向受许人公开和披露的内容有哪些？

6．对特许加盟活动中的知识产权进行分析并提出保护措施。

7．结合实际谈谈如何解决特许加盟中的纠纷问题。

模拟实训

1．访问本模块所涉及的相关特许经营网站。

2．假设你是一个加盟商，请完成一份选择特许加盟合同的起草工作。

3．请寻找一个特许加盟项目，并为该项目做一份特许加盟合同相关法律纠纷的解决方略。

模块六

设计特许加盟手册

【学习目标】

通过学习，学生能够在设计特许加盟手册的职业情境中：了解特许加盟手册的类型及设计原则，熟悉特许加盟各类手册应包含的内容，通过理论学习和实务操作，实现进行特许加盟手册的设计与撰写的能力目标。

【核心能力】

在掌握了各类特许加盟手册的特点和内容后，具备特许加盟手册的设计与撰写的能力。

【模块导引】

在掌握了特许加盟合同的设计和起草等主要任务之后，为了使特许加盟企业运转更顺畅，管理更规范，制度更全面，有必要建立和完善各种特许加盟手册作为特许企业的行动指南。第一，必须参照特许加盟手册的样本及其本企业的特殊性要求，设计有本企业自己特色的特许加盟手册目录；第二，必须根据本企业实际需要进行总部和单店手册内容的撰写；第三，必须使特许加盟手册设计的内容方便使用；第四，必须要着重危机处理等内容的详解，以便在特许加盟活动中进行各方利益的保护。所以，现在面临的第六个职业活动就是如何进行特许加盟手册的设计和撰写。

项目 11 设计特许加盟总部手册

任务 11.1 掌握特许加盟手册的类型及设计原则

特许加盟体系要想运作成功，对于特许加盟总部和各加盟商来说，必须自建一套切实可行的指导各环节运行的体系，即编写特许加盟手册。内容包括详细的资料以及明确叙述特许加盟运作的各个环节。可以说，特许加盟手册对于特许加盟体系来说至关重要，它是特许人自己知识和经验的回顾、总结、提炼与升华，是特许人知识产权的物化表现形式，也是特许人和受许人之间特许权成功转移和体系运营的主要依据和重要保证。可以说，特许加盟手册就相当于特许加盟体系的“宪法”，手册编写的好坏不仅反映特许人的水平和素质，也将直接影响整个特许加盟体系未来的运转是否良性和高效。

11.1.1 特许加盟手册的设计理念

特许加盟手册（以下简称手册）是特许人提供给受许人使用的用来规范受许人标准化运营管理的指导性文件。手册是特许加盟企业知识产权的有效载体，担负着向受许人让渡特许权、保证受许人顺利开业及成功运作的重要任务。

特许加盟手册的制作者可以联系本企业的经营状况和行业特点，从经营理念入手，做好特许经营理念的导入工作和特许权设计、单店设计、区域分部设计、总部设计、特许经营管理体系整体设计工作；做好样板店建立和试运营、特许加盟总部及网络体系的建立与试运营工作；做好特许经营加盟推广体系的设计和营建工作，包括招募相关文件的设计和撰写、招募营建计划的制订与实施、受许人的培训三部分内容；做好督导体系构建和全面质量管理工作，包括督导体系建立与运行、特许加盟体系全面质量管理两部分内容。对招商手册、总部营建手册、分部（区域）加盟商运营管理手册、单店操作手册等进行整体设计和分类制定。

11.1.2 特许加盟手册的类型与性质

1. 了解特许加盟手册的类型

特许加盟手册可以分为招商手册、总部营建手册、分部（区域）加盟商管理手册、单店操作手册四大类以及若干小类。招商手册是由特许人发出的概括介绍自己特许加盟体系状况的文件，目的是吸引潜在受许人的加盟；总部营建手册是特许加盟总部为了特许加盟体系的良性运转而编制的特许体系运营、管理工作指导；分部（区域）加盟商管理手册主要是描述分部或区域加盟商如何开展工作的原则、流程和具体的技术等内容；单店操作手册则是提供给所有特许加盟单店使用的运营守则，是一个单店建设前、建设中及建设后的所有流程和步骤。以上四种手册根据其内容、用途和分发对象不同，可以单独成册，也可分纂为若干分册。

特许人应根据不同类型的受许人提供不同的手册。除在特许加盟体系建立之初，因要进行受许人招募工作而制作招商手册外，其他各种手册还可根据内容、用途和分发对象的不同进行细分，比如，总部营建手册可以分为企业VI-SI手册和店面施工手册；总部和分部运营手册可以分为人事手册、营销手册、财务手册、物流手册；单店管理手册可以分为开店手册、运营手册、店长手册和店员手册等。但无论哪种类型的加盟，特许人都必须提供给受许人单店手册。

2. 掌握特许加盟手册的性质

特许加盟手册的设计应突出特许本质，保证特许加盟企业在“复制”过程中能够合作与发展，共铸双赢。特许加盟手册应具有如下重要性质：

（1）指导性

向受许人提供持续的营运管理指导是特许人的基本义务之一，特许人履行该项义务的一个重要媒介就是手册，手册对受许人来讲就是特许人指导的物化形式。其中单店手册针对不同级别的员工分为不同的手册，比如对普通员工有员工手册，经理有经理手册，店长有店长手册等。特许加盟手册几乎涵盖了特许加盟体系构建时所遇到的全部问题，揭示了特许加盟的核心本质，特别是特许人与受许人的关系，提供了通俗易懂的建议，有助于特许加盟体系中的特许人和受许人走上一条正确的道路。

（2）规范性

受许人的业务活动是在特许人统一的业务模式下进行的，手册则统一地向所有的受许人描述了特许人的商品和服务质量标准、价格标准、工作流程、方法和步骤、工作标准、货品采购规格和标准等。因此，手册也被称为加盟店营运管理规范手册。它可以帮助特许人和受许人进行计划、组织和管理特许加盟体系的运营与发展，其宗旨在于使特许人的特许加盟计划更加强而有力，使特许人的管理团队更加高效。所以，特许加盟手册既是特许加盟体系的规范性文件，也是特许经营操作指南。

（3）知识性

手册是特许人知识与经验高度融合、提炼、升华的智慧结晶，手册规定的内容已经被市场所认可，主要的知识点是告诉受许人“怎么做”，含有特许人的大量经营管理技术诀窍和商业秘密，是特许人隐性知识的显性化，是特许权的重要物化表现。它传递的是特许人成功的经验，通过手册可以更好地塑造良好的企业形象，扩大市场影响，促进招商效果。

11.1.3 特许加盟手册的设计原则

目前，国内特许加盟体系编写的手册大多注重“规范性文件”的特点，而忽视“操作指南”的特征，为防止手册成为空谈的教材，唯一有效的方法，就是特许加盟总部对自己的经营进行概括总结。唯有从实践中来，才能再回到实践中去，对特许加盟发挥指导作用。编写特许加盟手册时应遵循以下几条原则。

1. 简明易懂，细分归类

特许加盟的一个最显著特点，就是其作业流程的“3S”原则，即简单化、标准化、专业化，而这也正是编撰特许加盟手册应当遵循的原则之一。编写手册的目的是给加盟商看和用，它的来源和去向都是特许加盟的最前沿企业，因此应该力求通俗易懂，简明扼要，不能有太多的理论堆砌和繁文缛节。手册是关于经营的技术、方针、制度、方法等查找的依据和标准，为方便读者选择性地阅读学习和查找使用，必须按一定的标准进行分类，单本手册的谋篇布局应合理地适应使用者的习惯和偏好，在具体章节上应有明显的标题、导读、索引、注解或说明等，最好使用文字、图案或标志加以表示和区分。总之，手册的编撰不是一项简单的文字工作，它是对整个特许体系进行检查、清理、整顿、规范和提高的过程，是从一个杂乱无章到井然有序的过程，是一个从感性到理性、从复杂回归简单的过程。

2. 内容稳定，保证实用

特许加盟手册要求语言精准，内容稳定，让投资者明确加盟的具体优势、成功机会和投资风险在哪里，因为投资者进入一个相对陌生的行业，最需要的是专业知识和管理经验，如果独立摸索学习，需要相当长的时间，而且获得的专业知识和管理经验也不全面。加入特许加盟体系后，通过手册的学习可以得到特许加盟总部提供的全套专业知识、管理经验和经营技巧，只有内容稳定的手册，投资者才能在阅读时有条不紊地、按部就班地依次完成开店所需的各项工作，而不至于产生无所适从的混乱局面。手册是特许人在经营实践中用努力和汗水堆积出来的经验总结，经历过实验、失误、调整，风险已得到充分的释放，是受许人由外行转变为内行的经典手册，因而编排上必须实用，不能过于华丽，更不能编不为用。

3. 加强保密，注重变化

虽然设计特许加盟手册的目的是让受许人学会特许人的一套独特的经营理念、经营手段、经营方法和经营技术，但是，必须清楚的是，有一些内容属于商业秘密，这些内容一旦被别的企业知晓并快速复制，就可能立即产生神奇的增值效果，这会给特许人带来巨大损失甚至是灭顶之灾，因此并不是什么内容都能和盘托出，晓谕天下的。无论从知识产权保护或生存竞争角度，都不应将核心机密编入手册广为发行和传承，特许人保护易模仿和易泄露的商业秘密，就是保护自己的核心竞争力。另外，由于企业、市场、产品、消费者或经营方式都在不断地发生变化，这些因素会影响到特许加盟企业运营的效果，因此，作为企业经营方针和战略战术的特许加盟手册，其内容也应该及时更新和调整，根据变化修改和增删，以保证手册永不过时，推动特许加盟事业不断发展壮大。

任务 11.2　掌握特许加盟总部各类手册的设计内容

11.2.1　设计品类管理手册

品类管理是零售商和供应商把所经营的商品分成不同的类别，并把每类商品作为企业经营战略的基本活动单位进行管理的一系列相关活动，它通过向消费者提供超值的产品和服务来提高工商双方企业的营运效益。

品类管理是扩大需求、最大化店内资源的主要手段。品类管理可以简单地理解为核心的零售管理。它涵盖了采购部和运作部的主要工作内容，有些时候，还涉及人事管理，如品类经理的设置。从实施的角度来讲，品类管理就是充分地利用数据进行更好的决策。

品类管理手册中应包括 8 个步骤，即品类定义、品类角色、品类评估、品类评分表、品类策略、品类战术、品类计划实施和品类回顾。设计品类管理手册时，特许加盟总部和加盟商要满足以下条件。

① 总部与加盟商之间的合作关系需建立在互信的基础上。

② 总部须具备足够的能力分析市场需求，有效协助加盟商执行品类管理。

③ 设置专职品类管理经理人执行品类管理。

④ 总部内部业务单位、采购单位、加盟商之间增强互动性，加强业务单位之间往来密切性，助推品类管理。

⑤ 总部要评估单店内部情况，依照各品类之不同特性采取对应策略。

⑥ 各个加盟店需要应用信息科技，例如货架空间管理软件、POS 系统的使用等。

11.2.2 设计人力资源管理手册

一家公司不论规模大小、人数多少，对于每位员工的考勤、轮职、升迁和考核，都应有一套标准优级的制度以规范员工行为，这样公司的运作才能走上正轨。人力资源管理手册就是整个特许加盟体系人力资源管理的指导，内容包括：人员战略规划、发布招聘信息、面试复试、岗前培训、分配职位、人员调动、职位升迁、薪酬管理、福利制定等内容。

1. 建立效率化考勤制度

（1）出勤、退勤制度的建立与管理

特许加盟企业为维持店内正常运营和各班人员交接顺利，店主通常要求店内职员至少于当班前 10 分钟到达，并以打卡或签到的方式来记录出勤的时间。

打卡钟最好设在店主可以看得到的地方，以防有人代打，签到簿可采用一天一张，或一个职员一张的方式，以便掌握所有人的出勤、退勤情况。一般以打卡钟记录考勤较为实用，如果必须采取签到簿管理出勤、退勤，最好另设一份签退簿，由上班的员工在下班交接时填写，减少舞弊告假的机会。这从管理上来说，也更具有实际意义。

此外，在交接班时，每人都要填写一份“交班日报表”，明确填写退卡、误打等各项记录，同时填上交班的确切时间，这也将是日后在考勤管理上的一项重要记录。

考勤制度建立后，接下来便是考勤制度的建档管理，这是日后在绩效考评、调薪或升迁时的参考依据。为了缩短建档的时间，不妨利用计算机作为资料的存储工具，将每个职员的出勤、退勤时间输入计算机中，店主可以定期打印出来，作为考评的依据。

（2）请假办法

事假、病假、婚假和丧假等是店员应享有的权利，可按照劳动法来办理，但相关员工应事先提出申请。尤其是事假必须有正当理由，报请店长批准后，才算完成请假的手续，一般得扣除当月的全勤奖和当日的薪金。请病假应附带医院的证明，如果需要长期治疗，可视情况给予停薪留职。根据门店的实际情况，店主还可以给予店内每位员工每年一定的带薪休假，以作为员工的福利。但休假的员工必须提前提出申请，以免因店内人手不足而影响正常经营。

2. 建立标准化的升迁制度

门店管理工作事无巨细，除了店主需要全身心地投入工作外，其员工也应把店当成自己的事业来经营。而店内职员乐于工作的“诱惑”之一，就是良好而畅通的升迁渠道，让每位员工都能在工作中获得成就。

（1）建立店长管理制度

最利于连锁店长久经营的组织形式，就是所谓的“店长管理型”，即除了店主以外，权力最大的就是店长。通常，为了培养店内后备人才，都会在店长下附设一位副店长，以协助店长处理店内的事务。有时还会配备1～2名储备干部或组长，其下才是正式的店员、基层的服务人员。设立储备干部的用意，主要是希望能缩短培训的时间，或是一旦其他分店开张时，可以立即加以任用。当公司选聘新人时，不管是试用或是录用，都应当明确告之公司的升迁渠道，并表明公司培训、选拔人才的用意。员工在有前途、有发展的情况下，自然会乐意在公司努力工作。

（2）升迁方法与评定的标准

以门店为例，试用工—正式职员—储备店长—店长，是完整的升迁渠道。想从试用工逐步升到店长一职，资历与努力在初期就显得非常重要。许多大型连锁门店主要是以资历作为升迁的主要条件，比如做了一年的正式员工可以提拔为组长，而做了一年组长则有资格升为店长或副店长等。

在资历达到一定程度后，接下来就要看在工作上的表现了。通常临时工或正式员工只能接触到铺面、清洁整理等常规性的工作，而一旦升为组长时，就不能像普通员工一样有正常的上、下班时间。此时往往需要在工作中投入更多的时间和精力，以增加处理公司内突发事件的能力。升迁除了要考虑工作资历和经历外，平时的考勤记录、工作表现、员工意见等也是影响一个人升迁的重要因素。

3. 完善薪资与福利制度

（1）按劳动分配的薪资制度

薪资对于普通员工的意义，含有“按劳取酬”和“保障生活”两大内容。也就是说，薪资公正的条件必须是以按劳分配为基本出发点，而且能保障生活无忧。所以，薪资的给付如要在员工与雇主之间达成协调，就必须在这两个价值间寻求平衡点。

“按劳分配”意味着付出越多，应得到的报酬也越多。这里所指的付出不单是指体力，精神上的付出也包括在内。不同职位的员工，承担的责任不同，体力和精力付出不同，因此所获得的报酬也必然不同。薪资的内容大致包括基本工资、伙食费、全勤奖、交通补贴和加班津贴等。除了这些项目外，公司还将视情况给优秀员工效益奖、职务津贴，既兼顾了按劳分配，同时也可适当拉开一定差距。

（2）利益共享的福利制度

福利制度的建立，应该考虑到门店的每个成员，他们都有享受福利的权利。根据劳动法的规定，雇主有义务为员工购买保险，以作为工作上的一项保障。各项津贴可以分为交通补贴、加班补贴和职务津贴等，是门店依据员工的实际需要，在生活方面给予的实际补助。这种费用不是一成不变的，要根据商店的经营效益、社会生活的平均水平和员工实际情况而定。门店每年都要对员工的各项津贴进行调整与重新设定，使其既能满足员工的基本需要，又不至于过多地增加营业成本。

4. 建立健全员工激励机制

从组织角度来说，管理者激励下属，就是要激发和鼓励下属朝着组织所期望的目标表现出积极主动的、符合要求的工作行为。如何调动门店员工的工作积极性，使其把潜在的能力充分发挥出来，与店主的激励工作密切相关。

（1）门店业绩达成要素

完成工作主要来自两个因素：工作能力和个人动机。就营业人员而言，“工作能力”包括一切能促成交易的知识和经验；“个人动机”则和努力程度有关，简单地说就是工作意识。业绩的达成，主要是以上两方面相互作用的结果。

对于达成业绩的能力，可以通过教育训练、经验传授和标准化作业流程来培养。至于工作意愿的提升，必须从增强其达成业绩的动机着手，包括内在因素（如工作成就感、责任感等）和外在因素（如物质奖励和升迁等）的激励。

（2）门店绩效评估与奖励

门店绩效评估一般包括定性与定量两大评估项目。

定性评估项目：如营业员的服务态度、学习能力、创造力等。该项目因主管考核能力的成熟度不同，因而带有较大的主观因素，很难有一致性的标准。因此，若将其作为业绩考核的评估辅助项目时，必须慎重考虑。

定量评估项目：通常以业绩竞赛为主。业绩的完成是营业员的职责，业绩竞赛的项目评估若以职责来划分则较为合理。项目评估一般包括业绩、毛利和净利三个要素。其职责与评估项目的关系如下。

① 销货收入（业绩）——所有营业员的职责。

② 销货成本/毛利——营业干部的职责。

③ 管理费用/净利——营业主管的职责。

由以上所示，业绩竞赛的评估项目会因营业人员的不同职务而有差异：第一线的基层营业员仅以业绩为评估项目；营业干部（店长、组长、督导人员）以业绩和毛利为评估项目；营业主管（助理、经理）以业绩和净利为考核项目；团体（分店、区域总部）的评估项目，则视公司政策因素弹性运用。

5. 制定人员招聘工作流程

人员招聘、录用和上岗是人力资源管理的核心。面试时间应尽可能安排在周六和周日，直营店店员的招聘由人力资源部经理＋营运总监＋区主管＋店长在当地按照上述类似流程实施，所有档案资料由人力资源部经理归档整理。

（1）人员的招聘

招聘面试是整个人员招聘工作中最重要的一环。公司在面试应聘者，同时，应聘者也在面试公司。应聘者无论最终被录用与否，都会将他们对公司的印象传播出去。面试人员仪表要整洁端庄，体现公司企业精神风貌，既要自信和细致，又要宽容、温和。初试和通知复试之间的时间不宜过长，最长不应超过一周时间；复试到通知录用之间的时间亦不应过长，最长不应超过两周时间。

（2）新员工上岗

公司直营店新店员上岗由区主管＋店长在当地按照手册中规定的流程实施，所有员工手册和表格从人力资源部领取。档案资料上交总部人力资源部。

新员工上岗的第一件事就是培训。对企业而言，培训是最好的投资。对员工而言，培训是最大的福利。企业员工培训工作，需要注意以下几点。

① 每期的培训要突出一两个主题。

② 培训教材的准备要认真细致。发出前要反复校对，保证准确无误。

③ 讲师备课要认真，开课前要试讲一次，培训主管要纠正其语态和体态。

④ 培训场地的布置以及培训设备的安装不得马虎，开课前要做全面检查和试运行。

⑤ 培训的方式应综合运用角色表演法、案例讨论法、头脑风暴法、小组讨论法、创造力开发法、正反方辩论法等，培训主管要负责掌握和控制好时间和气氛。

⑥ 收集学员对培训安排、讲师、培训内容的反馈意见，不断改进培训方法和内容。

（3）建立员工人事档案

员工人事档案应包括应聘资料、入职资料、员工在公司的任职记录、奖惩记录、年度员工绩效考核记录、薪资福利保险记录等。

人力资源管理规范内容如下：第一，人力资源部为每一位员工建立个人人事档案；第二，个人人事档案用专用档案袋保存，设有编号并建立电子索引文件；第三，个人人事档案的归档、保存、查阅等由人力资源部经理负责。

（4）员工绩效考核评估

人事考核管理可分为选、训、用、评、留等阶段。经过了费时的“选”和“训”之后，对于已用的人，考评工作更是必不可少的。员工绩效考评关系到每位职员日后的升迁和发展，应力求客观和公正。门店的绩效考核制度，是员工与主管之间持续沟通的过程。

一般来说，门店为了鼓励员工准时上、下班，可设立“全勤奖”。如果一位员工在一个月内除正常休假之外，再也没有额外请假或迟到早退的次数低于规定的次数，就可以领到全勤奖。员工事假、病假和旷工的处理应采取不同的标准。除了考勤记录、请假次数，员工在日常店内的工作表现、工作情形、工作能力及工作态度，都可列为考核的项目，以达到真正的奖罚分明的管理效果。

员工绩效考核评估应注意以下几个问题：第一，绩效考核评估不是迫使员工努力工作的棍棒，其根本的目的是通过主管和员工的良好沟通，共同实现部门和企业的整体目标；第二，明确清晰的岗位职责、工作目标、考核指标是开展员工绩效考核评估的基础；第三，人力资源部经理在整个绩效考核评估工作中扮演的是协调、督导的角色，而部门的主管是其直接下属绩效考核评估的主体；第四，直营店店长负责对店员考核评估，总部区域主管负责对所属区域内直营店店长考核评估。

员工绩效考核评估流程如图 6.1 所示。

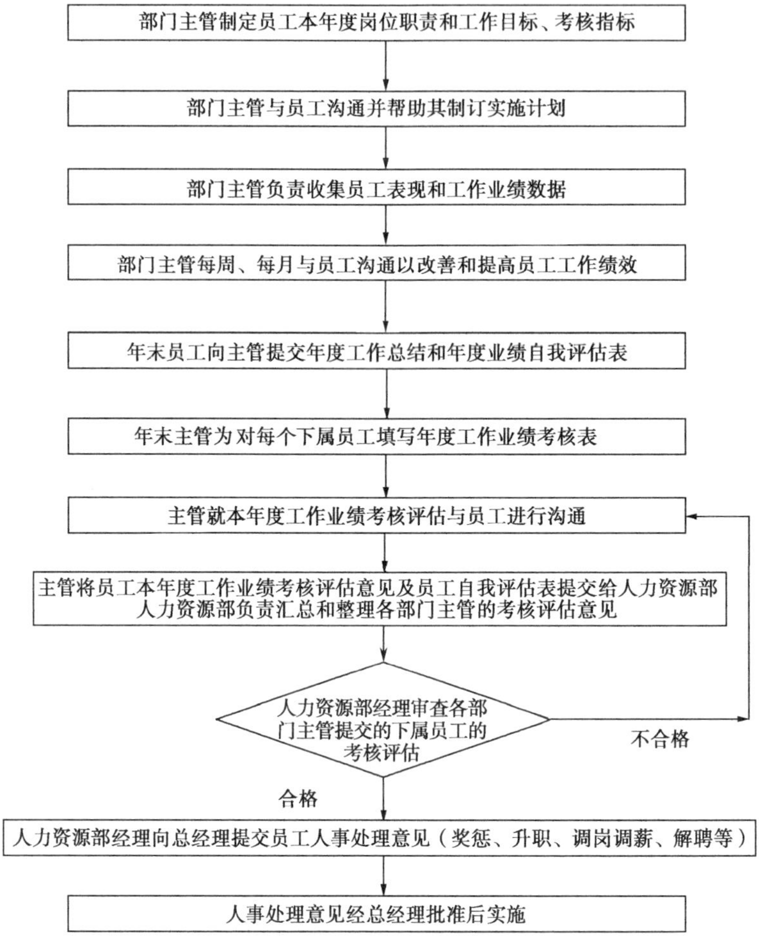

图 6.1　员工绩效考核评估流程

11.2.3　设计财务管理手册

特许加盟总部财务管理手册主要是对特许人财务管理的描述，应该包括：财务管理的内容、相关财务名词解释、财务管理组织结构、财务管理工作流程、财务管理制度、财务电算化及财务报表等内容。

1. 财务管理的内容

财务管理主要包括以下内容。

① 会计核算：以货币为主要计量单位，利用一系列的科学方法，对企业、事业和行政单位的经济活动，进行连续、系统、全面、综合的记录和计算，并据以编制会计报表。

② 会计检查：通过经常的和定期的凭证检查、审核账目、财产清查等手段，对企业各种财产物资的收发和保管，资金的管理和使用，往来款项收支和结算，收益取得与分配，成本的开支和费用的报销等经济活动进行全面检查。

③ 会计分析：根据会计报表、账簿、计划等有关资料，对企业的财务状况、经营过程及结果进行分析研究。总结经验，揭露矛盾，提出改进建议和措施，有利于改善经营管理。

④ 会计监督：通过记录、计算、检查与分析，对单位的生产经营活动或预算执行情况进行监督，有利于提高企业经济效益。

2. 现金管理

企业应该根据自身的情况制定符合自身的现金管理制度，对于公司的现金必须做到日清日结，企业内部不能留存大量的现金，一般情况下不能留存超过 1000 元，对于公司超过 5000 元的现金运用，必须提前一天通知财务部门。

3. 费用报销管理

企业所有的费用报销实行一支笔负责制，即必须由公司总经理签字才能报销。报销人持有符合国家财务制度的凭证，在部门主管、财务主管、主管副总签字确认之后，呈报公司总经理，由总经理确认签字加盖公司的钢印并进行登记之后才能到公司出纳员处报销。费用报销签字人必须履行职责，在确定所发生费用符合公司要求的情况下才能签字，如果出现虚假签字，公司将追究所有签字人的责任。所有报销凭证上必须标明费用的用途，并且所有签字人必须在原始凭证的背面签字。所有报销凭证总数必须有大、小写。

4. 受许人应缴费用管理

特许人和受许人之间通过合同契约的形式约定了双方的权利和义务，这里面非常重要的一个内容是受许人必须每月（或每年）向特许人缴纳一定比例的特许权使用费，财务部门对于这笔费用的收取情况必须全方面掌握，如果发生受许人没有按照合同的约定按时缴纳这部分费用，那么财务部门必须第一时间向公司领导汇报，马上从受许人的信誉保证金中扣除，并同时通知受许人。此部分收入应视为公司的服务收入，按照国家规定的服务性质收入缴纳税费。

5. 营运资金管理

营运资金指的是公司所有的流动资产。具体地说，净营运资金等于流动资产减去流动负债（净营运资金＝流动资产－流动负债）。财务部门必须通过财务报表的形式让公司的领导者了解公司营运资金的情况，以供公司领导决策之用。以利于平衡公司的资金流入和资金流出，以便为公司创造更大的效益。营运资金应该占到公司资产的 50%，必须保证公司拥有足够的流动资金，才能降低公司运营风险。一般而言，作为特许加盟企业，可以通过存货管理和支付存货管理来实现营运管理最优化。

6. 应收账款、存货和应付账款管理

很多特许加盟企业的特许人是受许人的后勤保障部门，作为特许人而言，由于存在庞大的运营体系需要巨大的运营成本，为了保障特许人体系能掌握足够的营运资金，最佳的方式是受许人用现金方式进货，杜绝应收账款的产生，可是由于很多货物是先集中到特许人再由特许人统一配送的，这就涉及存货管理和应付账款管理的问题。由于存在很多的结款方式，就将涉及特许人和供应商之间的博弈问题。在现实中，只有双方通过妥协寻求共赢，才是最佳的处理方法。

7. 国家相关各种税费的申报和缴纳

依法纳税是每一个企业应该履行的职责，这也是财务部门每月应做的基本工作之一，这里面主要的一点是区分服务性质的纳税比例和增值税纳税比例的不同。财务部门应该按照国家的规定及时缴纳各种税费，并且应及时向公司领导汇报。

11.2.4 设计物流配送管理手册

物流配送是特许加盟体系的重要环节，关乎企业规模的大小和实力的强弱，它是特许加盟体系竞争力的集中表现。物流配送管理手册主要是描述特许人如何为各个加盟店进行商品配送的计划、内容、程序等问题的，包括物流配送原则和方式、物流配送活动的内容、订货与进货作业管理、物流费用及分摊原则等内容。

1. 物流货品陈列管理

对于物流配送中心而言，商品的陈列是一个非常重要的问题，陈列是否科学将决定物流运作的整体效率高低。对于商品的陈列，物流中心一般会进行一些功能设计，具体说就是商品和辅助用品都有一个固定的陈列位置和专门的区域。对于商品而言，一般会按照商品的性质分为几个特定的储存区域，并按照各级的区域划分相应的专门人员进行管理，并且这些人员对于商品的丢失负有直接责任。货品的陈列一般会按照商品的关联性进行相连陈列，同时考虑到一些贵重的物品的防损问题，会单独设立专门的陈列区域进行保管，这样有利于减少仓库的损耗。商品陈列的一个重要的基础工作是设定商品相应的标签，对于物品必须要做到一品一签，而且要维护好标签，这样才能做到物品要货及时或减少物品种类丢失。

2. 物流订货和存货的管理

对于特许加盟企业来说，物流订货每天都要发生，为了节省资金，又不影响门店销售，核心问题就是要随时了解仓库的库存情况和门店对货物的需求，同时还必须及时与供应商沟通，了解物品的供给情况。那么，依靠先进的网络系统，借助现代化手段是一个非常有效的措施，这也是一个特许加盟总部能够完全对众多加盟体系控制的最核心的手段。通过网络系统，物流中心能够及时了解仓库的库存情况，并且依照以往的销售规律，网络系统能够给出一个预估订货量，订货人员会结合门店的具体情况，特别是时节的变化和节假日特殊的需求迅速地做出订货决定，很多物流中心都已经实现了网络订货的功能，通过邮件或特定的系统向供应商订货。物流的订货和存货管理的科学性将决定一个企业的现金流的大小，这是任何一个特许加盟企业都必须认真对待的问题。

3. 供应商送货、返货的管理

（1）供应商的送货

物流中心的工作人员应该注意以下几个核心内容。

① 所送货物是否和物流中心的要货单完全一致，是否会有一些滞销品混杂其中。
② 所送货品的日期是否为最新日期。
③ 货品和送货单的规格和数量是否完全一致。
④ 货品的包装是否有拆开过的痕迹。
⑤ 必须要全面观察所有商品，看看是否在不易察觉的地方有不达标货品。

此外，对于供应商票据的严格审查更是一个重要的环节，必须要求三方以上的利益制约人员在票据上签字，这样能够很好地减少腐败的产生。

（2）对于供应商返货

物流中心所要做的就是随时掌握货品的保质期，必须在规定的日期内把一些滞销货品返回供应商手中，不能让这些滞销货物损耗在公司手里。

此外，必须严格检查返货的数量、规格和返货票据上的数目是否一致，这是最容易产生损耗的环节。

4. 物流损耗的管理

物流的防损工作是一个永远不能放松警惕的工作，出现细微的苗头必须第一时间大力整治，特别是对于内盗问题或者内外勾结问题，必须借助行政执法部门的力量加以整治，绝对不能手软，否则，败局将无法挽回。控制和防范物流损耗的建议如下：
① 设立 24 小时监控录像，多增加摄像头，对所有货品进行全方位的全天候监控。
② 对于每张票据实行相互制约三方的签名负责制，出现问题时可以追究责任。
③ 设立审计人员，对所有票据随时进行搜查审核，出现问题，马上解决。
④ 随时关注库房管理人员的各种细微的变化，防止内外勾结现象的产生。
⑤ 对于库房管理人员进行定期不定期的换岗或更换。
⑥ 每天对一小部分物品进行抽盘，发现问题，追根问底。
⑦ 每月必须对所有物品进行详细盘点。

5. 配送车辆路线安排

对于各个门店的配送车辆路线的安排，是物流节约成本和提高效率的一个关键环节。一般而言，特许加盟企业的配送路线都是相对固定的，只要根据实际情况加以适当的调整即可。每当所配送门店确定之后，车队的管理者必须事先把车辆的行驶路线明确出来，从而提高物流配送的整体效率并且节约配送成本。

11.2.5 设计营销管理手册

总部营销管理手册主要是对如何销售商品和服务等方法进行总结和描述。包括市场定位、产品定位、市场定价、渠道分析、营销规划、销售流程、客户关系管理等项内容。

1. 商品市场定价管理

在当今激烈的市场环境中，任何商品都会涉及最敏感的市场定价问题，商品的定价其实很大程度上取决于特许加盟企业整体的市场定位，或者说是企业的市场定位和环境本身决定了商品的价值，多数情况下，对于特许加盟企业而言，商品本身的价值并不由商品的自身成本因素来决定。对于大多数特许加盟企业而言，中档的市场定位是最为普遍的，也是广大消费人群都能接受的，这才能具备大量发展加盟商或者是开拓市场的前提条件。以相近的价格来提供超值的商品和服务已成为绝大多数特许加盟企业成功的一个共同特点。

2. 商品促销管理

在琳琅满目的商品世界里，促销已成为很多商品所必须具备的要素，促销的手段和形式已经非常丰富，最为常见的有打折、搭赠、品尝、抽奖、优惠券、积分、捆绑销售等，对于特许加盟企业而言，促销也是必不可少的，但特许加盟企业的促销应该把重点放在营造良好的氛围，拉近与消费者的距离，提高特许品牌的认可度等方面，尤其应该采取一些奇异的构想或创意，少用一些他人使用的方法或手段，才能实现少花钱多办事的目的。

3. 竞争对手管理

对于竞争对手的管理，实质上就是一个信息的收集和针对有价值信息采取针对性方针的问题。对于竞争对手管理的最高境界是和竞争对手共同成长，共同占领市场，形成实力相当的双寡头垄断市场的局面。例如，肯德基和麦当劳就是相互竞争，互相推动，最后双双都成为世界快餐领导品牌的最佳例子。信息已经成为一种财富，一种能够产生强大威力的稀缺资源，所有企业应该重视竞争对手的信息收集，以便采取更好的策略来获得更大的发展。

4. 总部对门店的指导和监督

对于特许加盟企业的营销管理而言，有别于其他企业的特点就是，特许加盟总部必须下大力气对门店进行指导和监督，特许加盟企业由于门店众多，只有达到步伐一致，统一行动，才能真正起到发挥“整体”作用的效果。所以，特许加盟企业的营销需要的是特许加盟总部更多的沟通和指导，并且必须对营销过程进行监督检查，对于不配合公司统一规定运作的门店必须采取相应的严厉处罚，只有这样才能真正体现特许加盟企业的品牌效力。

11.2.6 设计信息系统管理手册

信息系统管理手册是特许加盟体系信息管理的支撑，主要描述的是信息系统架构、原则、操作程序、设备状况、运营流程及各部门职责等。

1. 信息系统的组成

特许加盟企业的信息系统一般由直营店和加盟店系统，特许推广网站系统，特许加盟总部办公系统，供应商管理系统等几个部分组成。

① 通过直营店和加盟店系统，特许人能够第一时间了解门店销售的所有状况，可以根据系统所提供的数据进行研究分析，对门店的销售做出适当的调整。

② 通过特许推广网站系统，能够发布公司最新的动态，能够增强潜在受许人对特许加盟企业的了解，同时，通过该系统还能了解最新的潜在受许人对特许企业的意见和建议，可以推动特许加盟企业的发展。

③ 通过特许加盟总部办公系统，首先，能够提高特许加盟总部的办公效率，特别是可以使办公系统中的财务管理系统和人力资源系统的管理水平达到一个新的高度；其次，通过特许加盟总部办公系统，还能够提高特许加盟总部对受许人的控制力。

④ 通过供应商管理系统，特许加盟总部能够随时了解总部和门店商品的库存情况，能够了解并掌握商品销售的趋势，实现门店销售的自动补货，此外，通过供应商系统还能防止供应商在结款中出现的一些欺诈行为。

2. 信息数据的录入和网络维护

信息数据的录入和网络维护的主要工作如下。

① 信息数据的录入，是特许加盟企业每天都要做的事情，这些数据绝大多数情况是公司商品数据的录入。特别是一些大型特许加盟企业统一配送的数据量非常庞大，这就需要专门人员专心从事这份工作，在数据录入中，一定要强调一个“相互制约”的原则，网络部和物流中心以及财务部之间的数据必须吻合，这样才能真正起到科学管理的目的。这些数据必须做好日清，每天审核，出现不一致的情况必须追查根源所在，并且马上向公司领导汇报，经公司领导确认之后才能改动录入数据。

② 网络的维护，一般包括两个方面的内容，一个方面是硬件的维护，也就是说网络部门必须保障网络的时刻畅通，无论什么时候出现问题，必须第一时间到达现场，并加以解决，特别是对于正在销售的直营店和加盟店，随时排查，保持网络通畅更为重要。另一个方面就是网络数据的维护，对于网络中任何数据的改变，必须有公司总经理的书面指示才能更改，并且所有更改的数据必须登记备案，绝对杜绝任何人擅自修改任何数据的现象发生。

3. 网站前台信息的发布和更新

网站前台信息的发布主要是指根据公司领导的要求，发布一些公司的新闻，比如新开设的分支机构，公司领导人参与的一些活动，等等。同时，人力资源信息和特许推广信息的更改也可以在公司领导批准之后通过公司网站前台进行发布。

11.2.7 设计督导操作手册

在一个完善的特许加盟体系中，对加盟商管理的核心就是要对整个特许加盟体系进行有效控制与支持。整个管理机能需要特许加盟总部的职能部门与其他各部门密切配合，针对加盟商所开展的营运活动予以监测、检查和调整，并通过综合分析实现有效控制，最终通过督导员实施培训、指导和监督，以达到整个体系都高效平稳运转的管理目标。

在督导培训中，督导员的职业素质非常重要，要求他们必须具有特许经营方面的基本知识和基本管理才能，只有这样才能真正起到督导的作用。整个督导任务主要是通过制订工作计划，设定标准，执行监督，对加盟商的咨询和信息收集，对存在的问题进行分析、培训、指导、解决来完成的。

（1）督导培训需求分析

首先，特许加盟拓展部主管根据业务拓展需要，提出潜在加盟商培训需求；其次，特许加盟营运部主管根据业务需要，提出店铺及加盟商培训需求；最后，营运部培训主管汇总各部门的店铺和加盟商培训需求，结合公司实际培训需求进行分析并得出结论。

督导培训的内容应从商品管理、店面形象管理、行销管理、渠道和地域管理、消费者服务管理、财务资信管理、特许加盟合约执行管理、信息情报管理八个方面考虑。

督导培训的目标主要是设定核检表，并根据核检内容确定培训计划和课程。核检标准为 A 级——合计 41 分以上为良好；B 级——合计 30～40 分应检讨；C 级——合计 30 分以下应改善。

（2）督导计划的拟订

培训部在对培训需求分析的基础上制订培训计划，培训计划应包括以下几个方面：

① 培训的目的和对象：根据培训需求确定培训目的，依据培训目的确定提高目标；培训对象为店面管理人员、潜在加盟商、签约加盟商。

② 培训的公共课程：包括企业经营理念与文化、企业历史与背景、企业规章制度、品德与公共道德训练、语言与口才训练、计算机知识与操作训练、基本礼仪训练、职业安全训练、时代文化与潮流等。

③ 培训的专业课程：包括企业经营战略知识、企业经营企划专业知识、财务管理专业知识、营销管理专业知识、生产管理专业知识、特许加盟专业知识、人力资源开发专业知识等。

④ 新员工培训课程：包括企业历史、理念与文化、各项规章制度、环境熟悉与人际沟通等。

⑤ 加盟商培训课程：包括企业历史、发展战略与特许加盟理念文化、特许加盟业务、特许加盟手册与合同、特许加盟营运。

⑥ 培训时间与场地：根据特许加盟营运总部的要求做出时间计划，每年两次大型培训，每月组织不同形式的培训。培训场地主要设在特许加盟总部、店铺实地、加盟商指定地点等。

⑦ 聘请培训讲师：内部讲师，由各专业工作负责人担任，主要任务是总结自己的工作知识和经验，偏重对员工进行企业经营理念和实际操作技能培训，讲授、示范承担的专业课程，编制讲义；外聘讲师则经总经理和特许加盟总部营运部联合认定聘用。要求具有丰富的企业管理、营销管理等理论知识和一定的实践经验，主要任务是负责按公司要求定期将最新的企业管理理论、有关信息、其他企业成功或失败案例介绍给公司。同时参与有关课程设计，编制“教学讲义”，通过培训解决企业实际问题。

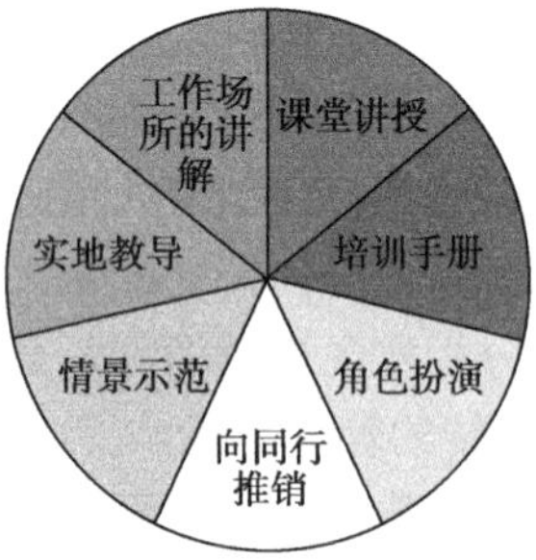

图 6.2　特许加盟培训方式

⑧ 督导培训的形式：特许加盟培训将采用互动式、研讨式、案例分析等培训方式进行培训，具体方式如图 6.2 所示。

⑨ 督导培训的实施：主要是联系培训场地，确定培训时间，确定培训学员名单，发放《培训通知书》，培训现场组织与协调等。

⑩ 督导培训的评估：包括对培训内容设置的评估，对培训方式的评估，对培训讲师的评估，对培训组织工作的评估，对培训结果的评估，关于学员培训中考试成绩的评估，关于学员回任工作能力的评估等。学员培训成绩均记入档案，作为员工考评的依据。

（3）督导培训的步骤

由特许加盟总部的营运部下达培训任务→事前培训需求调查→到门店访谈→与店长沟通→现场经营情况调查→问题汇总→同店长确认培训内容和培训方法→人员培训→现场纠正→解决问题。

（4）培训督导员守则

① 遵守国家法令，遵守公司规章制度。

② 关心公司，热爱本职工作，讲究职业道德，维护公司声誉。

③ 树立全新服务意识“客户永远是我们追求卓越的动力源泉及价值所在”。

④ 服从上级领导的工作安排，按时完成上级下达的任务，准确、高效地执行管理者的指令。

⑤ 一切要以公司的利益为重，不泄露公司的内部机密。

⑥ 仪容仪表整洁端庄，与人交谈说普通话（限国内），语言要规范化，使用文明用语，言谈举止大方得体。

（5）培训督导管理制度

① 对于各个具体的加盟商公司做出相应的核检标准。

② 每隔一段时间测评一次，测评结果记录备案，观察其进步或退步情况。

③ 对成功的经验进行总结归纳，对不足之处加以分析进而提出改进方案，根据改进方案，制订培训计划，督导改进。

项目 12　设计特许加盟单店手册

任务 12.1　设计开店手册

《开店手册》应包括市场调研、商圈调查、单店选址、店面装修、人员聘用、开店准备、开业典礼等工作流程。

12.1.1　选择开店的店址

对于绝大多数的特许加盟企业而言，经营的商品与服务，很多时候都是通过单店店铺来进行销售的，很多店铺的店址选择是所有特许人都应考虑的一个重要内容。由于行业的不同，店址选择的标准也存在着很多差异，绝大多数的门店店址选择，应该考虑以下几个问题：

① 门店租金确定。不同的行业特点决定了门店租金的承受范围各不相同，一般应着重考虑投资回报周期的问题，因为过高的租金会给经营者带来很大的经营压力。

② 商圈的调查。应从以下几个方面进行调查：门店辐射范围之内的住户和流动人口的消费能力、商业圈内竞争对手的情况、商业圈内未来的发展规划。对门店所辐射范围的各种情况进行掌握非常必要，对于判断一个店址是否选择正确起到了宏观保证的作用。

③ 商圈的评估。这是在调查掌握该地区能够开设门店的前提下，对具体门店店址的判断，主要从人员行走流动习惯，车辆流动性，门店视觉效果，车辆停靠的方便性等几个方面来确定待选店址的可行性。

④ 店址的选定。通过商圈范围的划定和客流的分析，确定店址的位置和开店的形式，是店中店还是独立专营店，在征询特许人意见后，进行店面的租赁和契约的签署。

12.1.2 设计总部统一门店

在店址确定之后，很多特许加盟企业的做法是把门店的内外进行拍摄，一般都是把拍摄的相片送到特许加盟总部（距离远的可通过网络方式传送到特许加盟总部），特许加盟总部按照统一的企业识别系统要求对门店进行设计，设计效果图经过特许方领导认可之后送交专门的装修公司进入门店的装修阶段，在装修过程中，特许加盟总部一般会选派专业人员进行监督，严格按照效果图进行统一装修，以保证特许加盟企业的品牌形象。

12.1.3 设计门店的功能

在进行店面装修时，从装修准备到装修流程和店内设施，都应按特许加盟总部的规划去做。此外，特许加盟总部还会对门店内部进行统一的功能设计，从装修风格到所用材料，从店内气氛到店面外观，特许加盟总部一般都会进行严格的要求。在一个特许加盟企业中往往都会体现一种特有的理念，有时加盟商对于一些功能设计非常不认可，觉得没有那个必要，但是作为一个加盟商，既然选择加盟，那么就应该按照特许加盟总部的要求进行运作。应该说，对于已经存在达到 5 年以上的特许加盟企业，很多理念和设计都是被市场所接受的，加盟商一开始理解不了也很正常，只要严格按照特许加盟总部的要求去做，应该都能得到满意的结果。

12.1.4 设计产品结构和价格

根据商圈的不同，以及当地风土人情和消费习惯的不同，特许加盟总部必须借助自身丰富的经验帮助加盟商设计适当的产品结构，即设计出一套最适合当地商圈消费群体的产品结构，并且根据自身企业的特点以及周围商圈竞争对手的情况进行商品的价格设计，在价格设计中必须考虑到大家都熟悉的敏感商品价格绝对不能高这个原则，特别是在开业阶段必须设定一些敏感商品的超值回报，以此来增强与消费者之间的感情交流，达到培养忠诚消费者的目的。

12.1.5 培训加盟商及所聘员工

对于特许加盟企业而言，本质上就是要复制成功，那么，对加盟商的培训就成了复制最关键的环节。让加盟商充分了解特许加盟总部，并且严格按照特许加盟总部的要求来运作，这绝对不是一个简单的事情。很多特许加盟总部往往花费很大的人力、财力进行加盟商的培训，特别是一些餐饮企业，对于加盟商的培训往往会持续很长的时间，现在很多餐饮企业为了保持产品的质量，还从特许加盟总部选派了专业的厨师到加盟店进行实际的操作，这对于门店品质的把握起到了关键性作用。经过对加盟商和其所聘请人员培训考核合格之后，才能运作一个加盟门店。

12.1.6 办理相关证照与开业

应该说随着政府部门服务意识的日益加强，证照办理将更加简单和快捷，对于绝大多数没有多少经验的加盟商来说，特许加盟总部应该一步到位地提供相应的资料，并且协助加盟商办理相关证照，使加盟商能够把更多的精力用在研究门店的运作上，只有这样才能提高门店品质，获得更大的成功。同时，开业前的物品筹备和开业的具体仪式及注意事项等都要积极准备和解决。

12.1.7 总部的验收

对于特许加盟企业来说，如何保证“千店如一店”，是一个关系到整个特许品牌是否能延伸的重大问题，很多特许企业都有一整套管理方式来维持整个体系的统一化和标准化，其中加盟门店开业之前的严格验收就是一个非常关键的环节。对于一个门店来说，打下什么样的底子将会产生什么样的结果，所以，特许加盟总部会派选专业人士从店面形象到内部功能设计都按照特许加盟总部效果进行严格验收，不合格必须改正，否则绝对不允许营业。有很多餐饮企业还进行餐饮出品的严格验收，只有全面符合特许加盟总部的标准之后，才能正式开张营业。

任务 12.2 设计运营管理手册

《运营管理手册》主要是单店各项运营管理流程和岗位职责的规范，是单店开业后的工作步骤和依据。它涉及营运计划、日常管理和业绩评估等动态管理内容，还涉及商品、财务、服务、客户、促销、信息、设备、技术、人员及安全等静态管理内容。

12.2.1 店面管理

特许企业一个非常重要的特点就是统一形象。对于门店而言，必须要注意遵循和维护特许企业统一形象的规定，必须要从牌匾、灯光、墙壁、颜色、外观饰品等各个环节加强对门店的管理，尤其是企业的形象在夜间通过明亮的灯光很明显地显示出来，因此对夜间灯光的管理更是一个关键的环节。由于门店灯光经常出现这样那样的问题，所以要经常进行维修管理。对于店面管理的另一个关键的环节，就是对店外具有标志性的饰品的管理，这些往往是公司的标志，要经常进行维护和更新。此外，店面卫生清洁工作要持之以恒，各门店要按照公司统一的规定，在特定的时间经常打扫门店的卫生，创造优美的店面环境。

12.2.2 人员管理

门店人员管理主要从人力资源管理、人力资源培训、人员日常管理等方面进行。

1. 单店人力资源管理

单店人力资源管理包括人员招聘与任用、各个职位条件的确认、人员雇用的策略、人员考察与挑选方式、人员工作情况掌握、周期性工作计划制订等。

2. 单店人力资源培训

单店人力资源培训包括人员教育培训种类与计划、人员教育培训内容与措施、人员教育培训方式与考核等。

3. 单店人员日常管理

单店人员日常管理包括人员班次的安排，人员交接班管理，人员出勤情况管理以及人员晋升绩效管理等几个方面。

12.2.3 商品管理

商品管理包括商品计划流程、订购流程、销售管理流程等内容，涉及商品分类、商品陈列、商品装饰及库存管理等问题。

门店管理的一个重要环节是对门店货物的管理，主要是要保持商品的美观、卫生、保质。很多特许企业属于餐饮类企业，特许人对于物品的运输以及保存都有一套严格的管理制度，门店必须严格按照特许加盟总部的规章制度来运作，以此来保证门店物品的质量，达到特许加盟企业出品品质一致的效果，这对于特许加盟企业的生存和发展是非常关键的环节。

门店管理的另一个重要环节是对门店订货的管理。即如何做到门店货物的库存最优，尽可能少地占用资金，同时又不出现缺货的现象，这需要对门店销售情况进行总结，摸索规律进行科学订货，做好进货、补货、调货及库存管理工作。同时，门店还需要对特殊时间或节日做出合理的安排与调整，以满足特许节日销售的需求。

12.2.4 单店常规作业管理

单店常规作业管理主要涉及以下几个方面。

1. 顾客管理

顾客管理包括顾客信息系统的建立与使用、固定顾客的培养、顾客服务流程、顾客投诉的处理等内容。

2. 促销管理

促销管理主要包括促销计划、促销方法和促销技巧等。

3. 竞争店调查

竞争店调查包括竞争店调查项目、竞争店情报来源和竞争店调查方法等项内容。

4. 营业管理

营业管理包括营业时间、营业前作业管理、营业中作业管理、营业后作业管理等内容。

5. 设备管理

设备管理包括设备用具保养与维护、设备清单、维修电话等内容。

6. 卫生与安全管理

卫生与安全管理包括个人、环境与设备卫生清洁工作内容规范，员工注意事项，紧急事件处理等内容。

12.2.5 盘点管理

门店的盘点工作是门店工作的重要组成部分，一般而言，门店都实行每月一次的盘点制度，盘点工作需要成立专门的盘点小组，一般会有特许加盟总部财务人员和网络人员参与，并且由营运的负责人或者负责人指派的其他人员作为小组长进行监督门店盘点工作。在盘点之前，必须设定盘点表格，并且进行明确分工，在盘点完成之前，小组长必须对盘点结果进行抽盘，如果发现和盘点数量不一致的情况，要加大抽盘的力度，如果出现个别人员盘点结果误差多的情况，要对其负责的所有商品进行复盘，并且追究相关人员责任。在盘点结束之后，各方必须在盘点表上签字，对盘点的结果进行证实。

任务 12.3 设计店长手册

店长手册主要是用来规范店长的工作职责和职业行为的准则，主要包括店长必备的基本素质、岗位职责、工作流程等内容。

12.3.1 店长职责

门店店长是一个门店的全面负责人，门店的所有事情，即人、财、物都由店长负责管理，门店的成本控制和销售利润是考核店长的直接指标，对于特许加盟企业的门店来说，店长必须严格按照特许加盟总部的各项规章制度来开展门店的工作，同时，店长还必须保持与特许加盟总部的良好沟通，以保证特许加盟总部对于特许门店的直接管理和控制，保证整个特许加盟体系的良好运作。店长的岗位职责包括计划管理、客户关系管理、员工管理、卖场管理、销售管理、财务管理、信息管理和行政事务管理等。

12.3.2 员工日常管理

门店员工的日常管理是店长日常工作的重要内容，很多特许加盟企业的员工都是由特许加盟总部统一招聘和培训之后才派遣到各个门店的，店长需要负责对人员班次、出勤、请假、绩效等日常工作进行管理，对于员工的辞退，店长一般只具备建议权，但是很多特许加盟企业原则上都会尊重店长的决定，做出同意辞退的决定。对门店员工工作积极性的调动，是店长对员工管理的难点，这方面店长需要注意以身作则，处事公平，塑造店长的人格魅力，从而形成一个积极向上的团队，这对于门店业绩的提升将会起到巨大的推动作用。

员工日常管理主要是通过相关流程和表格体现的，包括客户投诉处理流程、客户档案表格、员工工作考核记录与考勤表、订货单、补货单、退货单、销售日报表、库存记录、促销活动申请以及竞争店调查项目检核表等。

12.3.3 财务管理

门店的财务管理主要涉及的是门店的现金管理、费用管理和进/出/退货票据管理，对于很多特许加盟企业而言，绝大多数门店都是在特许加盟总部领导之下进行财务做账，对于现金和费用账目必须做到日清日结，票据也必须当天做账，如果特许加盟企业的门店较大，应该设立专门的财务人员进行做账及各种工商税务的申报。对于门店的费用管理，目前很多企业门店的报销票据都不太符合国家要求，店长应该严格把关，在特许加盟企业中杜绝类似情况发生。只有这样财务制度才能严谨，才能符合国家财务要求，才能保证特许加盟企业的健康快速发展。

12.3.4　物品管理

物品管理主要包括订货管理，物品陈列管理，物品库存管理，物品品质管理几大方面的内容，对于物品管理，特许加盟总部都有一套严格的规定，店长所要做的就是严格按照公司的规定执行即可。另外，店长必须具备创新精神，必须善于思考，对于物品的各个环节可以有自己的创新，但是为了保持特许加盟企业的统一性，店长没有随意改动特许加盟总部规定的权利，只能向特许加盟总部提出各种建议，特许加盟总部应该充分重视各个门店的各种创新的意见和建议，及时地进行实践验证，如果取得良好的效果，可以进行全面的推广应用，以提升整个特许加盟体系的品质。

12.3.5　损耗管理

损耗管理也是店长工作的一个重点，很多企业特别是零售企业的倒闭往往是损耗管理工作没有做好造成的，损耗管理的重心应该是防止内盗，特别是内外勾结的情况在很多企业都发生过。防损的方法和手段也很多，应该借助高科技手段，比如24小时的远程监控录像，定时或不定时地进行人员岗位调整，经常性的抽查，等等，要做到经常与员工沟通，进行教育，提高员工的综合素质。

12.3.6　突发事件处理

作为店长，应该积极主动地处理好与外界的各种关系，门店周围的邻里关系，所管辖范围内的工商税务关系，大型特许加盟企业还必须处理好与当地政府和新闻媒体的关系，为门店的发展营造一个良好的外界环境。此外，店长还必须具备处理突发事件的能力，遇到突发事件必须保持头脑清醒，沉着冷静，妥善处理，以保持门店业务的正常开展。可以说，店长处于特许加盟企业的最前线，是特许加盟总部获取各种信息的主要途径，同时也是特许加盟总部各种决策的执行者，所以，店长必须保持和特许加盟总部的良好沟通，以保证特许加盟总部和门店之间信息的畅通。

任务 12.4　设计店员手册

《店员手册》是规范单店店员工作职责和职业行为的准则，也是提供商品和服务知识操作技巧的必备手册。一般包括理念、服务、技能、纪律和励志等项内容。具体涉及品牌与经营理念、店员基本任职条件和岗位职责、服务态度、仪容仪表、行为举止、微笑服务、待客语言、服务方式、每日工作流程、商品与销售常识、商品陈列与分类常识、员工的必须与不准、违纪处罚制度、员工考核奖励制度、员工晋升办法及员工座右铭等。

12.4.1 形象管理

很多特许加盟企业为了维护其统一的形象，除了对门店进行统一设计和装修之外，对于门店员工也规定了统一的着装。因为店员是直接和顾客打交道最多的店内员工，所以，店员的形象最能代表公司的形象，对于店员形象的统一要从两个方面加以考虑：一方面是外表形象，也就是统一的服装衣帽，另一个更重要的方面是店员的言谈举止，店员的行走、站立和说话都必须通过公司的统一培训，并且在日常营业中必须按照公司的统一规定来开展公司的业务，从而体现一个品牌特许企业的优秀品质。

12.4.2 客户管理

店员在门店中直接和客户打交道，店员给客户的印象其实就等同于门店给客户的印象，这对于门店的长远发展将起到极其关键的作用，特许企业对店员与客户接触的各个环节都有标准化的规定，店长应该严格约束店员接待客户的言行举止，同时，对于新店员，店长应该以教练的身份进行指导，以达到新店员快速适应岗位要求的目的。特别是门店收银员对客户的印象更为深刻，必须培训和要求收银员做到快速、准确收款，达到客户满意的效果，为客户下次光临做好铺垫。

12.4.3 物品管理

对于店员而言，物品管理主要是保证物品的充足供应、物品的干净卫生和陈列合理这几个方面，而对于像餐饮行业更主要的是维护餐厅的良好就餐环境，为顾客提供热情周到的服务。总而言之，为顾客创造一个优美的环境，提供高质量的客户所需物品，保障特许加盟企业良好品质是物品管理的主要提供人，即店员的重要工作职能。

知识拓展

单店运营管理手册示例

ABC 专卖店《运营管理手册》目录

1. 概述
2. ABC 专卖店概述
2.1 ABC 专卖店是什么
2.2 ABC 专卖店经营理念
3. ABC 专卖店的组织和岗位职责
3.1 组织结构
3.1.1 标准店中店组织结构
3.1.2 标准独立店组织结构
3.2 岗位职责规范
3.2.1 店长基本任职条件和岗位职责规范

3.2.2 店员基本任职条件和岗位职责规范
4. 专卖店人力资源管理和培训
4.1 人员招聘与任用
4.1.1 确认职位的条件
4.1.2 人员雇用策略要点
4.1.3 考察和挑选的方式
4.1.4 录用的决定
4.2 人力资源管理
4.2.1 人员情况的掌握
4.2.2 周期性工作与工作计划
4.2.3 人员考绩、考勤与人事记录
4.2.4 加盟商应注意的事项
4.3 人力资源培训
4.3.1 人力资源培训的重要性
4.3.2 教育培训种类
4.3.3 教育培训计划、内容和实施
4.3.4 教育培训的方式和考核
5. 顾客服务与顾客服务管理
5.1 顾客服务
5.1.1 服务价值链
5.1.2 顾客服务的原则
5.2 顾客抱怨的处理
5.2.1 顾客抱怨的来源
5.2.2 对顾客抱怨应有的心态
5.2.3 顾客抱怨处理的原则和程序
5.3 顾客管理
5.3.1 顾客信息系统的建立和使用
5.3.2 固定顾客的培养
6. ABC 专卖店的促销
6.1 影响专卖店促销的相关要素
6.2 专卖店促销计划与管理
6.2.1 促销计划
6.2.2 促销方法和技巧
6.3 卖场展示和 POP
6.3.1 展示陈列
6.3.2 POP
7. 竞争店调查
7.1 竞争店调查的项目

实务借鉴

紧急处理顾客投诉华帝炉具爆炸事故的成功案例

顾客华某在某地大型超市购买了一台价值约 1 100 元的华帝双盘式煤气炉。不久后的某日，华某的母亲在厨房做饭时煤气炉发生爆炸，炉具表面的玻璃钢全部炸裂。喷出的火焰不仅烧伤了华母的头发及脸面，而且全身多处大面积烧伤（正值夏天，穿着遇火易燃的薄丝面料的衣服）。事故发生后，华某马上将母亲送到医院，并让家人用照相机、摄像机对事故现场进行了拍摄，随后打电话到超市顾客服务中心投诉，要求超市对事故发生做出合理解释并对患者予以 20 万元的经济赔偿。

超市顾客服务中心接到投诉电话后，马上与华帝厂家联系，迅速协调厂家代表去医院看望，与此同时，立即通知市里有关质量监督部门，华帝厂家技术部门前往出事地点进行现场鉴定与调查。

在医院，超市负责处理此事故的工作人员一边安抚患者家属，一边通过患者口述对事故的整个过程进行了全面细致的了解，并做了笔录，且让患者家属确认后在笔录上签了字。与此同时，市质量检查监督部门出具了有效的质检报告，在报告中对引发事故的责任做了明确的划分。通过质检报告得知：由某地超市销售的价值 1 100 多元的华帝煤气炉并无质量问题，引起该事故的主要原因是由于华某的母亲在使用炉具前没有仔细看该产品的使用说明书，操作时使用不当造成的。事发当天，华母用华帝煤气炉烧开水时，由于当时煮沸的开水温度过高而在取壶时将壶整个打翻，壶里的开水大量地泼洒到正在燃烧的左侧炉面和右侧未打开的炉面上，由于左右两侧炉面一个处于开启状态，一个处于冷却状态，在大量开水喷溅时，里面受热不均而引发了煤气炉爆炸。

由于超市工作人员及时通知相关质量检查部门对事故现场进行了检查鉴定，并对鉴定结果出具了有效的质检报告，明确了该事故并非产品质量问题，因此对华某提出的要求20万元的赔偿不予接受。处于对超市消费者和华帝炉具消费者——患者本人及家属的慰问和人道主义关怀与帮助，经超市和华帝炉具最后协商决定，由华帝炉具厂家提供3 000元的慰问金（但需声明不是赔偿金）给予患者及家属协助治疗。

面对这一突发的顾客投诉事件的处理，某地超市负责此事件的处理人在紧急的情况下进行了迅速而冷静的处理。处理方法和步骤值得推介：

第一，接到顾客投诉电话后保持冷静，先聆听事情经过，倾听完毕后马上打电话通知厂家和超市相关负责人去医院探望患者，做好患者家属的安抚工作，避免事情传播扩大而造成负面影响。

第二，待患者家属情绪稍趋平稳后，请患者家属出示在超市购买该商品的购物小票，核实确认患者使用的产品确系该超市出售的商品。

第三，迅速通知当地权威质量检查部门和厂家技术部门去事故现场进行实地考察鉴定，了解事发原因，由权威检查部门出具有效的质检报告，明确事故的责任人。

第四，在医院探望患者的过程中听取事故现场目击者（患者）对事故发生的详细讲解并及时地做好笔录，记录完毕后请患者家属确认并亲自签字。

第五，及时听取质量检查部门的现场鉴定反馈，对事故原因的调查迅速了解，并让质监部门在现场检测后出具有效的质检报告，明确事故责任人。

第六，根据事情的轻重缓急，与厂家协商达成共识给予消费者一定的慰问金。

请思考：在这起顾客投诉事件的处理过程中值得我们借鉴和学习的是什么？

模块小结

特许加盟手册是特许加盟体系的灵魂，是特许加盟企业知识产权的载体。首先，本模块介绍了特许加盟手册的性质、编写原则和手册的基本分类，强调了特许加盟手册是特许人提供给受许人使用的用来规范受许人标准化营运管理的指导性文件，具有指导性、规范性、知识性等基本特征，手册编写和设计应遵循简明易懂、内容实用、加强保密等基本原则；其次，本模块着重分析了特许加盟手册的构成与基本内容，从特许加盟总部角度介绍了品类管理手册、人力资源管理手册、财务管理手册、物流配送管理手册、营销管理手册、信息系统管理手册和督导操作手册等的构成及具体内容，从单店角度介绍了开店手册、运营管理手册、店长手册和店员手册等的构成与基本内容。这些手册一是作为加盟店的组织章程和行为准则，二是作为培训的最好教材，对每一个业务流程和操作细节都进行了精确的描述，可以指导相关当事人的操作实践。

通过本模块的学习可以使学生和广大读者对特许加盟手册的基本性质有个全面的认识，对特许加盟手册的编写原则有个概括的了解，对特许加盟手册的基本构成和大致内容有个系统的把握。在解析手册性质和内容脉络的基础上，可以使初学者和投资者对特许加盟活动的行为准则和职责规范有所把握，对特许加盟运营管理的精益化和标准化有所认识，对特许加盟的实践操作有章可依。

能力自测

1. 特许加盟手册的性质是什么？编写的基本原则是什么？
2. 总部手册包括哪些分册？单店手册包括哪些分册？
3. 运营手册中单店常规作业管理包括哪些内容？
4. 单店开店手册包括哪些业务流程？如何进行店址选择？
5. 店长手册中强调店长的主要职责是什么？

模拟实训

根据单店《运营管理手册》示例目录，选择一个你熟悉的某行业特许加盟单店，将手册内容进行扩展，为加盟店撰写一本完整的单店运营管理手册（要求实地考察，获得第一手真实资料后撰写）。

参 考 文 献

[1] 肖建中．连锁加盟创业指南．北京：中国经济出版社，2006．

[2] 李维华．如何编制特许经营手册 107 问．北京：机械工业出版社，2006．

[3] 侯吉建，汤艾菲．商业特许经营教程．北京：机械工业出版社，2006．

[4] 李维华．特许经营理论与实务．北京：机械工业出版社，2005．

[5] 徐重九．餐饮特许经营实务．北京：机械工业出版社，2005．

[6] 安德鲁 J．谢尔曼．特许经营手册．李维华，张恒，译．北京：机械工业出版社，2005．

[7] 罗伯特 T．贾斯蒂斯．特许经营．李维华，高鸿雁，徐哲潇，译．北京：机械工业出版社，2005．

[8] 周勇．连锁经营原理．北京：高等教育出版社，2005．

[9] 朱明侠，李维华．特许经营在中国．北京：机械工业出版社，2005．

[10] 肖彬．特许加盟实战手册．深圳：海天出版社，2003．

[11] 曹静．特许经营原理与实务．上海：立信会计出版社，2003．

[12] 赵涛．特许经营原理．北京：北京工业大学出版社，2002．

[13] 刘文献．中国特许经营大全．北京：中国财政经济出版社，2002．

[14] 肖朝阳，罗天宇．商业特许经营管理办法应用指南．北京：机械工业出版社，2006．

[15] 陈新玲．连锁经营管理原理．北京：电子工业出版社，2009．

[16] 文志宏．特许经营实务．北京：电子工业出版社，2009．

[17] 百度文库（http//wenku.baidu.com）．

[18] 中国特许经营网（www.f54321.com）．

[19] 特许经营第一网（www.texul.com）．

[20] 中国连锁经营协会网（http://www.ccfa.org.cn/index.jsp）．

[21] 曹静．特许经营原理与实务（第二版）．上海：立信会计出版社，2011．

[22] 潘渝棱．特许经营原理与实务．重庆：重庆大学出版社，2011．